Joseph von Sonnenfels

Sonnenfels gesammelte Schriften

Zweiter Band

Joseph von Sonnenfels

Sonnenfels gesammelte Schriften
Zweiter Band

ISBN/EAN: 9783744683661

Hergestellt in Europa, USA, Kanada, Australien, Japan

Cover: Foto ©ninafisch / pixelio.de

Weitere Bücher finden Sie auf **www.hansebooks.com**

Sonnenfels

gesammelte

Schriften.

Zweyter Band.

Wien,
mit von Baumeisterischen Schriften.

1783.

An Herrn

Grafen von Frieß.

Sie haben mich mit einem schönen Fußteppiche beschenket, schätzbarster Graf! einem Erzeugnisse ihrer Manufakturen, deren Sie so manche entweder angelegt, oder unterstützet haben: und ich eigne Ihnen dafür den zweyten Band meiner gesammelten Schriften zu, um Ihnen nach meiner Zusage, für ihr Geschenk öffentlich zu danken. Wäre ich einer von den deutschen Witzschnappern, die, von dem verderbten Geschmacke der französischen angesteckt, überall nach Gegensätzen oder Aehn-

Aehnlichkeiten haschen, so würde ich finden, daß ihr Teppich mir die Füsse warm gehalten, wie meine Schriften manchem ₋ ₋ ₋ und manchem ₋ ₋ ₋ den Kopf erhitzt haben. Aber statt dieses Flitters will ich mit mehrerer Richtigkeit sagen: woferne meine Bemühungen um die Wissenschaften, so viel zur Aufklärung dieser Provinzen gewirket haben, als **Ihre** Unterstützung zur Belebung der Aemsigkeit, so sind wir beide, nützliche Bürger des Staates.

Das Haus der Grafen von **Karaman** rühmt sich seiner Abkunft von **Paul Riquet**, der durch den berühmten Kanal von Läuguedoc zur Erleichterung der französischen Handlung zwey Meere vereiniget hat. Die Grafen von Frieß werden einst von ihrem Stammstifter aufgezeichnet finden: **Kaiser Joseph der II.** hat ihn in Grafenstand erhoben,

weil

weil er der österreichischen Handlung mehr als einen Kanal eröffnet, und die Nationalämsigkeit erweitert, unterstützet hat. Ich habe zu ihrer Einsicht das Zutrauen, daß Sie, nachdem Sie eine so ehrenvolle Unterscheidung in der bürgerlichen Gesellschaft erhalten haben, nun nicht etwan die Beschäfftigung unter ihrem Stande halten, die Ihnen von der lohnenden Einsicht des Monarchen diese Unterscheidung erworben hat. Das wäre, als schämte sich **Gideon Loudohn** des siegreichen Degens, der ihm den Marschallstab und die Unsterblichkeit erfochten hat. Genießen Sie selbst, schätzbarster Graf! in einem ruhigen und geehrten Alter und in dem Gedeihen einer liebenswürdigen Familie, den Wohlstand, den Ihnen Fleiß und Rechtschaffenheit versichert haben! Aber lassen Sie ihren hoffnungsvollen Erstgebohrnen immer ein angesehenes Handlungshaus fortführen, das dadurch gewiß nichts an seiner adelichen Würde verlieren wird, weil es mit jedem Geschlechte neuen Zuwachs an Mitteln erhält, diese Würde besser zu unterstützen.

Sonnenfels.

Der Mann ohne Vorurtheil.

Zweyte Abtheilung.

I.

Seit der Zeit ich meinem aufgenommenen Fremdlinge das Stillschweigen auferleget hatte, beherrschte ihn beständig ein gewisser Tiefsinn, der meinem Vorhaben, ihn vom Umgange der Menschen zu entfernen, bis er mit Anstand unter ihnen erscheinen könnte, sehr zu Hülfe kam. Ich kündigte ihm endlich das End seiner Einsamkeit an. Ich versprach mir, er würde diese Nachricht mit freudiger Ungestüme aufnehmen, und machte mich zum voraus auf Erinnerungen gefaßt, diese Ungestüme zu mäßigen. Meine Erwartung ward betrogen. Kennbare Merkmale des Betrübnisses schienen durch die gezwungene Freudigkeit, womit er sich vor mir verbergen wollte.

Was für einer Ursache sollte ich dieses Betrübniß zuschreiben? Mein Freund! sagte ich, und drückte ihm freundschaftlich die Hand, um ihm Vertrauen einzuflössen: mein Freund! du bist nun genug vorbereitet: es ist Zeit vorzuschreiten. Die Bestimmung des Menschen ist nicht der Stand der Unthätigkeit. Dazu gab uns die Vorsicht nicht diesen Verstand, der, nach Erkenntnissen geizig, nie stille steht; dazu rüstete uns die Natur nicht mit diesen Händen aus, den einzigen Werkzeugen, die zu allen Bedürfnissen zureichend sind. Der Endzweck dieser Werkzeuge ist, sie zu gebrauchen, und der Endzweck des Verstandes, ohne jenen edlern Endzweck, die Weise des Gebrauchs anzuordnen. —

Ich schwieg, weil er seinen Mund gleichsam zur Antwort geöffnet hatte. Aber es war nur, um tiefgeathmeten Seufzern, die seine Brust empor trieben, Ausgang zu verschaffen. Eine Thränenfluth begleitete diese Seufzer. Endlich brach das Uebermaß seiner Empfindung in Klagen aus — Wer schickt mich in die Wälder zurücke, die Sie Wüsteneyen heissen, aber deren Erinnerung mir das einzige Bild der Glückseligkeit ist, das ich mir machen kann? Dort, es ist wahr, hatte ich weniger; aber ich bedurfte auch nicht

nicht mehr: und das, was ich brauchte, bot sich mir an; ungesucht, ohne meine Arbeit an: ich hatte Ueberfluß. Die ganze Gegend war meine Speisekamer, und in jeder Quelle floß mein Getränk. Ich ruhte auf dem Boden sanfter, als in den weichen Betten, worin ich den Schlaf nicht selten vergebens rufe: er kömmt nicht, und ich bedaure das härtere Lager, von dem ich immer munter, immer wie erneuert wieder aufstand. Diese Kleider beschweren mich. Dort konnte ich ihrer entbehren, wo ich allein war, und diese Anwandlungen der Schamhaftigkeit nicht kannte, die vielleicht nur eine Folge der Bedeckung sind — So ungefähr, wenn vielleicht auch nicht so rednerisch, bedauerte er seine Versetzung in das gesellschaftliche Leben.

Es war hier darum zu thun, ihn die Vortheile fühlen zu machen, die aus der Gesellschaft, auf jedes Mitglied derselben zurückfliessen. Das war das einzige Mittel, ihn seiner Wälder vergessen zu machen. Ich sah ein, daß mich Gründe, aus der Weltweisheit hergeholt, verlassen

sen würden; ich mußte mir welche in seinem Herzen aufsuchen.

Nach einigem Stillschweigen hub ich in dem lindernden Tone des Mitleides an: guter Capa=kaum! stünde es bei mir, dir deine einzige Glückseligkeit zu verschaffen, ich gäbe dich diesen Augen= blick deinen Wäldern wieder.

Capa=kaum. Ach daß Sie daß nicht können!

„Aber, würde deine Glückseligkeit dann ganz keinen Zusatz mehr leiden? ge= steh es deinem Freunde! wäre sie voll= kommen?„

Capa=kaum ward nachdenkend. Hier, antwortete er, hier in diesem Herzen ist das Bild derjenigen, *) die meine Glück= seligkeit vollkommen machen kann. Aber ich würde ihr wenigstens näher seyn. Ich würde der Hoffnung näher seyn, sie auf= zuspüren, und — er hielt in, gleich als wagte er es nicht, sich mit ihrem Besitze zu schmeicheln.

„Laß

---

*) Man wird sich aus dem II. Stücke der 1. Abtheil. erinnern, daß der Wilde noch in sei= nen Wäldern ein Mädchen gesehen, deren Verlust Gelegenheit zu seiner Anherkunft gab.

„ Laß uns denn annehmen, du habest die Geliebte deiner Seele gefunden! du habest ihr deinen Schmerz über ihre Abwesenheit durch Gebehrden, die die sinnreiche Liebe dich gelehret, geklaget! du habest ihr deine Liebe zu erkennen gegeben! sie verstehe dich! sie sey dein! „

Capa=kaums Wangen glühten bei dieser Vorstellung. Sie sey mein! — rufte er aus — und ich habe von der Vorsicht, die du mich verehren gelehret, nichts weiter zu bitten.

„ Das, dachte ich, würde deine Antwort seyn. Wohl denn! deine Tage werden der Liebe gewidmet, vorüber fliegen. Aber nur der Liebe? werden die Bedürfnisse der Natur, wird der Hunger bei dir, bei deiner Gattinn, denn nun wird sie deine Gattinn seyn, schweigen? „

Capa=kaum. Er wird sich, er mag sich melden, wie leicht werden wir ihn befriedigen. In ihrer Gesellschaft werde ich den Wald durchirren, jeder Baum wird uns Früchte anbieten, ich werde ihn hinan klettern, um die schönsten für meine Geliebte zu pflücken, und die, die ich esse, nur aus ihren Händen essen —

„ Du

„ Du gehst nun an deiner Gattinn Seite. Ein vor Röthe glühender Apfel machet sie lüstern: hoch hängt sie, sehr hoch die schöne Frucht. Immer! du steigst kühn darnach, sie steht am Fusse des Baumes, und sieht nach dir — Was für ängstliches Geschrey schallt plötzlich zu dir hinauf! du siehst herab; ein reissendes Thier — die Wälder nähren überall dergleichen — kömmt auf die Verlassene herangelaufen. Du stürzest vom Gipfel herab, und befreyest sie. Die Liebe stärket deinen Arm; aber die Gefahr war groß! wirst du sie künftig wieder derselben aussetzen dürfen? „

Capa-kaum. Wie behutsam wird mich das machen! wie furchtsam!

„ Wird die Furchtsamkeit sie schützen? Es werden Umstände kommen, wo deine Geliebte dich zu begleiten, ausser Stand seyn wird; Umstände, die das Glück eurer Verbindung ausmachen werden. Aber, wenn nun die Früchte in der Nähe alle gepflücket sind, wenn du gezwungen bist, sie ferne herbeizuholen — und sie, die zum Widerstande zu schwach ist, sie bleibt zurücke, bleibt jeder Gefahr überlassen? „

Ca=

Capa-kaum. Finden Sie ein Vergnügen, mir diese kränkenden Bilder vorzuhalten? Alles, was ich empfinde, ist: das Loos der Menschen ist unglücklich, wo sie sich immer befinden.

„Lästere nicht den, der die Menschen erschaffen hat! Er hat ihnen nur Glück beschieden: denn er hat sie nicht hülflos gelassen, dem Unglücke auszuweichen — Wenn du deiner Geliebten, wenn du den Pfändern, die sie deiner Liebe geben wird, einen Hüter lassen kannst, der, indessen du abwesend bist, die Gefahr von ihnen treibt; so wird deine Liebe ihres Kummers entladen seyn. Sey in Gesellschaft! und so viel du Nachbarn hast, so viele Hüter hast du den Deinigen bereitet.„

Capa-kaums Stillschweigen war mit der Beweis, daß er das Bedürfniß der Geselligkeit zum Glücke der Menschen erkannte. Aber er suchte Einwürfe, und er glaubte sie gefunden zu haben.

Wenn, sagte er, die Sicherheit meiner andern Seele, mich einen Freund wünschen läßt, der ihr das werde, was ich auf jedem Falle den Seinigen seyn würde;

so

so bin ich noch ferne von diesem Gewühle der Städte —

„Aber, versetzte ich, bereits auf dem Wege, dahin zu gelangen; eben wie das menschliche Geschlecht von den einfachsten Gesellschaften zu diesen zusammgesetztern gelanget ist, aus welchen es nie wieder zu seinen ursprünglichen Wüsteneyen umkehren wird. Der Hang, der in beide Geschlechter geleget ist, diese wechselseitige Anziehung ihrer Herzen, die Liebe, machte zuerst aus einzelnen Bewohnern der Wälder ein Paar. Jedes hatte seine Höhle für sich, nun traten sie zusamm, um in einer zu wohnen. So lange sie keine Gefahr kannten, wähnten sie, sie seyn sicher. Aber diese zeigte sich bald. Nicht nur Raubthiere, auch zween Menschen, waren einem fürchterlich, weil sie ihn überwältigen konnten*) Je ungleicher der Angriff kommen konnte, desto mehr

---

*) Capa-kaum erzählte im II. Stücke der 1. Abtheil. wenn er einem begegnete, wäre er ungescheuet vorüber gegangen: aber zweenen wäre er zur Seite gewichen. Das war Selbstgefühl seiner geringern Kräfte.

mehr wuchs die Unsicherheit. Die Flucht — aber denke die Umstände, worin dein Weib, eure Kinder nicht fliehen können. Er dachte denn so: kann ich den Widerstand, den Anfall gleich machen, so bin ich geschützet. Dieses Gedankens voll, begegnete er, früher oder später, Einem, der in eben den Umständen war, er hatte auch seine Geliebte. Sie flohen voreinander nicht; sie sahen sich von ferne an, sie massen stillschweigend gegeneinander ihre Kräfte, und fanden sich bei gleicher Vertheidigung gegeneinander gleich sicher. Sie nähern sich, ihr Wunsch macht sie gesprächig: der Antrag geschieht; von welchem, das ist gleichgültig; er wird von beiden freudig angenommen. Sie schlagen nebeneinander die Wohnung auf. Heute geht der eine nach Nahrung aus, der andre bewachet die Zurückgelassenen. Morgen wechseln sie. Sieh da in diesen nachbarlichen Höhlen den Grundriß zu einem grossen Staate!

„ Bald machte sie der Bund, und Gewohnheit vertraulich. Der eine arbeitete unter einer Last, die ihm zu schwer ward. Sein Nachbar siehts, er hülft ihm sie überwältigen. Wann ich dir wieder helfen kann, so rufe mich, sagt er zum Danke für den geleisteten Dienst. Das eine Weib wird Mutter. Die andre kömmt in ihre Höhle: sie sieht seine Unbehülflichkeit: sie reicht ihm einen Trunk, richtet ihm das Bündchen Kräuter zurechte, worauf es gelagert ist, legt ihm das Kind an. Die Schwache fühlet den Werth des Dienstes: ihre Augen, ein schmerzvolles Lächeln, ein Händebrücken sagt ihren Dank, und verheißt gleiche Bereitwilligkeit. Sie erfahren nun, daß die Nachbarschaft auch noch zu etwas anderm als ihrer Sicherheit gut ist. „

II.

Ich wollte Capa=kaum von dem Punkte, wovon ich ausgegangen, bis zur Bildung der Staaten hinanführen. Aber unsre Unterredung würde zu lange gedauert, er würde mich zu oft unterbrochen haben. Ich faßte also den Anfang davon in einen Aufsatz, den ich weiter, wie er hier mitgetheilt wird, fortsetzte:

„ Sie

„Sie fodern sich nun durch angebotene Dienste zur Gefälligkeit auf. Die Gelegenheiten dazu ereignen sich täglich; täglich nimmt dadurch ihre Freundschaft zu. Die nachbarlichen Kinder wachsen heran. Die Vertraulichkeit der Kindheit reifet unter ihnen bald zur Liebe. Die Verbindung der Kinder zieht das Band zwischen den Aeltern in einen unauflöslichen Knotten zu. Sie begleiten sie zur hochzeitlichen Höhle, die Verlobten sind unter ihrem gemeinschaftlichen Schutze, sind ihre gemeinschaftliche Sorge. Erfahrung und Anlässe gaben jenen manchen Unterricht, den sie nun ihren Kindern vorherwarnend mittheilen. Die Erziehung hatte diese zur Abhängigkeit gewöhnet; und der Vortheil, dessen Gepräge diese Warnungen sichtbar an sich tragen, leitet sie zur freiwilligen Folgsamkeit ganz ein. Die Erinnerungen der Aeltern werden den Kindern unüberschreitbare Gesetze."

„Der Gau *) war nun durch mehrere Verbindungen schon an der Zahl, und

---

*) Gau ist ein veraltetes Wort, welches eine ländliche Wohnung, nur umpfählet, oder um-

und Kräften ansehnlicher geworden. Bald sind die Früchte der ganzen Gegend aufgezehret. Man holt sie von ferne: aber die herbstlichen Regen machen diese Bemühung beschwerlich. Der Winter entlaubt die Bäume vollends: wo ist sie nun, deine Speisekamer? — Die ganze Nachbarschaft fühlt den Mangel. Die Jüngeren sind gewohnt, bei den Bejährten sich Raths zu erholen: die gegenwärtige Noth macht ihnen diesen Rath unentbehrlich. Diese Beschwerlichkeit, Speisen von Ferne herbeizubringen, erregt bei ihnen den Wunsch: könnten wir Früchte rings um unsre Wohnungen erzielen? Erzielen? spricht ein Nestor der Versammlung: ich habe diesen Baum da, er steht am Eingange seiner Höhle, in den Jahren klein gesehen, da auch ich wie mein Enkel war: wie viele Kälte und Hitz

umzäunet, von mehreren Hütten bedeutet: das österreichische Sprichwort: in das Gäu gehen; eben so viel, als ins Gehäge gehen: behält uns die Bedeutung auf. Dorf war hier noch keines, darum wählte man den angemessenen Ausdruck Gau.

ohne Vorurtheil.

Hitz wechselten über mir, ehe er mit seinen Früchten die Wartung belohnte, die ich ihm gab: die Noth ist gegenwärtig, und diese Rettung zu entfernet. Für itzt, fährt er fort, laßt uns versuchen, ob wir unter den Kräutern, und Erdgewächsen finden können, was unsern Hunger stillet. „

„ Mit Erstaunen muß die ganze Versammlung den Rath des Alten aufgenommen haben. Stumme Bewunderung ward der Lobspruch der Weisheit. Aber er, er rieth nicht des Lobspruches wegen. Sorgfalt und Liebe legten den weisen Rath in seinen Mund: er wird auch Vorgänger zur Ausführung. Bald leitete die Natur und Aufmerksamkeit auf wohlriechende Kräuter, auf schmackhafte Wurzeln. Ihr Gaum fand im Wechsel Niedlichkeit. „

„ Die Jugend ist stets kurzsichtig: auch da muß sie es gewesen seyn. So bald die neue Speise entdecket war, dachte sie an nichts weiter. Aber nicht so ihr sorgvoller Greis. Der Wechsel der Zeiten hatte ihn die Zerstörung der Kälte kennen gelehrt. Macht Vorrath, meine Kinder! wird er ihnen zugerufen haben:

macht

macht Vorrath! die Kälte wird die Erde härten, und diese Wurzeln festhalten. Diese Kräuter werden welken: Sammelt, weil ihr möget! Das Ansehen dieses Mannes war durch den glücklichen Rath schon festgesetzet. Alles sammelte: und vielleicht wählte jeder von seinem Haufen die besten Gewächse, und brachte sie mit dankbarer Rührung dem rathvollen Greisen hin; wie einst willige Völker Monarchen ihre Gaben anbieten würden, die für ihr Wohl wachen. „

„ Die Nothwendigkeit, diesen Vorrath aufzubewahren, wird manche mislungene Versuche veranlasset, man wird zu dem Orakel der Gesellschaft seine Zuflucht genommen, und so werden die Künste der Hauswirthschaft zu entstehen, angefangen haben. „

„ Die Sonne belebte die Erde wieder. Die Natur verjüngte sich. Die Quellen flossen. Die Gewächse trieben, und unsre Menschen vergaßen der vorübergegangenen Noth. Aber beim stürmischen Winter, wenn sich alles um ihn, sorglos der Ruhe überließ, zu welcher die Witterung gleichsam zwang, hatte der sorgfältige Alte nachgegesonnen, wie man der Noth wehren könnte, damit sie, wenn die rauhe Witterung herum käme, die Seinigen nicht mehr überfiel."

"Denket an die Verlegenheit, in der ihr waret! sie kömmt mit dem Umlaufe der Zeit wieder. Durch diese Worte frischte er das Bild der traurigen Umstände auf, das beinahe erloschen war. Er theilte nun die Früchte seines Nachdenkens mit. Er hatte mehrere Mittel, damit, wenn eines fehlschlug, man nicht hülflos wäre. Er rieth, Kräuter und Gewächse zu bauen, die in einem Sommer reifen. Er rieth, weil es Zeit war, Vorrath zu sammeln. Er hieß, auch Bäume in der Nähe pflanzen, der jungen in der Nähe warten. In so viel Jahren, sagte er, steht hier ein Wald, der euch Früchte zur Genüge anbiet. Die Pflanzungen foderten Werkzeuge. Auch die zeigte ihnen der erfindsame Greis, einfach zwar, aber den Anfang zu besseren."

"Die Pflanzungen waren gemeinschaftliche Sorge. Jeder wollte Hand anlegen: und so hinderte die Hitze des Unternehmens den Fortgang der Arbeit.

Er,

Er, der gemeine Rathgeber, zeichnete nun jedem seinen Ort, seine Verrichtung aus. Die Absicht war nicht das Eigenthum einzuführen: aber so entstund es: und Eigenthum gebiert Uneinigkeit. Der Eine gieng auf das Feld, welches der Andre gebauet hatte, und zog Wurzeln aus. Die Meinigen lasse ich zum Vortheile für den Winter stehen, dachte er. Aber der, dessen Schweiß sie waren, schrie: ich habe sie gepfleget. Er sagte dadurch: Ich — habe ein näheres Recht dazu. Man zankte sich darüber. Vielleicht auch kam es zu Thätigkeiten: die Nachbarn legten sich in das Mittel. Die Zänker waren erbittert, jeder glaubte beleidiget zu seyn: wer sollte sie aussöhnen? wer anders, als ihr Greis. Er thats: und seine Entscheidung war eine Richtschnur auf künftig. So huben Eigenthumsgesetze an. „

„Doch diese Gesellschaft von Menschen war auf der ganzen Erde nicht die einzigte. Dieselbe Reihe von Vorfällen und Umständen mußte sich bei jeder ereignen. Aber, wenn ein Rathgeber fehlte, so hatten sie andre Folgen. Man war
ge=

gezwungen, die Wohnung zu verändern, so oft die Früchte in der Nähe, der einzige Vorrath, aufgezehrt waren. Diese Wanderungen geschahen oft; und unvermerkt kam eine solche schwärmende Horde der unsrigen nah. Hier fand sie Früchte, Pflanzungen die Menge. Sie fiel gleich einem Zuge von Heuschrecken darüber her. Es war natürlich, daß man sich die Früchte seiner Arbeit nicht ohne Vertheidigung rauben ließ. Also ward Krieg; erst eine unordentliche Schlägerey; dann mit einiger Ordnung, unter einem Aufführer. Der Anführer ℀ man ist schon gewohnt, seine Augen bei jeder Begebenheit auf einen einzigen Mann zu richten. „

„Jede neue Begebenheit ward für unsere Gesellschaft unterrichtend. Man erstreckte die Vorsehung auf die Beschützung seines Vorraths hinaus. So entstund der Gedanken von Gräben, von Umzäunen, von Umpfählen, um die plötzlichen Anfälle abzuhalten. „

„Aber die Feinde hatten nur einmal vom Fremden genossen. Die Früchte der Gewaltthätigkeit sind dem Gaume des Ungerechten schmackhaft, der Träge stihlt lieber, als er gräbt. Also lagen sie beständig im Hinterhalte. Ein öfterer Ueberfall lehrte endlich die Unsern Behutsamkeit; und sie sahen ein, daß sie sich in die Verrichtungen theilen, die einen die Erde bauen, und die Hausgeschäfte besorgen, die andern zur Abwendung des Ueberfalls bereit stehen mußten. So war die erste Eintheilung der Stände in den Währstand, und Nährstand, woraus bald mehrere erfolgen mußten. „

„ Vielleicht noch immer wohnte unsere schon ziemlich geordnete, schon sehr zahlreiche Versammlung in Höhlen. Sie daraus zu verbringen, brauchte es nur eines plötzlichen, eines starken Regens, der aus dem Gebirge in wildem Gewässer herabstürzte, in die Höhlen einfiel, den Vorrath verdarb, das Lager unter Wasser setzte, zwang auszutreten. Das erste Rettungsmittel, das sich anbot, waren die Höhen, wovon das Wasser abläuft. Ich sehe meine Gesellschaft das Gebirg hinanklettern. Aber da sind keine Höhlen. Der Felsen war gegen ihre ungehärteten Werkzeuge hartnäckig. Sie lagern sich unter Bäume, die überhängengenden Zweige werden ihr Dach. Man fällt bald darauf, die Zweige zu verflechten. Endlich, gelingt es jemanden, einige Pfähle zwischen die Steinklüfte einzurammeln: diese Pfähle werden mit Zweigen verbunden, befestiget, bedecket, dem Winde, der Sonne, dem Wetter den Eingang zu verbieten. Da steht sie, die Hütte, der Anfang der so hoch gebrachten Baukunst!„

III.

„Die Gemächlichkeit ist anlockend, und die Gemächlichkeit der Hütte fällt sehr in die Augen. Sogleich also versucht jederman, sich dieselbe zu verschaffen, und in kurzer Zeit wohnet alles in Hütten„

„Ein einziger Schritt war noch zu thun, so werden diese Wohnungen umfangen, und zu einer Art von Stadt erhoben. Der Ueberfall der Feinde konnte diesen Schritt beschleunigen. Vielleicht auch dachte der Rathgeber den Fall, noch ehe er sich ereignete. Die Gräben, und Zäune der Pflanzungen waren das Muster; und ihre eigenen Versuche gaben das Maß des nöthigen Widerstandes, das Maß der Höhe und Stärke ihrer Befestigungswerke. Die Erfahrung lehrte sie in kurzem, die Mängel ihrer Arbeit kennen, und führte sie zugleich auf die Spur der Verbesserungen.

„Nun versuchen es die Feinde abermal, die Eigenthümer der Pflanzungen anzufallen. Sie hatten beschlossen, im Finstern, wenn alles in tiefer Ruhe begraben seyn würde, den Ueberfall zu thun. Aber wie erstaunen sie, als sie das Hinderniß der neuen Befestigung aufstoßen? Doch sie versuchen, die Umzäunung zu übersteigen, oder umzureissen. Allein das Gelärme der fehlgeschlagenen Bemühungen, der wechselweisen Aufmunterungen, das Gelärme der Unordnung machet die Städter*) wache, und es ist ihnen nicht schwer, den Angriff abzutreiben.„ .

„Nach

---

*) Städter, ein Einwohner der Stadt:
Wie? hebt der Städter an, kannst du auf deinen Höhen
In diesem öden Wald dich so zufrieden sehen?
Hagedorn.

„Nach vorübergegangener Gefahr erst, sieht man ihre Grösse. Wenn die Feinde im Finstern eingedrungen wären? da, als alles schlief? wer würde unsre Weiber, unsre Kinder gerettet haben? Das sind die Gedanken, die bei ihnen am ersten entstehen mußten: und diese Gedanken leiteten sie zugleich auf die Vorsicht, sich in die Nachtwache zu theilen, und durch die Munterkeit des einen Theiles, die Ruhe des andern, und der ganzen Stadt zu versichern."

„In den täglichen Streifereyen, die auf die angränzende Horde gemacht wurden, brachte man von einer und der andern Seite Gefangene ein. Gleich Anfangs fährt man diesen Gefangenen auf das unbarmherzigste mit; man sieht sie als das Opfer der allgemeinen Rache an. Aber die Unglückseligen fanden in der Mitte ihrer Feinde Fürsprecher. Gebt mir ihn, schrie ein Weib aus den Haufen der Zuschauer! mein Mann ist gefangen! ich will ihn mir für diesen wieder schaffen. So rufte ein Vater über seinen Sohn: so ein Sohn über seinen Vater. Die Stimme des Weibes hatte die Erinnerungen rege gemacht, daß man den Ihrigen eben so begegnen werde. Man schonte also in seinen Feinden seine Angehörigen. „

„ Die Gefangenen werden entlassen, und das Geschenk ihrer Freyheit macht sie zu Freunden. Sie kommen zu den Ihrigen unbeschädigt zurücke, erzählen die Geschichte ihrer Befreyung, und erhalten zur Dankbarkeit die Freyheit derjenigen, die bei ihrer Horde gefangen sind. „

„ Der Fried hat nun hier und dort Mittler. Ein Gefangener, der eben den Seinigen wiedergegeben worden, um den die frohen Angehörigen in dichtem Kreise versammelt stehen, spricht: Warum hassen wir sie? und was haben sie uns gethan? daß sie uns diese Früchte, diese Wurzeln nicht preis gegeben? sie haben dieselben gebauet — und gewiß nicht für uns, die wir kommen, und ihren Schweiß essen wollen. Es ist ihr einziger Vorrath. Wenn sie uns davon mittheilen, so ist es, bei wiederkehrendem Froste, weder ihnen genug, noch uns. Lieber, laßt uns sie bitten, daß sie uns lehren, wie man pflanzet!

und

und dann wollen auch wir arbeiten, und wir werden nicht nöthig haben, uns der Nahrung wegen, einander aufzureiben. Der Gefangene war der ganzen Gesellschaft durch die Gefahr schätzbarer, seine Worte hatten einen überredenden Nachdruck. Man berathschlaget sich: wer soll den Antrag machen? Ich, ruft derselbe Mann, der der Rathgeber zum Frieden geworden, und ein freudiger Zuruf bestättiget das großmüthige Anerbieten. „

„ Von dieser Seite wird es auch leicht angenommen. Man ist des ewigen Streitens müde: man sieht die Vortheile ein; zwey kleine Völker schmelzen nun in eines zusamm. Die neuen Bundgenossen legen, nach dem Vorbilde der ersten Stadt, eine zweyte an: sie werden in den Handgriffen des Erdbaues unterrichtet: die neue Freundschaft wird durch Heurathen befestiget. Man theilet einander seine Einsichten, seine Entdeckungen, seine Gesetze mit. Man verbindet sich zum wechselseitigen Beistande, wenn Fremde die eine oder andere Stadt anfallen sollten. Die beiden Orte sind nur dem Platze nach gesöndert.

Sitten, Gesetze, Rathschläge, Verthei=
digung, alles haben sie gemeinschaftlich.
Die Gemeinschaft des Vortheils verein=
baret sie zu einem Staate."

IV.

Ich hatte heute einen der ungelegensten
Besuche auszustehen. Alcindor kam mit
dem Tage in mein Zimmer getreten. Das
dachte ich auch — vernahm ich aus dem
Nebenzimmer — daß man euren Herrn
um diese Zeit nicht im Schlafe stört:
er sitzt gewiß seit Mitternacht — Und
nun öffnet er mit Ungestüme die Thüre —
am Pulte — schrie er über die Schwelle
hinein, und lachte. Es ist ein ein trau=
riges, ein ungemächliches Handwerk
um einen Schriftsteller. Ladet Sie
denn, guter Mann! der heitre Mor=
gen, der wiederkehrende Frühling nicht
ein, seiner zu geniessen? Er warf sich
auf das Soffa, schlug die Beine über:
Sie zücken die Achsel? Nicht wahr,
das würde schade seyn, Sie so dem vol=
len Zuflusse ihrer Gedanken zu rauben?
Sie haben Recht! jedes strebt nach sei=
ner

ner Art bekannt zu werden, Sie durch ihre Feder, und ich — Und Sie, unterbrach ich ihn, durch einen in die Augen fallenden Aufwand, von dem die ganze Stadt spricht — So? spricht sie von meinem Aufwande, die Stadt? das ist wohl gethan! bald soll sie mehr von mir sprechen! sehen Sie, Freund! wie die Wege zum Ruhme so verschieden sind! ich habe den kürzern gewählet.

Capa-kaum trat ein: aber nach dem Unterrichte, den er empfangen hatte, kehrte er mit einer Verbeugung zurücke, so bald er Gesellschaft bei mir sah. Nicht doch, rief Alcindor, bleib immer! dein Führer, und ich sind vertraut. Du magst vollenden, warum du hieher kamst. Mein Zögling sah nach mir, ich gab ihm ein Zeichen, zu verbleiben.

Das ist also, hub Alcindor an, der wilde Junge, den Sie zu bilden unternommen haben. Hören Sie, machen Sie ja keinen Kopfhänger aus ihm! das sind traurige Gesichter, ungerne gesehen, wo sie eintreten, sie könnten die Freude selbst weinen machen — Der Gedanke mußte seinen grossen Beifall haben,

ben, denn er wiederholte ihn noch einigemal.

Capa=kaum hatte ein beschriebenes Blatt in seiner Hand. Laß sehen! fuhr er fort, womit giebst du dich ab. Es war der Aufsatz, den ich ihm vom Ursprunge der Gesellschaften mitgetheilt hatte. Brich dir den Kopf mit Possen nicht! wir sind nun einmal da, warum? das ist gleichgültig; kannst du es ändern? Laß dir von deinem Prediger — er wies auf mich — nichts anschwätzen! er ist Rigorosist, und da kömmt man immer zu kurz. Es ist eine ganz unbeliebte Sekte, zu der sich niemand sonst bekennen wird.

Alcindor, sagte ich zu ihm, Sie werden sich selbst verwickeln: ich könnte Sie auffodern, diesem neuen Bürger die Grundsätze der Rigorosisten bekannt zu machen, und dann — Auffodern? das Wort ist gewählet: man sagt sonst, Sie wählten ihre Wörter: nun, ich nehme sie an, die Auffoderung. Sehen Sie zu, ob Sie gewinnen!

Junger Mensch! ich richte meine Rede an dich. Wir sind zum Vergnügen

gen gemacht: mein Beweis liegt in deinem Gefühle, das alles flieht, was dieses Vergnügen stören könnte. Aber es giebt Sauertöpfe, die dich dieses Gefühl verläugnen heissen, die sprechen: das Uebel ist gut, der Schmerz ist eine angenehme Empfindung, wenn die Ursache dazu rühmlich ist. Du — wünschest, daß alles eine Beziehung auf dich habe: diese — versetzen dich aus dir selbst, du selbst hast nur eine Beziehung auf das Ganze. Und nun, nicht deine Neigung mehr, nicht deine Lüste, dürfen gehöret werden: dort hast du eine Richtschnur, nach der mußt du dich beständig wenden. Das Gesetz befiehlt: zwar du bist allein, aber du mußt gehorchen. Wer weis es, wenn ich es übertrete: niemand! aber das Ganze fodert Uebereinstimmung der Theile. Du bist dürftig, das Glück biet dir Gelegenheit an, reich zu werden, du stehst an der Spitze einer Einnahmkasse: wer zählt das Eingelaufene, um dir es zu währen, daß du dir hülfst? Bleib elend! sagt die strenge Lehre, dein Glück verletzet die Treue, das Band des Ganzen.

zen. Du haſt Unverwandte, Leute, ich will es zugeben, die unfähig ſind, aber es ſind Unverwandte. Ein Amt, das du an ſie vergeben könnteſt, darf ihnen nicht werden! ſie ſind unfähig, der Zug des Geblüts verliere ſeine Kraft! Ein reizendes Weib hat deine Wünſche, und ſie hört ſie: der Mann ſchläft auf ihre Tugend ſicher ein, ſtündlich lacht euch die Gelegenheit. Du mußt ſie fliehen, denn ſie iſt das Weib eines andern — Stillt dieſer Troſt=ſpruch das Brauſen deiner Leidenſchaf=ten? hört die Ungeſtüme dein Wort, und gehorcht ſie ihm? Durchlauf ſo deine Begierden nach der Reihe alle, um ſie alle zu unterdrücken, wo ſie mit dem Wohl des Ganzen nicht über=einſtimmen: das iſt der Inhalt — —

Nein, fiel ich hier Alcindorn ein, ich kann es nicht zugeben, daß Sie fortfah=ren, mit ihrem Geſpötte Geſetz und Tu=gend zu mishandeln, die beiden vereh=rungswürdigen Stützen der Geſellſchaften, deren Schutz das Laſter ſelbſt ſuchet. Ich will nun ihre Rechte vertreten, hören Sie!

Sie

Sie hören? sagte Alcindor, und hub sich eilfertig von seinem Sitze: das mag der ehrliche Bursche da! Ich kam eine halbe Stunde bei ihnen hinzubringen: er sah nach der Uhr: meine Zeit ist vorüber: wir sehen uns, wo nicht eher, wenigstens im Schauspiele — Er gieng.

„Was dünkt dir, Capa-kaum, von diesem Manne? von seinen Grundsätzen?„

Er könnte, versetzte dieser, mir die Gesellschaft selbst verleiden. Wie? bei ihm also, werde ich nur so lange, an allem, was mir schätzbar ist, unbeleidiget bleiben, als es sein Vortheil verlangt? seine Begierden werden also die Gränzen meiner Wohlfahrt, wenn er sie befriedigen kann —

„Erinnere dich, antwortete ich ihm, du fandest in unsrer gestrigen Unterredung die Strafen überflüssig, du fandest sie grausam. Alcindore sind es, und die, die ihm ähnlich sind, welche die Strafen im Zusammenhange einer geordneten Gesellschaft nothwendig machen. Diese Menschen, die keine anderen Triebfedern ihrer Handlungen kennen, als ihre unordentlichen Begierden, die nicht in Stand sind, bei sich

sich zu sagen: ich empfange Vortheile von der Gesellschaft, dafür bin ich ihr wieder verpflichtet; diese würden alles über und einstürzen, wenn nicht die Furcht des Uebels ihren Nasen der gewaltige Kappzaum würde, der sie bändigte. Stelle dir Alcindorn vor, wie er deinem Mädchen in einem einsamen Haine begegnet! seine Begierden überwältigen ihn, oder vielmehr, er überläßt sich denselben gerne: er schaut umher; nirgends ein Zeug, den er zu scheuen hätte: er ruft: der Wiederhall allein antwortet ihm: also wird der Flehenten niemand beispringen, alle seine Beweggründe zur Enthaltsamkeit sind weg. Aber das Gesetz gebiet nicht nur: es drohet auch: die Beleidigte wird am Fuße des Richterstuhls durch Erröthung und Seufzer klagen, und ihre Schmach wird dort den Rächer finden: einen Rächer, der eine übergehende Wollust mit dauerhaftem Wehe vergelten wird. Diese Erinnerung, durch das Wimmern der Bedrängten rege gemacht, bringt sich durch die empörten Begierden hindurch, und der zur Schandthat ausgestreckte Arm des Bösewichts — sinket. So weis der Gesetz-

ohne Vorurtheil.

geber der Unschuld, selbst in der Höhle des Löwen einen Beschützer zu erwecken.„

Ich verfolgte auf dem Gesichte meines Zöglings die Kennzeichen der wechselnden Gemüthsbewegung. Er glühte — er zitterte — er knirrschte mit den Zähnen — und die lebhafteste Freude breitete sich darauf aus, als die Gefahr so unvermuthet abgewendet ward —

* * *

Mein Herr!

Das Bild der Matrone in ihrem 24. Stücke ist unverbesserlich. Ich bin zu wenig, dem schönen Geschlechte die gebührenden Vorzüge abzusprechen: aber ich zweifle, ob Sie mir unter Hunderten ein einziges, dem Bilde ihrer Matrone ähnliches Wunder, vergeben sie mir den Ausdruck, aufweisen können. Gleiche Vorurtheile, welche Sie bei uns Männern durch ihren schon allmählich in der grossen Welt bekanntwerdenden Capazaum, auf die Seite zu räumen trachten, müssen auch bei der reizernden Hälfte der Schöpfung

pfung gehoben werden, ehe solche Matronen erscheinen können, die durch kluge Führung ihrer Hauswirthschaft, durch weise Erziehung ihrer Kinder, dem Staate ganze Familien erhalten, und keine sogenannten Wienerfrüchte, sondern vernünftige Bürger, getreue Verehrer ihres Vaterlandes, und der Gesetze zu stellen, im Stande wären."

"Die Erziehung der Kinder, die den Frauen hauptsächlich, wenigstens bei der ersten Bildung obliegt, ist, wie ich denke, für den Staat ein Werk von äusserster Wichtigkeit, wozu Sie, mein Herr, beitragen können. Wollten Sie nicht durch eine Wilde — denn von gleichem Geschlechte läßt sich ein Mädchen eher belehren; eine Wilde müßte es also seyn; nennen Sie sie, wie Sie wollen! oder wäre es nicht möglich Capa=kaums Geliebte herzubringen — Wollen Sie nicht dem schönen Geschlechte die nur zu sehr eingerissenen Vorurtheile benehmen, und durch ihre lehrenden Schriften wirklich Matronen zu bilden suchen, die ihrem Ideal ähnlich sind, oder doch ihm sich nähern. Ich nebst noch vier andern .... ihrer

Schrif=

Schriften verbinden uns, ungeachtet des gegen den Ehestand gefaßten Widerwillens, auf das feyerlichste, falls uns nicht eher das Alter überfällt, bevor sie ausgebildet sind, mit einem so vollkommenen Gegenstande die wahre Glückseligkeit unsers Lebens zu bestättigen: ich bin„

ihr = = = und beständiger Leser...

VI.

Das ist das grosse Vorrecht der Tugend, daß es dem Laster mit aller seiner Unverschämtheit Ehrfurcht abnöthiget. Darum suchen Lasterhafte sich so begierig von dem Rechtschaffenen loszumachen, weil seine Gegenwart schon allein ihren Begierden Zwang anthut. Ein Blick, der sie bei einer unanständigen Handlung überrascht, ist ein Verweis: das Lob einer guten Handlung, die unterlassen worden, da die Gelegenheit, sie auszuüben, sich anbot, ist eine Strafpredigt. In diesen Augenblicken des sich gelassenen Selbstgefühls dünkt sich ein Prinz vor seinem redlichen Diener ein Sklav: er eilt, seine Knechtschaft zu endigen, überladet den un-

II. Theil.   C   be=

bequemen Mann mit Lobsprüchen, hängt ihm das güldene Halsgeschmeid um, häufet Gnadengehalt auf Gnadengehalt — und entfernet ihn. Seht darin die ehrenvolle Ursache mancher unerwarteten Abdankung, und Entlassung! Nicht einzelne Personen allein, auch Völker gestunden diese Uebermacht. Kato, der den Sätzen seiner Lehre dadurch Ansehen verschaffte, daß er sie ausübte, war bei einem Spiele gegenwärtig, das seinen Mitbürgern gegeben warb. Das Volk war des Wagenrennens, und anderer Gefechte bereits überdrüssig, es wünschte Mimos. (* Aber in diesen Schauspielen war die Zügellosigkeit der Vorstellung auf das höchste getrieben, und Kato würde sie gesehen haben! Die Römer, deren Stimme das Schicksal der mächtigsten Könige entschied, die Römer, die Krieg und Frieden befahlen, die — hatten das Herz nicht, in den Augen Katons diese unehrbaren Spiele zu fodern.

Wenn

*) Die Spiele der Mimen waren Possenspiele, (beinahe wie ———) worin die unflättigsten Handlungen nach der Natur vorgestellet wurden —

ohne Vorurtheil.

Wenn nun ein ungleiches Band Sittsamkeit und Ausschweifung zu täglicher Gesellschaft unauflöslich verknüpfet, man kann es leicht begreifen, wie gewaltsam die Stellung der letztern seyn muß, und was sie nicht versuchen wird, um sich des ermüdenden Zwangs zu entledigen. Der einfachste Weg, den sie ergreift, ist, die Tugend zu sich herabzuziehen, da es ihr zu schwer fällt, sich zu derselben zu erheben.

Wir werden darin den Aufschluß zu mancher Haushaltung finden, die uns Erstaunen erwecket. — Wie, spricht eine ganze Stadt, wie ist es möglich, hat F = = = allein keine Augen? seine Frau, von Schwärmern zu jeder Stunde des Tages umlagert, hält nicht das geringste Maß, wenigstens den Schein seiner Ehre sicher zu stellen. Hundert Abentheuer von ihr sind die Unterhaltung aller Gesellschaften gewesen, man zeigt sie mit Fingern, und er — Er weis es, aber er ist gezwungen zu schweigen. Hier ist seine Geschichte —

Eleonore war die Zierde ihres adelichen Hauses, und Geschlechts. Ihre Erziehung war unverbesserlich, ihr Herz vor-

C 2 treff-

trefflich, ihre Sitten angenehm, sanft, sie war der Gegenstand aller vernünftigen Liebhaber, auch der Schwarm der Thoren flatterte um sie herum. F = = = erschien, seine Mine ist einnehmend. Welt, und Reisen haben seinen Umgang frey und anständig gemacht. Sein Haus ist gut, und seine Glücksumstände sind lockend. Er zeigte um Eleonoren eine ernsthafte Aemsigkeit, die bald bei ihren Aeltern Eindruck machte. Seine übrigen Mitwerber empfanden, wie sehr F = = = ihnen vorgezogen ward, nach und nach verloren sich alle. Kurz, er war der beneidete Gemahl Eleonorens.'

Das erste Jahr war die Feyer der Liebe. F = = = würde das Glück, seine Eleonore zu besitzen, nicht um Throne verwechselt haben. Sie hingegen, die auf ihren Mann von sich schloß, sie überließ sich ihren lebhaften Empfindungen — zu viel. Eine kluge Zurückhaltung ist die Würze der Liebe. Das ist die Freymäurerey der Weiber, wovon Charlotte Grandison so viel Aufhebens macht. F=== ward des Nektars satt, weil er ihm immer im vollen Becher gereichet ward. Die

Lieb=

Liebkosungen Eleonorens machten schon einen geringern, und machten bald keinen Eindruck mehr: bald aber wurden sie ihm lästig, er vermied sie, und, um ihnen auszuweichen, suchte er Gesellschaft. Eleonore war der Einsamkeit ungewohnt, sie machte Vorwürfe. Aber Vorwürfe, die auf den Lippen einer Geliebten, die Losung, sie zu besänftigen, sind, werden in dem Munde eines Weibes, das uns gleichgültig ist, das Feldgeschrey eines ewigen Bruchs. Den Vorwürfen seiner Gemahlinn zu entfliehen, war F=== Tage lang ausser Hause, und Wochen lange auf dem Lande.

Sein Herz war leer, aber es war gewohnt, eingenommen zu seyn. Bei den Ergötzungen, denen er beiwohnte, waren auch Freundinnen zugegen, anziehende Gestalten, wo er nicht lange gleichgültig blieb. Ohne die Gänge seiner Liebe durch einen Roman zu beschreiben, er liebte, ward geliebt.

Das Haus seiner Gemahlinn war ansehnlich. Er konnte also mit Eleonoren nicht offenbar brechen, ohne sich der Empfindlichkeit der ganzen Verwandtschaft aus=

auszusetzen; und Eleonore war nicht von denen, die leicht eingeschläfert werden können. Auf dem Lande, wohin seine Gemahlinn ihn nicht begleitete, da war es möglich, das neue Verständniß mit Alcinden geheim zu halten: aber der Winter mußte in der Stadt, unter den Augen der vielleicht schon argwöhnischen, der wachsamen Eleonore hingebracht werden, und der endende Herbst machte die Landlust ungemächlich. Man berathschlagte, und kam über folgenden Entwurf überein.

F = = = lud' zu sich täglich zahlreiche Gesellschaft, alle schimmernden Jünglinge, die auf Eroberungen lauren, alle Liebhaber von Gewerb, deren Ruhm gegründet ist, daß ihnen nie ein Weib widerstanden hat. Diesen gab er seine Gattinn durch freywillige Unachtsamkeit preis. Zwar sie widerstand lange; lange erreichte F = = = nicht seine Absicht, in den Fehltritten seiner Gattinn, einen Vorwand für seine Ausschweifungen zu finden. Aber er brachte es endlich durch sein übles Begegnen dahin, daß sie sich rächte. Sie nahm einen Liebhaber an: und der nun zufriedene

F = = =

F= = = führte Alcinden in das Haus ein. Eleonore wollte Einwendungen machen, weil sie sich unentdeckt hielt. Aber ihr Gemahl ließ sie nicht lange im Irrthume. Sie huben also die Bitterkeit gegeneinander auf: ihre wechselweisen Fehler wurden ihnen wechselweiser Schutz gegen Vorwürfe. F= = = hatte nicht Muth genug, eine Buhlerinn der tugendhaften Eleonore unter die Augen zu führen: er selbst machte, daß sie die Tugend verlor, und darf er sie nun wieder fodern? Eleonore glaubt ihren Liebhabern nicht mehr Anhänglichkeit schuldig zu seyn, als ihrem Gemahle: sie überläßt sich einem dahinreissenden Temperamente: sie liebt nicht, sie hat die Liebhaber nach der Reihe.

Ich bin gezwungen, dem männlichen Verstande Recht wiederfahren zu lassen. Es giebt in der That weniger Dummköpfe von Ehemännern, als man wohl glaubt. Viele scheinen es gerne, wenn nur ihre Weiber wieder Dummköpfinnen seyn wollen. Gräfinn Tylney nimmt alle männlichen Diener im Hause auf. Ihr Kamerdiener ist einer der wohlgemachtsten Figuren, alle ihre Bediente sind Blond-

haa=

haare. Sollte das der Graf allein nicht kennen? Es ist zum Stadtsprichworte geworden, wenn man einen schönen Jungen sieht: der möchte bei Tylney Lakey werden! Gewiß er kennt es, aber er hat diese Freyheit ihr nur erst eingeräumet, als sie ihm die Mädchen zu ihrem Dienste auszusuchen überließ. Seine Wahl ist in diesem Stücke eben so einsichtsvoll, als die Wahl seiner Gemahlinn.

So bald also ein Mann, so bald eine Frau bei stadtrüchtigen Entehrungen übersehend sind, kann man immer schlüssen, daß dieses Uebersehen nicht sowohl aus Unempfindlichkeit, als aus dem Selbstgefühle ihres eigenen Fehlers herrührt. In der That, wie darf ein Mann es wagen, seinem Weibe eine zufreye Aufführung vorzuwerfen, wenn sie ihm statt aller Antwort sagen kann: Mein Herr! Sie sind das Muster, nach dem ich mich bilde! —

Hingegen, wenn die Gemahlinn eines Mannes, der das Band der ehelichen Treue hundertmal zerrissen hat, mit dem feyerlichen Ansehen der Tugend bekleidet, erscheinet, wie muß sich der seines Vorrechts

Ent-

Entsetzte Krümmen! zu welchen niederträchtigen Griffen muß er seine Zuflucht nehmen? Der Brief, den Capa-kaum erhalten, und dessen Beantwortung man vielleicht hier erwartet, ist ein Beweis. Er ist unwürdig anders, als durch die äusserste Verachtung beantwortet zu werden.

Aber ihr Verehrungswürdige! die eines bessern Schicksals würdig, an der Seite solcher Gatten eure schönsten Tage zuzubringen verurtheilt seyd, haltet euch überzeuget: daß die strengste Tugend der einzige Schild ist, durch den ihr wenigstens eure häusliche Ruhe beschirmen könnet.

VII.

Der ganze Begriff von der gemeinschaftlichen Wohlfahrt wird wankend, wann ein Capa-kaum auf einer Seite Fülle, Verschwendung, Stolz, auf der andern Mangel, unwillkührliche Sparsamkeit, Erniedrigung erblicket. Er wird schwer zu überzeugen seyn, daß der, welcher mit emporgeschlagenem Haupte im vergoldeten Wagen daher rollet, und der,

wel=

welcher vor dem belasteten Karren gespannet, keichend einhergeht; der, für dessen Gaumen vier Köche alle ihre Kunst erschöpfen, und der, welcher in der mittäglichen Raststunde sein Stück Brodt an der Sonne gelehnt, verzehret; der, den siberisches Pelzwerk unter Sammt geschlagen, vor der Strenge des Winters schützet, und der nur halbbedeckte Elende, der auf der Strasse starret, an dieser Wohlfahrt gleichen Antheil nehmen.

An einem der heitern Tage, die uns den nahen Frühling ankündigen, führte ich meinen Beobachter, alle die schönen Gebäude zu besehen, mit welchen die Monarchinn ihr glückliches Wien verschönert hat. Von Ungefähr ward er eines Mannes gewahr, der von einem zahlreichen Gefolge begleitet ward. Er merkte an, daß jedermann diesem Mann aus dem Wege trat; daß dieser die ehrerbietigen Verbeugungen, die ihm gemacht wurden, mit aufgeworfenen Lippen annahm, und mit einer kaum sichtbaren Kopfwendung erwiederte. Dem neuen Bürger stieg die Röthe in das Angesicht: er fragte mit Hitze: wer der wäre, der freywillige Ehrenbezeugungen seiner Mitbürger so geringschätzig übersieht? und warum nicht jedermann ihm diese Verachtung zurückgäbe, und ihn unbeobachtet, mit zugekehrtem Rücken vorübergehen lasse? —

Mein Freund — versetzte ich, wir verehren in ihm den Vorzug seiner Geburt. Der Fehler ist seiner Seite, daß er durch persönlichen Stolz sich dieser Verehrung unwürdig machet.

Es ist mir unmöglich, war die Antwort Capa-kaums, mich in eure Denkungsart zu versetzen. Was für einen Vorzug kann Geburt geben?

Ich unterrichtete ihn von dem Vorzuge des Adels, von der Stiftmäßigkeit, und ihren Vorrechten: er unterbrach mich augenblicklich durch seine Fragen:

Ein Mensch also, sagt er, der 24. Ahnen zählet, ist besser gebohren?

Nach unsern Begriffen —

Aber, da wir alle von einem Aeltervater abstammen, wie die Religion lehret, so haben wir alle gleichviel Ahnen —

Wohl, wenn wir diese erweisen könnten —

Da

Da ist ja kein Beweis nothwendig, wo kein Zweifel seyn kann: kann man zweifeln, ob ich Großältern gehabt habe?

Nein: aber waren diese Großältern Leute von Verdienst? das heißt Ahnen erweisen.

Er verlangte zu wissen, wodurch man die Verdienste der Ahnherren darthun müßte: und als ich ihn auf die Adels=briefe verwies; so warf er die unbeque=me Frage auf: ob es denn eine nothwen=dige Folge wäre, wenn der Uhrältervater Verdienste gehabt, daß auch der Aelter=vater und seine Enkeln welche besessen? und gesetzt, fuhr er fort, wann der An=herr der Gesellschaft unterscheidend nützbar gewesen, seine Nachkömmlingen aber sich dem Müßiggange und Wohlleben ergeben haben, pflanzt sich der Adel dennoch fort?

Ich mußte ja antworten, so sehr ich das Verfängliche der Frage einsah.

Das ist also in der That glücklich für die Enkeln, einen rechtschaffenen Anherrn zu haben. Aber gestehen Sie mir, mein Lehrer, finden Sie diese Begriffe nicht wi=dersinnig, wenn man sie ein wenig genauer beleuchtet? Man setze: ein Mann hat durch

sei=

seine Tapferkeit den Staat vertheidiget: dieser tapfre Bürger wird geadelt, sein Adel heißt im eignen Verstande immer Tapferkeit. Unter seinen Nachkömmlingen ist einer vom Mutterleibe zur Herzhaftigkeit so verwahrloset, daß er die Spitze einer Klinge nicht mit unverwandtem Blicke ertragen kann: er läuft bei einem Gefechte, wo das Vaterland seines Arms nöthig hatte, davon: aber er führt den Namen seines Großvaters, ich muß den feigen Ausreisser tapfer heissen. Ich weis nicht, warum ich den Jungen mit der englischen Krankheit, den Sie mir jüngst wiesen, nicht eben so für einen guten Läufer ansehen müßte, wenn sein Vater von Ungefähr einer der beßten Läufer im Lande wäre? —

Ich zückte bei dieser Anmerkung die Achsel, statt aller Antwort. Es gibt ein mächtiges Volk, fuhr ich darauf fort, bei dem der Adel nicht durch die Geburt, sondern durch persönliches Verdienst erworben wird. Aber wir polizirteren Nationen heissen dieses Volk Barbaren — Indessen, lieber Capa=kaum! diese Einrichtung hat wie ihre unvortheilhafte auch

ihre

ihre schöne Seite. Der erbliche Adel ist die Pflanzschule der grossen Männer, eben darum, weil er erblich ist. Ein Sohn, der einen Namen zu behaupten hat, darf nicht, kann nicht unbemerkt unter dem Haufen seiner Mitbürger stehen. Seine Geburt setzt ihn gleichsam auf ein Fußgestell, wo er den Blicken aller Welt ausgesetzt ist. Hier muß er sich unterscheiden. Thut er es nicht, so mag er seine Adelsbriefe an den Ecken seines Hauses anheften, er mag seine Wappen vor sich hertragen lassen, er ist Pöbel, wir verachten ihn, und legen ihm den Namen seiner ehrenvollen Ahnen bei, nur, um ihn dadurch zu erniedrigen. —

VIII.

Die Neugier ist eine von den Eigenschaften, die dem Menschen, beides zum Nutzen und Vergnügen gegeben worden. Wenn sie erst durch einen Anstoß rege gemacht wird, so müssen ihr alle übrigen Begierden weichen, oder besser zu sagen, sie weis alle ihre übrigen Begierden zu ihrer Befriedigung zu lenken. Diese Be=
obach=

obachtung könnte in der Sittenlehre überhaupt treffliche Dienste leisten, wenn sie nicht als geringschätzig weggeworfen würde. Ich habe mit Capa-kaum darin manche Erfahrung angestellet, und stets mit zusagendem Erfolge. Ich durfte eine Sache, die ihm ehe unbekannt war, blos nennen: schon war seine Neugierde angefachet, er suchte den genannten, den ihm unbekannten Gegenstand aller Orten auf, er forschte nach seinen Merkmalen, um ihn nicht zu übersehen, seine Vorstellung war damit unaufhörlich geschäftig, alles übrige war indessen ausgesetzt, oder alles bezog sich darauf. Und wenn er ihn gefunden hat, so war seine Einbildung einem Wagebalken ähnlich, der, wenn er durch die Last auf die eine Seite geneiget, und nun frey gemacht worden, sich nur erst nach oft wiederholten Schwingungen in seine Ruhe versetzet.

Einige Tage her muß ich ihn der Schaubühne ganz und einzig überlassen. Ich hatte mich sorgfältig gehütet, ihn auch den Namen dieser unsrer Liebesergötzlichkeit zu nennen. Ich wollte ihn damit überraschen, und die Stärke der Bezauberung

auf

auf sein unzubereitetes Gemüth beobachten. Aber meine Absicht ward mir durch die gütige Aufmerksamkeit des Publikums vernichtet. Man überbrachte mir eben heute einen Brief, welchen ich meinem Schüler abzulesen gab, da ich den Inhalt nicht vermuthen konnte. Er las:

    Mein Herr!

„Das gesittete Publikum ist Ihnen für den Dienst, den Sie ihm geleistet haben, verpflichtet. Ihre freye Stimme war für diejenigen, die es auf sich genommen haben, unsre dem Vergnügen gewidmeten Stunden auszufüllen, eine wohlangebrachte Warnung, und man hoffet, daß sie sich dieselbe zu Nutze machen werden. Man sieht es: Sie sind der Mann, der sich durch die kleinen Katzenbalgereyen nicht irre machen läßt. Ein guter Fechter wird durch Luftstreiche nicht aus seiner Fassung gebracht."

„Erwarten Sie mit uns, daß der würdige Mann, wie er nun einmal genennet seyn will*), seines Vortheils wahr=

zu=

---

*) Der Theatralunternehmer.

zunehmen weis, und wenn er unser Geld haben will, uns auch dafür Schauspiele aufführt, wie wir sie haben wollen. Wir sind so ungerecht nicht, zu fodern, daß er seine Umstände aus den Augen lassen soll. Wir kennen die Zuschauer, die er zu befriedigen hat: es sind zwo Partheyen: die Parthey des grünen Hutes, und — unser kleiner Haufen. Denn, lassen Sie sich nicht irre führen, der Haufen ist noch sehr klein, der an einer rührenden Stellung eines Stückes, an der Vorstellung einer edelmüthigen Handlung in der That ein grösseres Vergnügen findet, als an einer Fraze: aber viele sind wenigstens so eingetrieben, daß sie sich schämen, es öffentlich zu gestehen, und das ist schon etwas. Nun muß man nur auf seiner Hut seyn, und wie ein Feldherr, dessen Heer grossen Theils aus verdächtigen Ueberläufern besteht, es zu keinem Treffen kommen lassen, damit sie nicht ausreissen können: zum Manövriren kann man sie gleichwohl mitgebrauchen. — „

„Unter diese zwo Partheyen, deren Geld nach gleichem Münzfusse gepräget ist, wird er also, Zweifels ohne, seine

Aufmerksamkeit theilen: Spaß, und feiner Scherz werden wechselweise die Bühne einnehmen: heute wird das Parterre über den guten alten Hansen aus vollem Halse lachen, und wir werden mit lachen; morgen wird die Reihe an uns seyn, zu empfinden, gerührt zu werden, und auch zu lächeln: umzählig wird ein Tag der Zerstreuung und wieder ein Tag des gesitteten Vergnügens erscheinen: und da bei einer solchen Eintheilung die Mannigfaltigkeit selbst zu dem Vergnügen etwas beiträgt; so wird die Kasse nicht dabei zu kurz kommen: aber auch unser Geschmack von den häufigen Fremden nicht auf die Schandsäule gesetzt werden. Alles, was sie bei einem solchen Wechsel an ihre Landesleute überschreiben können, wird seyn: in Wien ist das gemeine Volk kein Philosoph: und wir werden ihnen antworten: in Paris, in London, in Berlin, in Dresden, und sonst irgend ist dasselbe es eben so wenig —„

„Nun da, mein Herr! das sind unsre Erwartungen, die wir guten Theils als Folgen ihrer Freymüthigkeit ansehen. Das Publikum hält dafür, daß ein Mann,

der

der für seine Ergötzungen sorget, es wenigstens nicht auf eigene Kosten thun müsse. Es übersendet Ihnen hier ein Abonnement *) für Sie, und ihren Schüler. Es wünscht, daß Sie es als einen Beweis seiner Erkenntlichkeit gegen Sie ansehen, und fortfahren möchten, es durch Mittheilung der Anmerkungen, die ihr Capa-Kaum unter ihrer Anleitung machen wird, zu verbinden. Wenn Sie ein Amt annehmen wollen, das vielleicht mehr mühsam als ansehnlich ist, so bevollmächtigen wir Sie hiemit zum Oberaufseher der Schauspiele von unsrer Seite.„

„Vielleicht ist es Ihnen noch ein Geheimniß, daß Hanswurst ihrem Capa-

---

*) Man weis wohl, daß dieses Schreiben nur ein Uebergang zu den Betrachtungen über die Schaubühne ist: aber das Anerbieten des Abbonnements geschah wirklich, von Freunden, denen der Nationalgeschmack, und ein gesittetes Vergnügen an der Seele lag. Ich verbat ihre Großmuth, und verachtete den Ausfall, der mir von Hanswursten im Ernste von der Bühne herab zugedacht war, und nur darum unterblieb, um mit grösserer Wuth in einer eignen Pallisotade loszubrechen.

kaum eine feyerliche Bewillkommung zugedacht hat? In der That! das hat er. Diese zügellose Freyheit der Schaubühne, die Ehre der Bürger öffentlich anzutasten, gehört noch mit unter den alten Sauerteig, den wir, nebst manchen andern, gerne hinausgeworfen wissen wollten. Doch, wir denken, Sie werden es ihm gerne übersehen. Die Frau vom Hause lacht wohl gar darüber, daß der Hausnarr, der von ihren Wohlthaten lebt, sie eine H . . . schilt. Machen Sie es gleichfalls so mit diesem . . ., den wir bezahlen, und der uns ausschilt. „

„ Aber, wie wäre es, wenn Sie etwan ihren Gefährten auf eine Gegenantwort vorbereiteten? das wäre wenigstens lustig, wenn der Zuschauer einmal eine Rolle unter den Schauspielern mitspielte, da die Schauspieler so oft mit den Zuschauern spielen. Wir sind u. s. w. „

IX.

IX.

Dießmal werde ich mit meinen Lesern ohne Mittler zusammtreten. Mein Schüler ist beschäftiget, seine Gedanken vom Schauspiele selbst nieder zu schreiben. Ich habe es ihm auf Befehl einer Dame aufgetragen, die den ungekünstelten Ausdruck dieses Neulings von einem Schriftsteller, zu sehen verlanget, und zwar in einer Sache, worin er eben so neu ist. Wir werden sehen, ob er künftig mit Ehren die Feder zu führen, im Stande seyn wird.

Ich bin über die Wahl meines Stoffs nicht im geringsten unschlüssig, nachdem mir folgender Brief behändiget worden.

Mein Herr Schriftsteller!

„Ich bin immer böse auf Sie: kaum kommen Sie auf einen guten Weg, da ist ihre schriftstellerische Behutsamkeit bei der Hand und — da hören Sie auf der fünften Seite auf, wie Sie es im VII. Stücke gethan haben. Welche Perl haben Sie da aus Händen geworfen! Aber ich will so gut seyn, und sie aufheben, sie Ihnen wieder überreichen, und Sie ersuchen, ihre Betrachtungen weiters darüber anzustellen. Sie haben einen gewissen, bei uns ganz fremden Ton der Freymüthigkeit, der macht, daß man stets wünschet, ihre Stimme da zu hören, wo sonst der Schriftsteller

- - - - - - - - chorus -
turpiter obticuit - - *)

„Sollten Sie Einwendungen machen? — Das sollen Sie nicht! ich will Ihnen vorkommen. Der Adel, dürften Sie sagen, ist ein verehrungswürdiger Stand, er muß in den Augen der Welt nicht herabgesetzt werden — ihren Ausdruck zu borgen — Vollkommen recht! Es liegt mir selbst daran, einem Stande nichts von seinen Vorzügen zu rauben, wovon ich bin. Das sollen Sie also auch nicht! aber zeigen sollen Sie, worin die Vorzüge, die wahren Vorzüge dieses Standes bestehen! — Weiters, Sie können fürchten, sich den Haß eines mächtigen Körpers im Staate auf den Hals zu ziehen. Herr Autor, das ist beissend. Glauben Sie, daß unser Adel so wenig
die

*) Hor. de arte poet.

die Probe hält? glauben Sie, daß er eine freymüthige Beschreibung der wahren Vorzüge nicht mit aufgerichtetem Haupte ertragen, daß er Sie als eine Satire ansehen wird? Und noch einmal, glauben Sie, daß wir andre mit diesem Hefen gemeine Sache machen werden, dessen wir uns selbst schämen? nein! mein Herr! so tief sind wir noch nicht gesunken. Ich hoffe, Sie selbst werden aus unserm Mittel eine Menge verehrungswürdiger Bürger kennen! und den Haufen der Wappenträger, den ganzen Haufen geben wir Ihnen Preis.„

„Nun denn, keine Ausflucht, Herr! wenn Ihnen der Beifall lieb ist von
ihrem Leser, dem Grafen
von S*.

Ich kehre also auf meinem Wege zurücke. Gewisse grössere, gemeinnützigere Dienste, die ein Bürger dem Staate geleistet hatte, mußten ihn in den Augen seiner übrigen Mitbürger unterschieden haben. Dienste also, und dafür die Dankbarkeit unterschied zuerst die Stände. Die Tupferkeit fand vielleicht am ersten Gelegenheit, solche unterscheidende Dienste zu leisten.

Der Vater führte den Sohn auf der Bahn fort, die er selbst gewandelt: der Sohn stritt an der Seite seines tapfern Vaters: das häusliche Beispiel entflammte seinen Muth, stärkte seinen Arm, man sah in ihm den Helden, der zu anderer Zeit die Brustwehre des Staats gewesen, verjüngt: die Achtung konnte nicht ausbleiben, wo die Verdienste nicht ausblieben. In einer Gefahr, die den Enkeln drohete, flohen sie unter seinen Schutz. Deine Ahnen — sagten sie, vielleicht — waren stets unsre Beschützer: sey der würdige Sprößling so tapferer Bürger! Diese Worte, dieses Zutrauen sind begeisternd. Ich werfe mich mitten in den Tod, um meiner Abkunft keine Schande zu machen, um bei meinem Namen nicht die Augen unterzuschlagen — Das Andenken, ich bin der Sohn eines Helden, machte zu dem, was ihre Ahnen waren. Es ist glaubwürdig, daß sie die Zeichen der Siege in ihren Häusern aufbewahret, daß sie dieselben, oder den Schild, den der Großvater im Streite geführt, zur Aufmunterung vor sich hertragen liessen — Wer wollte sich die Eh=
ren=

renzeichen, mit dem Blute der Vorfahren erworben, entreissen lassen? — Ihr Auge war an diese häuslichen Zierrathen geheftet: wo sie hingewendet wurden, da folgte Muth und Entschlossenheit, da floh der Feind, da wandelte der Sieg. Das ist der Ursprung des Adels, und seiner Ehrenzeichen: oder doch, das sollte er seyn! —

Aber Tapferkeit ist dem Staate nicht mit Ausschliessung andrer Eigenschaften, nutzbar. Die Weisheit im Rathe ist eben so nothwendig. Eben so: die Tapferkeit ist nur, wenn die Gefahr erscheint, nothwendig, die Weisheit ist es stets. Der dankbare Bürger wird an dem Munde desjenigen gehangen haben, dessen Aussprüche ihm so oft heilsam geworden. Ich sehe ihn, den allgemeinen Rathgeber, er wandelt in Mitte der Bürger: das Gedräng ist um ihn her; aber vor seinen Schritten theilen sich die Wellen der Versammlung; er wandelt zwischen Reihen verehrender Bürger. In der äussersten Entfernung dort, setzt eine Mutter ihren noch stammelnden Sohn auf ihr Haupt: sieh! dort geht er, sagt sie, in dessen Mund stets

Rath, deſſen Wort ſtets Weisheit iſt! und nun, da ſie ihn herabläßt, drückt ſie ihn mit ſchneller Empfindung an, und wünſcht, daß er einſt ſeyn möchte, wie dieſer —

Weisheit im Rathe, und Tapferkeit in Gefahr ſind die edeln Stämme des Adels: aber ſind die Sprößlinge nie ausgeartet?

Vor dieſem Manne, der nie ſich aus dem Arme der Wolluſt gewunden, Herkules im Schlafgemache, Heliogabel an der Tafel, ein ungetreuer Gemahl, ein ſorgloſer Vater, ein eigenſinniger Herr, verachtungsvoll gegen das Volk, unter welches ihn ſeine Denkungsart, ſeine Handlungen tief erniedrigen, ſoll ich mich vor ihm beugen, weil er einen Titel hat, den er entehret? — Soll die Vergeltung der Tugend bei einem Geſchlechte feſtgeſetzt ſeyn, wo es die Tugend ſelbſt nicht iſt? —

Aber wenigſtens werde ich das Geblüt der Ahnen ſchätzen ſollen? — Beweiſen Sie mir dieſes Geblüt! beweiſen Sie mir die Reinigkeit deſſelben! Ich trotze ihrem Geſchlechtsbuche! Sie — zeugen wider daſſelbe. Wie ein Fluß, je mehr er von

ſei=

seinem Ursprunge sich entfernet, desto mehr von framden Wasser zu sich nimmt, und nur den Namen noch von der ersten Quelle behält, so geschieht es oft mit dem Geblüte der Ahnen, von welchem vielleicht nicht ein Tropfen in ihren Adern quillt.

Es giebt verschiedene Stufen des Adels: der grosse Adel, der mittere, der geadelte Bürger. Der grosse verachtet die beiden andern, der mittere schimpft auf den grossen, den er im Herzen beneidet, und dessen Affe er ist. Der geadelte Bürger spricht von der Redutte, seinem einzigen Vorrechte, läßt sich die Gnade geben, hält Gesellschaften, und stirbt vielleicht gerne, nur damit man seine Wappen an dem Sarge und auf dem Traueraltare auskramen kann, von denen vielleicht sonst die Welt nie etwas sehen würde. Der grosse Adel sondert sich ab, und macht einen Körper für sich allein aus: aber zum Glücke des Staates öfnen selbsterworbene Verdienste den Eintritt in seine Versammlungen. Wir sehen heutige Menschen unter ihm herumwandeln, und diese neuen Ankömmlinge machen dem Körper Ehre.

Der

Der mittlere Adel pralt mit seinem Gelde, und sucht diejenigen, die er mit Unwillen über sich sieht, durch ungemäßigten Aufwand zu verdunkeln: ein stillschweigendes Geständniß, daß er seinen Schimmer in sich selbst zu finden, sich nicht getraut!

Der adeliche Bürger, ein Mittelding zwischen Bürger und Adel, rächt sich wegen der Unachtsamkeit, die er von beiden dulden muß, an dem gemeinen Haufen der Arbeiter, unter dem er doch so manche Tante, und Onkeln zählet.

Der grosse Adel — Aber ich bin ungerecht, wenn ich Menschen unter den grossen Adel zähle, die nur der Zufall der Geburt erhebet, die Ursache sind, daß man dem Glücke Ungerechtigkeit vorwirft, weil es Unwürdigen einen Platz angewiesen, den sie stündlich schänden, die, wenn man ihnen Kutsche und Gefolg, Kleidung, und Wappen, und diese beleidigende, nicht hohe, sondern hochmüthige Mine, und manche unterscheidend ruchlose That, raubte, worin sie ihre ganze Grösse bestehen lassen, vielleicht die verächtlichsten unter allen Menschen seyn würden.

Der

ohne Vorurtheil.

Der wahre Adel bedarf dieser äusserlichen, erborgten Vorzüge nicht: er stralt in eigenem Glanze. Ein Herz, grosser Empfindungen fähig, ein Herz, zu stolz, eine unredliche, eine kleine That zu thun, ein Herz, fühlbar bei der Noth der Tugend, strenge, unbiegsam gegen das Laster; eine Hand, ausgestreckt zu helfen, ausgestreckt, das Verdienst zu umfassen, und zu unterstützen — Wo ich diese finde, da ist Adel, oder da sollte er seyn!

Er gebrauche sich seines Verstandes, um Rath zu ertheilen! Er gebrauche sich seines Vermögens, um Wohlzuthun, und nur seinen Wohlthätigkeiten seyn seine Schätze zu klein! Seine Stunden seyn zwischen dem Dienste, den er dem Vaterlande erweist, und den Angelegenheiten, wodurch er einzelne Verwandtschaften verbindet, zwischen Pflicht und Menschenliebe getheilet.

Nie erinnere er sich seiner Ahnen, als um seinen Geist zu edlen Thaten anzuflammen! nie seiner Würde, als wann sie das Mittel ist, zu verbinden! nie seiner Grösse, als um sich nicht bis in die

Tiefe unedler Handlungen hinabzukrüm=
men!

Sein Wandel sey unterrichtend, bei=
spielvoll! und strafe, die ihm, bei gleicher
Geburt unähnlich sind. Kurz! Geburt
und Glück seyn an ihm das kleinste! und
wir wollen seinen Namen nennen, so oft
uns unedle Grosse reizen werden, ihren
Hochmuth niederzuschlagen —

X.

Fragment eines Gesprächs
zwischen Ryen=Thyan und Rymora,
zween Einsiedlern auf dem Berge
Therbas.

Wenn meine Leser es ein wenig über=
denken wollen, daß es in der That schwer
ist, Sie ordentlich die Woche zweymal
mit Originalstücken zu unterhalten; so
werden Sie mir ganz gerne vergeben, daß
ich Ihnen einmal auch eine Uebersetzung
liefre, um für mich ein wenig Athem zu
holen. Es soll, wenn Sie es durchaus
fodern, nicht hart fallen, ein Häckchen zu
finden, um dieses fremde Stück meinen

ei=

eigenen anzuheften. Zum Beispiele: ich will sprechen: mein armer Capa-Raum sey seit des Eigensinnigen mit einer anhaltenden Schlafsucht behaftet. Alle Arzney wäre unwirksam gewesen, und mein freundschaftlicher Arzt habe mir gerathen, diese Krankheit durch geistwirkende Mittel zu bekämpfen. Die Melancholey werde durch die Musik verscheuchet: vielleicht hebe die Lektur eines ergötzlichen Buchs diese hartnäckige Schlafsucht! Er fange darauf eine sehr gelehrte Abhandlung von der Schlafsucht an, um mich zu überzeugen, daß seine Anordnung nicht ausser der Methode schreite; womit aber den Lesern wenig gedient seyn dürfte, wenn ich sie gleich auswendig behalten hätte, wie ich es, wegen einer Menge fürchterlicher Wörter nicht thun konnte. Genug, ich wollte einen Versuch nach seinem Rathe machen. Was würde ich für meinen lieben Schüler nicht versucht haben?

Unter allen den Büchern, welche ich in dieser Absicht nachschlug, fand ich den arabischen Schriftsteller Aben-Aly-Bur, welcher die Geschichte der Therbiten beschrieben, am schicklichsten. Er war selbst

aus

aus ihrem Mittel; daher ist alles das Gute, so er von diesen orientalischen Einsiedlern aufzeichnet, gar nicht verdächtig: und Böses hat er sich wohl gehütet, zu schreiben. Die Uebersetzung, der ich mich bediene, ist etwas altmodisch. Ich habe mir erlaubt, sie ein wenig zuzuputzen, damit sie des niedlichen Geschmacks **unseres Jahrhunderts** würdiger erscheinen möge. —

Ich schlug auf. Auf dem 121. Blatte — die arabischen Geschichtschreiber zählen nur die Blätter — schreibt er: nachdem der Berg Therbas, von dem diese Einsiedler ihren Namen führen, seit 2000. Jahren, da er auf Geheiß ihres Stifters aus der Erde aufgestiegen, unbewegt gestanden, „ hat in der 5. Nacht des Mondes Ist — nach ihrer geheimnißreichen Sprache — die Seite, die gegen das Meer sieht, sich zu neigen angefangen. Die frommen Therbiten waren versammelt, sich zu berathschlagen, was sie den östlichen Anwohnern *) des Berges heute er=

---

*) Anwohner mußte ich geben, wenn ich das Wort eben so kurz und nachdrücklich übersetzen

erzählen würden — Diese Landleute kamen ordentlich, wann die Sonne den Berg hinab war, bei ihnen zusamm, brachten ihre Gaben mit sich auf den Gipfel des Berges, wo dann wechselweise einige der Bur=hin *) aufstunden, und der Versammlung durch eine Erzählung die Zeit vertrieben. Damals eben entstund eine gefährliche Spaltung. Die alten Therbiten hatten bis itzt die seltsamsten Dinge erzählet, wobei die gutherzigen Leute begierig den Mund aufgespreitet haben, aber immer so dumm zurückgiengen, als sie gekommen waren. Xymora, ein Therbit von vieler Hoffnung, jung und munter, mit einer freyen Stirne, schwarzen funkelnden Augen, einem stets ordentlich gekämmten Barte, beredtsam, wenn es je ein Therbit gewesen, und hauptsächlich un=

tzen wollte, als es in der Urschrift ist. Der alte Uebersetzer hat es durch eine Umschreibung gegeben: aber man sagt Inwohner incola, warum nicht Anwohner accola?

*) So nennen sich die Therbiten untereinander; und wird vermuthlich Brüder in ihrer besondern Sprache heissen.

II. Theil.   E

unerschrocken, seine Meynung frey und nachdrücklich zu sagen, stund bereits bei seinen Mitgenossen in einigem Ansehen. Dieser Bymora hatte schon lange das arme Landvolk bemitleidet, das seine Geschenke dafür brächte, um eine ungereimte Fabel zu empfangen, als z. B. vom Kamele, auf dessen Rücken zehn tausend Städte erbauet wären, welche zu Grunde gehen würden, wenn dieses Thier, das nun schlummerte, erwachen, und aufspringen sollte: oder vom Gürtel, den Dia=ben, der erste Therbit, um den Erdballen gezogen, als er durch eine Erschütterung einen gewaltigen Riß bekommen, und dessen Knoten in der nördlichen Höhle dieser Einöde, welche der Vorsteher bewohnet, zusammgezogen wäre; daß es also in seiner Macht stünde, woferne er den Knoten auflösete, die Erde in Millionmal Millionen Trümmer zerfallen zu lassen; welches Unglück die besorgten Thalinwohner durch manche Geschenke abwenden mußten: u. w. d. m. *) Er hatte bereits unter

ei=

---

*) Vielleicht erhält dieses Stück einigen Werth, wenigstens eine mehrere Aufmerksamkeit, wenn

der

einigen Vertrautern seiner Brüder etwas davon lauten lassen, und seine Vorstellungen hatten Eindruck gemacht. Als nun Kyen-Thyan, der zweyhundert fünf und achtzigste Großtherbit die Erzählung abgelesen, welche morgen dem Volke gegeben werden sollte, und die vollkommen im gewöhnlichen Geschmacke war; da stund dieser Neuerer auf, dessen geheimer Anhang schon gewaltig zu werden anfieng: er neigte sich tief erst gegen Kyen-Thyan, dann gegen alle Burhin, und sprach: du Krone des Berges Therbas! aus deinem Munde quillt Honig der Weisheit, und deine Worte sammeln die unsichtbaren Geister, und versetzen sie an das Gewölb des Himmels, daß sie dort als Sterne leuchten über den Erdboden. Aber du weißt es, jeder Bur = hin hat auch aus der Quelle geschlürft, die dem Volke unten, verschlossen ist. Ich will reden, was mich gut däucht:

der Leser erinnert wird, es sey im Jahre 1766. geschrieben worden; und zu einer Zeit, da gegen den Neuerer ein Häft voll heftigsten Beschuldigungen bei. . eingereicht worden. Die Güte der Taube und Sanftmuth des Lammgeschlechts war gewissen Leuten bedeutend.

däucht: Höre mich! Das Volk, das täglich seine Geschenke am Eingange deiner Höhle niederlegt, das Volk, das von seiner Tiefe heraufklettert, auf diesen spitzen Berg, willst du da stets mit Mährchen speisen? oder wird es der Quelle des Lichts nicht anständiger seyn, einen Funken auch auf diese zu senden, die —„

„Ryen=Thyan unterbrach seine Rede. Verwegener! fiel er mit enbranntem Angesichte ein: du getraust dich, deinen heutigen*) Rath auszuathmen, und fürchtest nicht — „

„Hymora wollte es nicht zum Streite kommen lassen: Du, sprach er, in dessen Herzen die Güte der Taube, auf dessen Lippen die Sanftmuth des Lammgeschlechts wohnet, ich denke nicht arges: ich lehne mich nicht gegen den auf, in dessen Hand der Ring liegt, der die Welt zusammhält. Das sey ferne, daß ich die Grundfeste erschüttere; auf welcher die reine Versammlung erbauet ist. Aber, wenn ich reden darf, so unterrichte du mich!

*) Das ist ein orientalischer Ausdruck, ihm seine Jugend vorzuwerfen.

mich! warum erzählt man dem Volke so oft Dinge, die ungereimt sind —„

„Kyen=Thyan: Kömmt es nicht, um nach der Arbeit sich hier zu ergötzen?„

„Hymora: Allerdings, du Licht der Burhin! kömmt es darum. Aber könnte diese Ergötzung nicht auch in einer Erzählung von den herrlichen Beispielen, deiner auf den Regenbogen versetzten Vorfahrer bestehen? — könnte ihnen nicht die Geschichte eines Mohals *) erzählt werden, der sich begnüget, einem Reisenden seine Kamele wegzunehmen, aber ihn nicht todt geschlagen hat, und welcher um so grosser Tugend willen, nach seinem Tode zu dem Amte verherrlichet worden, daß er deinen Vorfahren zur Brücke dient, wann sie des Abends von Sterne zu Sterne spazieren gehen? oder die Geschichte einer Nah=theron, **) welche nur die fünf jüngern Brüder zu Männern genommen, und als der sechste, der als Mohal in den benachbarten Gegenden gelebt, nach Hause kam,

*) Ein Rauber.

**) Ist ungefähr so ein Ausdruck, wie bei uns Lukretia.

kam, ihn nicht noch dazu heurathen wollte, ungeachtet er schon zwey und neunzig Jahre, und den schönsten grauen Bart hatte? glaubst du nicht, daß diese Erzählungen sie eben so ergötzen würden? daß sie nicht aufhören würden, uns Gaben zu bringen? daß aber vielleicht dadurch mehrere so tugendhafte Mohals und Nahtherons unter ihnen entstehen würden?„

„Die ganze Versammlung der Therbiten theilte sich bei dieser Frage. Die Jungen fielen dem Hymora bei: die Alten, die die Tage des Ryen-Thyan zählten, und wenn er zu seinen Vorfahren verscheiden würde, an seine Stelle zu kommen hofften, traten auf die Seite des Großtherbits. Zwar sie sahen wohl ein, daß Hymora nicht so ganz unrecht hatte: aber, sagten sie, wenn die Thalinwohner einmal gewöhnt sind, solche Erzählungen zu hören, so werden sie immer dergleichen haben wollen: und die tugendhaften Mohals, die nur Kamele wegnehmen, nicht auch todtschlagen, und die Nah-therons, die mit fünf Männern sich begnügen, sind gleichwohl nicht so häufig, daß man täglich davon Beispiele anführen könnte. Auch ist

ist es so leicht nicht, Muster der Tugenden auszudenken — Aber Erzählungen, wie bis itzt, die werden wohl auch wir zuwege bringen: denn, wenn wir verlegen seyn sollten, so steht uns das ganze Reich der Wunderwerke und Erdichtung zu Gebot: wir bringen eine Hülfe vom Gestirne, oder lassen sie aus der Erde aufsteigen, das kostet keinen Kopf, nur Worte. „

„ Und einige unter ihnen, die von Hymorans Anhängern belauscht wurden, sagten unter sich: wenn das Volk viele solche Geschichten hörte, so würde es anfangen zu denken: und da würden——„

„ Eben unter diesen Reden kreischte der Berg, und die ganze Versammlung gerieth in Schrecken, und fürchtete den Einsturz des Therbas. Aber, als er nicht einstürzte, und sich das erste Schrecken geleget hatte, da schrie Ryen=Thyan: des Berges Spitze hat sich gekrümmet, um die Rotte der Hymoraner in das Meer auszuschütten; aber die Hymoraner schrien: er droht dem Ryen=Thyan, der die.... Hier war das sehr alte Buch von Motten zerfressen, daß man nicht weiter lesen konnte. „

Und mein Capa-kaum hub einigemale zu gähnen an: woraus ich für die Herstellung desselben gute Hoffnung schöpfte, weil ich mit dem Scherze den Schluß machte:

Wer gähnt, der wacht.

XI.

„O Freund! wenn Sie ihren Schüler zu einer Beschäftigung bestimmen; wenn Sie ihn, irgend ein Amt, irgend ein Brod verschaffen wollen; o! so lassen Sie sich nicht durch den Strom dahin reissen, ihn einem von den Diensten anzuhäften, die so sehr der Wunsch derjenigen sind, die ein Wort, ein Namen, ein gewisses Auffenwerk des Vorzugs blendet. Wie gerne wollten wir ihnen alles das überlassen! wie zufrieden wollten wir unsre Tafel, mit dem Mittagsbrode des Taglöhners, dem Hunger seine Speise würzet, unsre Kleidung, mit seinem Küttel, der ihm zureicht, unsre Kutsche mit seinen gesunden Füssen vertauschen! Ich verschlinge meine Speisen, ohne sie zu schmecken, und eile zu der meiner wartenden

Arbeit. Ich muß mich den Umarmungen meiner Familie entreissen, um die Rathsfitzung nicht zu versäumen; und werde meinem Hause fremde. Ich darf den Besuch des werthgeschätzten Freundes nicht annehmen: meine Augenblicke sind zugezählet: der Morgen, der Arbeit: dann überlaufen mich entweder Unglückliche, gegen die ich mich von Amtes wegen verhärten muß; und mein Auge hält kaum die Thräne zurücke; oder unbillige hastige Menschen, die mich durch ihrige Foderungen schimpfen, weil sie mich für den Mann ansehen, der ihnen zu willfahren, fähig seyn wird. Nun ruft mich der Rath. Dem frohen Arbeiter läutet die Mittagsglocke Erholung herbei; mir zeigt sie wie eine Meilensäule kaum die Hälfte meines Weges. Wann ich glücklich bin, so fährt mich eine mit vielen Päcken beladene Kutsche um zwey Uhr nach Hause. Schriften begleiten mich an die Tafel: ich höre die ermunternden Unterredungen nicht; ich weis kaum, wer neben mir sitzet; meine Hand führt den unschmackhaften Bissen zum Munde, mein Auge ist in dem vor mir offenen Papiere, meine Gedanken sind bei meinen Geschäften — Ich kann das Ende der Tafel nicht abwarten: mein Präsident will mich sprechen: ich fliege zu ihm. Nur spät erst entläßt er mich; entläßt mich mit zehn neuen Aufträgen beladen, gleich als wartete nicht schon eine ungeheure Last meiner zu Hause. Itzt, will ich anders meine Pflicht beobachten, will ich Gekränkten ihre Rechte nicht vorenthalten, will ich Ehre ernbten; so muß die Mitternacht mein Aug nicht schliessen: ich habe noch dieß, und noch das, und — Doch der Schlaf überwältiget mich; ich träume *conclusa*, Vorträge: mein Schlaf ist unruhig, sorgenvoll, und nach wenigen Stunden erwache ich, eben den Kreis von Verrichtungen wieder abzulaufen, nie mein eigen, stets ein Knecht der Geschäfte, stets dem Eigensinne eines Obern ausgesetzt zu seyn. „

„ Aber halten Sie nun auch die Belohnungen dagegen, die mich für alles dieses schadlos halten sollen. Ein prächtig klingender Titel! ein starker Gehalt!— Dieser Titel ist ein Schall, seitdem er von so vielen geschändet worden, die ihn geführet haben! dieser Titel ist eine Last,

seit=

seitdem er zu einem Regulativ des Aufwands geworden, das den Unterhalt einer Familie theurer, die Erziehung meiner Kinder kostbarer, und eben darum verderbter, das ihre künftige Versorgung schwerer gemacht hat. Dieser Titel ertheilt nur den traurigen Vorzug, sich von Standes wegen zu Grunde zu richten — Und der Gehalt! Es ist wahr, vier tausend Gulden! ein Wort, das groß klingt. Aber der Taglöhner, der fünf Groschen durch seine Arme erwirbt, und nur drey verzehret, ist er nicht reicher, als ich, den die Tyranney des Vorurtheils, unter dem Namen Wohlstand einem Aufwande von eben so viel, wann es noch glücklich geht, unterwirft? — Vier tausend Gulden! aber eine Frau, die ich nicht betrüben will, daß ich ihr dasjenige versage, was alle Weiber ihres Standes haben, welche Ausgaben! aber Kinder, die meinen Namen tragen, was fodern die! aber ich selbst, was muß ich nicht, mit widerstrebender Hand dem Joche der Meinungen aufopfern! „

„ Gewiß! mein Freund! wenn der rechtschaffene Mann nicht die Vergütung seiner Mühe in dem Beifalle seines eigenen Herzens fände; wenn nicht schon das ein Vergnügen wäre, der Gesellschaft, dessen Mitglied man ist, zu dienen; die Gelegenheit zu haben, Unglückliche zu vertheidigen; wenn es nicht schon ein Vergnügen wäre, seine erkannte Pflicht zu erfüllen; und wenn für den unrechtschaffenen Mann nicht der Gewinnst der Ungerechtigkeit eine Lockung wäre; ich zweifle sehr, ob der Staat zu diesen Aemtern, nach denen so sehr gestrebt wird, um die man uns beneidet, weil man, wie jenes Füllen bei Gellerten

Den blanken Zaum für eine Würde
Der zugerittnen Pferde hält,

ob, sage ich, der Staat zu diesen Aemtern nicht durch Befehle, durch oft wiederholte Befehle rufen, zwingen müßte. Da Sie den Adel mit der Freymüthigkeit, die so selten, und eben darum so schätzbar ist, betrachtet haben; so wird die Reihe ohne Zweifel an uns kommen. Ich habe ihren Betrachtungen über die sogenannten gelehrten Dienste durch dieses Schreiben eine Art von Einleitung geben wollen,

und

und erwarte eine Ausführung, wie wir von Ihnen zu lesen gewohnt sind — „

„Wenn der Verfasser dieser Blätter der ist, den man dafür hält; wie glücklich ist er! Von allem andern, als von seiner Pflicht, unabhängig, ruft ihn seine Stunde zu einer der angenehmsten Beschäftigungen. Wenn er eintritt, umgiebt ihn ein Kreis liebender .... ler, die von seinem Munde begierig jedes Wort sammeln. Seine Berufsarbeit ist Freude und Ergötzung. Er bildet.... Aber ich darf keinen Strich mehr machen, wenn ich nicht eben so viel thun wollte, als ihren Namen hersetzen. Hat Ihnen Natur, oder Betrachtung den Vortheil verschafft, daß Sie auream mediocritatem lieben, daß Sie den güldnen Mittelstand zu schätzen wissen, der nach dem Wunsche des Weisen, gleich ferne von Armuth und Reichthum ist; dabei man nicht im Ueberflusse schwimmet, aber auch, wenn die Thräne eines Elenden unser Mitleid auffodert, nicht seufzen darf, daß man diese Thräne abzutrocknen, nicht das Vermögen hat: daß Sie ihren Stolz mit dem Ruhme eines rechtschaffenen Mannes, eines

Men=

Menschenfreundes befriedigen, wer kann sich rühmen, aus der Hand der Vorsicht mehr zu seinem Glücke empfangen zu haben? Ich bin, u. s. w."

ihr .... st ...

Dieses Schreiben hat mich gegen seinen Verfasser mit wahrer Ehrerbietigkeit erfüllet. Die schätzbarsten Merkmale eines fühlbaren Herzens, einer seltnen Rechtschaffenheit, eines von nichts getäuschten Selbstkenntnisses! Warum muß zur Vollendung des vollkommenen Gemäldes noch die edle Dreistigkeit abgehen, sich über das Vorurtheil seiner Standesgenossen hinwegzusetzen, und einen beschwerenden Aufwand einzuschränken! — Soll es ihm dann an Gründen fehlen, sein Betragen zu rechtfertigen? oder, wird ein Mann von seiner Denkungsart sich zu rechtfertigen haben? wird nicht eher das seinige für andre eine Richtschnur werden?

Im nächsten Blatte will ich die mir vorgeschlagene Materie nach meiner Weise behandeln: und im folgenden diejenige, die mir von ihm gleichsam wider Willen an die Hand gegeben worden, und für diese se verschwenderische Stadt, wo die Pracht auf das höchste getrieben wird, gemeinnützig ist.

Ich kündige diese Betrachtuug mit guten Vorbedacht vorher an. Weil ich bei derselben Beispiele anführen muß; so will ich einigen berüchtigten Verschwendern die kurze Frist lassen, sich einzuschränken. Thun sie es nach dieser Warnung nicht, so sey ihre Schande über sie und über ihre Kinder! wenn jedermann sie mit Fingern zeigen, und ausrufen wird: der ist es, der im Manne ohne Vorurtheil geschildert ist.

Ich kündige dieses besonders gewissen Herren... an, die mit prächtigen Zügen herumfahren, ihre armen Frauen zu Hause aber mit aller Noth kämpfen, und den Anlauf ungestümer Schuldner aushalten lassen: gewissen Herren, an deren Finger ich ungeheure Brillianten gesehen habe, deren Ankauf sie genöthiget, wenigstens auf drey Jahre ihre Einkünfte vorhinein zu verschreiben: gewissen Herren, in deren Häusern ich boisirte Zimmer mit prächtigem vergüldeten Schnitzwerke, und fürstliches Hausgeräth wahrge=

genommen, und nach eingezogener Erkundigung, gehöret habe, daß sie ihrem Hausgesinde vier und fünfjährigen Lohn schuldig sind: gewissen Herren, die täglich für sechs oder acht Fremde offene Tafel halten, aber zu deren Bestreitung ihre Gattinn die Kleider verpfänden muß, welches sie nun, unter Begünstigung der Hoftrauer unbemerkt thun konnte. Ich kündige dieses auch gewissen Frauen an, die durchaus für zehntausend Gulden Juwelen haben mußten, ohne zu überdenken, daß fünfhundert Gulden jährige Zinse davon weit besser zu einer Mitgabe für ihre Töchter hätten hingelegt werden können: gewissen Frauen, die ein Tresset, welches geringer als einen Dukaten gespielt wird, ein Bettelspiel nennen; da, nach einer genauen Berechnung, doch die tägliche Einnahme ihrer Männer nur fünf Gulden ausmachet: gewissen Frauen, die durchaus Kamerjungfern haben mußten, da sie nur erst vor fünf Jahren selbst Kindermägde gewesen; gewissen Frauen, die sich jährlich mit nicht weniger als zwey Kleidern für jede Saison begnügen, deren zwey Kinder aber miteinander nicht mehr als sieben

Hem=

Hembde von der gröbsten Leinwand anzuziehen haben; gewisse Frauen, deren Männer sich den Hausfrieden mit Pferd und Kutsche erkaufen, und nun das Recht der Partheyen feilbieten müssen, um die fünfhundert Gulden wieder hereinzubringen.

Allen diesen und ihres gleichen kündige ich es an: woferne ich in baldem nicht augenscheinliche Beweise ihres Selbsterkenntnisses habe, sie, wie einen sichern andern jungen Verschwender, — der, weil er nicht Herz genug hat, sich zu bessern, so verwegen ist, zu drohen — dem Gelächter der ganzen Stadt preis zu geben.

Sie, und ihres gleichen mögen sich den Tag aufzeichnen! Wenn ich nun von heute über acht Tage bei jemanden eine Kutsche sehe, der nur 3000 Gulden Einkünfte hat, und besonders eine lakirte Kutsche; oder einen brillantnen Ring an dem Finger eines Mannes von 2000; oder Juwelen bei einer Frau, die nicht wenigstens vom mittleren Adel ist, und deren Gemahl 15000 jährliches Einkommen hat, ohne dazu noch etwas darauf schuldig zu seyn;

so soll er sich so leibhaft in diesem Blatte da erblicken, daß ihm seine eigene Gestalt in einem Spiegel nicht leibhafter ähnlich seyn kann.

XII.

Ich bitte meine Leser um Rath, wie soll ich mich bei folgendem Schreiben verhalten, das mir von einem Unbekannten in das Haus gebracht, und mit einer eben so trotzigen Mine, als der Inhalt ist, behändiget worden?

„Herr Wochenblättner! Wo bei allen T.... nehmen Sie die Unverschämtheit her, jede Woche zweymal uns so beleidigendes Zeug ins Gesicht zu sagen? Sind Sie, wenigstens ein Vorfechter, daß Sie sich gegen die Anfälle, die Ihnen unmöglich ausbleiben können, zu vertheidigen getrauen? — Haben Sie es aufgegeben, in irgend einem Hause Zutritt zu haben? Denn, wahrhaftig, wer wird einen Menschen itzt über seine Schwelle lassen, der aus keiner andern Ursache kömmt, als

aus-

auszuspähen? — Aber ich will im ernsten Tone mit Ihnen reden. „

„ Wissen Sie, daß Sie alle Welt beleidigen, ohne jemanden zu bessern? Das ist der Ton nicht, der in unsre Herzen bringt, der uns zum Selbsterkenntnisse nöthiget, der uns unsre Rückkehr angenehm machet. Es ist wahr, Sie treten dem Laster mit Freyheit unter die Augen; Sie beissen sich gar nicht in die Lippen bei dem Lächerlichen; Sie lachen ihm gerade zu ins Gesicht! gut! was ist die Folge? Wollen Sie mirs glauben, wenn ich es Ihnen sage? „

„ Hm! schüttelte nicht vor langem in meiner Gegenwart ein Mann von einigem Ansehen das Haupt! das ist zu weit gegangen: man muß diesem dreisten Purschen das Handwerk legen — Wie? rufte die Frau! wer hat ihn zum Richter unsrer Handlungen gesetzt? wer hat ihn dazu befreyet, mit wöchentlichen Beschimpfungen einen Handel zu treiben? Wenn sich der Mensch wenigstens erinnerte, daß er sich Feinde macht — Feinde? fiel eine andre ein: o nein! die macht er sich nicht. Das wäre zu viel

Ehre: man läßt ihn schwäzen! Der gute Sittenrichter! Wie lange ist es, mein Sohn! daß ihr zusamm noch in die Schule gienget? — Vier oder fünf Jahre, gnädige Frau! antwortete dieser — Nun, sehen Sie, fuhr sie fort, so einen neuen, nagelneuen Menschen würde man zu wichtig machen, wenn man ihn im Ernste der Ehre würdigte, über ihn zu zürnen. Man muß ihn unbemerkt dahinschleichen lassen! Ich wette, wenn der junge Mensch ein paar Tage nichts von seinen albernen Blättern schwäzen hört — denn, er schreibt doch nur, um Aufsehen zu machen — er geht hin, sezt sich in eine Ecke seiner Rauchstube, singt sein Schwanenlied, und stirbt.„

„Sehen Sie, das sind die Unterredungen, die man über Sie hält. Aber ich habe auch einige von ganz anderm Inhalte gehört. Ich habe gehört, wie man sich zusammgeschworen: Ihnen für eine gewisse sehr beziehende Anspielung den Kopf entzwey zu schlagen. Ich habe gehört, wie man sich Zeit und Stunde bestimmet, Sie des Abends mit einer

Tracht

Tracht Schläge nach Hause zu schicken. Ich habe gehört, wie man überein gekommen: weil Sie selten zu Nacht ausser Hause wären, in ihrem Hause selbst einen Besuch abzustatten, der Ihnen nicht angenehm seyn dürfte: und was sonst habe ich nicht gehöret?„

„Ueberlegen Sie alles das einmal, ehe Sie die versprochenen *) Materien behandeln! Denken Sie den Schwarm, den Sie aufs neue gegen sich empören! Und wenn Sie sich etwa eine Gewissenssache daraus machen, von einer Sache zu schweigen, über welche Sie ihr schriftstellerisches Ehrenwort von sich gegeben haben; so seyn Sie wenigstens behutsam! so seyn Sie wenigstens nicht so beissend! so hüten Sie sich wenigstens, persönlich zu werden!„

„Ich rede in der That mit Ihnen eine Sprache, die mir sonst nicht eigen ist: ich ermahne, und mein eigentlicher Ton ist, drohen. Ich bin ein Offizier, der seine Klinge führet, der geschwind warm vor der Stirne wird, der — Aber was geht das alles Sie an. Nach den Grundsätzen meines Standes muß ich mich schlagen, ohne

*) XI. Blatt.

zu drohen: und nach den Grundsätzen ihres Standes, dürfen Sie laufen, ohne
sich zu beschimpfen. Doch nehmen Sie
sich in Acht! ich warne Sie, warne Sie
mit gutem Vorbedachte, warne Sie, da
die Gefahr nahe, da der Arm schon auf=
gehoben ist, der auf Sie donnern soll! „

„Von wem? das dürfen Sie eben
nicht wissen. Aber denken Sie an ihr letz=
tes: ich kündige dieses gewissen Herren... an. Unter diesen gewissen Herren
sind einige sehr gewisse, die es nicht gerne
sehen, daß man sie so leibhaft schildert,
und die den ungebettenen Portraitmaler,
der so gut ist, sie mit einer Narrenkape
auf dem Markte auszusetzen, seine Mühe
übel lohnen würden. — Damit sie gar
nicht an der Zuverlässigkeit zweifeln dür=
fen, so will ich Ihnen bekennen, daß ich
selbst einer der Mitverschwornen bin:
nicht zwar, als ob ich meine Kutsche,
oder Brillianten ungerne verlierte: dem
Himmel seys Dank! wir Leute von Fortun
sind mit solchem Geräthe nicht beschweret:
aber die offene Tafel von 6 oder 8 Fremden, die verliert man ungerne; und ich
will nur erwarten, ob Sie es wagen wer=
den,

den, diefe Saite zu berühren — Thun Sie
es, wehe Ihnen, der Werkzeug ihrer Be=
ſtrafung liegt hier vor mir, „

dem H . . . . . ruck

Herr H . . . ruck iſt der einzige, der
mir nach der Offenherzigkeit ſeiner gewähl=
ten Lebensart Vorwürfe machet, aber er
iſt nicht der einzige, dem meine Betrach=
tungen ungelegen ſind. Die Antwort, die
ich ihm geben werde, gebe ich zugleich al=
len, die über dieſen Punkt, wie er, den=
ken. Damit man mir nicht etwan die Un=
terlaſſung der üblichen Förmlichkeiten vor=
werfe, will ich ſie ebenfalls in einen Brief
einkleiden, dieſe Antwort.

Hochzuehrender Herr H...

Wir leben hier unter dem Schutze der
öffentlichen Wachſamkeit ſo ſicher, daß man
alle Drohungen einer perſönlichen Beleidi=
gung mit kaltem Geblüte anhören darf.
Ich ſchlafe in dem Schooſſe der Ruhe,
nicht aus Zuverſicht auf meine Fechtlek=
tionen — ob ich vielleicht auch von dieſer
Seite einige Zuverſicht werfen dürfte —
ſondern auf die Geſetze. Die Furcht alſo

wird

wird mich nicht von meinem Wege weder zur Rechten noch zur Linken abweichen machen.

Aber ich sehe es als eine Pflicht an, meinen Befreyungsbrief aufzuzeigen, über Laster, über Thorheiten, auch über Ungereimtheiten zu eifern. Ich bin ein Bürger. Der Vorwurf der Jugend ist mir schon seit mehreren Jahren her gemacht worden. Also kann er heute nicht mehr dieselbe Kraft haben. Die Welt ist in der That höchst widersinnig, höchst ungerecht. Mädchen will man nach einigen Jahren nich jung seyn, und mich nie älter werden lassen.

Jedoch jung? oder alt? kömmt es bei Schriften darauf an, wer sie sagt? oder darauf, was man sagt? wird eine Lüge zur Wahrheit, wenn sie eine zitternde Hand des Greisen niederschreibt? wird eine Wahrheit Lüge, die aus dem Kiele eines Mannes von den munteren Jahren fließt? — Gnädige Frau! ich rechne mirs zur Ehre an, noch vor wenigen Jahren auf der hiesigen hohen Schule der Schulgefährte ihres Sohnes gewesen zu seyn! und ich wünsche, daß es ihm nicht zur

Schande gereiche, der meinige gewesen zu seyn!

Die Befreyung, zu schimpfen, wie Sie es nennen, rührt daher, daß man Laster, Thorheiten, Ungereimtheiten ausübet. Alles Lächerliche, so ich sage, liegt gar nicht in dem Worte, es liegt in der Sache: und die kömmt nicht von mir her; die wird mir angeboten. Es ist nur ein einziger, aber gar nicht schwerer Weg, mir das Handwerk zu legen. Man lasse mirs am Stoffe fehlen; und ich will meine müssige Feder in dem Tempel der Tugend aufhängen, und darüber die Aufschrift setzen:

Sie strafte die Thoren, da sie waren.

Aber, wann wird die Welt so glücklich seyn, mir auf solche Art den Kiel aus Händen zu reissen? Und dennoch, ist es nicht die unverschämteste Foderung des Lasterhaften, des Thoren, daß er die Freyheit haben soll, zu thun, was mir untersagt seyn soll, zu sagen.

Sollen mich aber die Feindschaften abschrecken? welche Foderung? wer sind sie diese Feinde? gewiß nicht die verehrungswürdigen Tugendhaften, denen ich zu jeder Stunde eine Lobrede zu halten bereit bin, gewiß keine Tirine. Die sind es, denen meine kühne Hand die Larve abreißt! Und, o Sie können nicht meine Feinde werden: ich war nie ihr Freund: und nie werde ich es seyn.

Welche Häuser werden mir verschlossen seyn? die, die ihrer Fehler sich bewußt, das Aug eines Scharfsehenden scheuen, die vor dem rauschenden Blatte zittern, die fürchten müssen, zur Lehre der Wohlgesitteten, zur Beschämung der Untugend aufgestellet zu werden: solche Häuser allein, die die Unordnungen, welche darin herrschen, verborgen zu halten, Ursache haben, diese allein werden mir den Eintritt versagen —

Und nun, nach dieser Betrachtung lasse ich mich ankündigen: wer ist es, der, so sehr seiner Ehre uneingedenk, es waget, mich auszuschlüssen?

Sie sehen mein Herr! ich habe Gründe für mich: und habe mehrere; aber ich darf sie nicht erst anführen. Der dem Prediger das Recht ertheilet, das Laster zu bestrafen, der dem Schauspieler das Recht ertheilet, den Lächerlichen auf der Büh-

Bühne zu kopiren, der giebt mir das Recht zu sagen: der Thor ist Thor. Desto übler für jeden, der sich fühlet, und sagen muß: der Thor bin ich.

XIII.

Capa=kaum begleitete mich dieser Tagen zu dem geschickten Herrn Pergauer *), und sah einige von den vortreflichen Uhren dieses Künstlers, die es mit allen französischen und englischen aufnehmen können. Er bewunderte die Erfindung dieser Zeitmesser, die in die Ordnung, welche in unsern Gesellschaften herrschet, so grossen Einfluß haben; er betrachtete den Mann, dessen Hand sie erschafft, mit einem tiefen Stillschweigen, und einer Art von Ehrerbietung. Als wir von ihm Abschied genommen, so war seine erste Frage: dieser verdienstvolle Künstler müsse

oh=

*) Johann Michael Pergauer, Kleinuhrmacher in der Kärntnerstraße bei dem Schwan. Dieser verdienstvolle Bürger, hätte in London gebohren werden, und weniger Geschicklichkeit besitzen sollen, damit Wien seinen Werken Gerechtigkeit wiederfahren liesse.

ohne Zweifel sehr hoch geschätzet wer=
den? — So hochgeschätzt, mein lieber
Capa=kaum! daß er vielleicht seinem
Nachbarn, dem wahren Werthe nach, un=
bekannt ist — Desto übler, fuhr er fort,
für diesen Nachbarn, der sich eines so
grossen Vergnügens beraubet, so viel
es möglich, diesem Manne zuzusehen.
Aber schon seine Beschäftigung, die so
viele Geschicklichkeit erfodert, und in
welcher, wie Sie sagen, er sich so sehr
unterscheidet, macht ihn ohne Zweifel
sehr angesehen — Seine Beschäftigung
mache ihn angesehen? sagte ich —

Wir hatten unsre Wohnung erreichet,
und kaum trat ich über die Schwelle, als
ich eines von den Dekreten, die eben auf
dem Tische lagen, ergriff, und ihm über=
gab. Betrachte, fuhr ich nunmehr fort,
diese schöne Hand! — Ich habe sie ge=
sehen: — und hiemit gab er sie mir im
Augenblicke zurücke — Wie? du konntest
dich an Pergauers Uhren nicht satt sehen:
und diese schöne Hand! diese regelmäßigen
Züge! sieh — Sie scherzen! unterbrach
er mich; ich habe auf zwoen Zeilen alle
24 Buchstaben gesehen: und in den
übri=

ohne Vorurtheil.

übrigen kommen immer dieselben wieder — Nun, fragte ich, wer also aus beiden, würdest du wählen, zu seyn? Pergauer, oder der dieses Blatt beschrieb? — Er sah mich verwundernd an — Meine Frage ist Ernst, fuhr ich fort — Mich däucht, versetzte er, meine Wahl kann für meinen Führer kein Räthsel seyn. Ich würde Pergauern so in meiner Wahl, wie in meiner Achtung den Vorzug geben.

Sehet, ihr Herren! die ihr, weil die Maschine eurer Hand zu gewissen gleichförmigen Bewegungen eingerichtet ist, bei denen ihr Verstand, und alle Kenntnisse entbehren könnet, die ihr darum euch sehr wichtige Menschen dünket, die ihr einen Künstler, dessen Beschäfftigung Nachdenken, Beurtheilung, Verbindung, und hundert vorläufige Geschicklichkeiten fodert, mit Geringschätzung anschauet, sehet! so urtheilet ein Mensch, der die unbillige Rangordnung nicht kennet, die das Vorurtheil unter uns eingeführrt hat, und welche festzuhalten, der Unwissenheit, zu sehr daran liegt. Aber ich will mit meinen Betrachtungen aufsteigen.

Der-

Der, welcher den Aufsatz eines solchen Dekrets gemacht, der wird sich ohne Zweifel sehr beleidiget halten, wenn ich zwischen ihm, und einem Künstler, der der Nation Ehre machet, Vergleichungen anstelle. Ich bitte ihn um Vergebung! Ich werde es dennoch thun, und, wie ich voraus sehe, der Vortheil wird nicht auf seiner Seite seyn. Was ist es, worauf er stolz, einen Vorzug fodern kann? — Ich sinne nach, was er antworten könnte; und ich gestehe, ich finde es nicht. Seyn Sie offenherzig, meine Herren, und bekennen Sie, daß Sie es eben so wenig wissen! daß Sie nur den Vortheil annehmen, den ihnen der eingeadelte Irrthum anbietet! Dieser Offenherzigkeit zu Liebe will ich nachsehend seyn. Woferne sie aber sich blähen sollten, so will ich ihre Aufbrausung sogleich zu Boden schlagen, und ehe dieses halb niedergebrannte Licht erlischt, meinen Schüler zu einem Koncipienten machen, der mit Beihülfe des österreichischen Sekretärs, oder sonst eines guten Formularbuchs sein Handwerk wenigstens eben so treflich, als Sie verstehen soll.

Diese unbillige Austheilung der Achtung, des Vorzugs, und auch oft des Vortheils ist für die Wohlfahrt der Gesellschaft nicht so gleichgültig, als es den Schein hat. Nach unsrer Erziehung wird der Stolz in den Jahren der Kindheit sehr oft ein Triebwerk unsrer Handlungen, und in den Jahren unsrer Reife ein Triebwerk unsrer Entschlüssungen. Wann ein Vater seinen Sohn zu einer künftigen Beschäfftigung bestimmet; wenn der Jüngling selbst über die Lebensart, die er ergreifen soll, zu Rath geht, der Inhalt ihrer Ueberlegung wird ungefähr folgender seyn:

„Mein Sohn! wird der Vater sprechen: die Jahre kommen heran, in welchen du den Grund legen sollst: ich habe deine Fähigkeit geprüft, du hast viele, du bist sie dem Vaterlande schuldig. Du hast deine Schulen, deine Rechte: nun ist es Zeit sich die praktischen Kenntnisse zu erwerben. Ich habe mit . . . gesprochen: er erlaubt dir bei sich Zutritt, du wirst in kurzem mit ein wenig Anwendung im Stande seyn, auf eine Bedienung Anspruch zu machen; und diese wird dir dann, bei unsern fern Verbindungen, bei den Empfehlungen, die ich dir bereite, nicht fehlen. „

Der Sohn wird, weil er Fähigkeit hat, von seinem Vater einem Dienste gewidmet, wo er sie zur Hälfte, wo er sie vielleicht ganz entbehren kann. Diese Fähigkeit, die nun dem Staate unnütz, die für ihn verloren ist, würde bei einer andern Beschäfftigung, bei der Handlung, bei einer Kunst, bei einem Handwerke brauchbar, vortheilhaft gewesen seyn.

„Mein Sohn, zur Handlung! mein Sohn, zu einer Kunst! zu einem Handwerke! mein Sohn, ein Handwerksmann! —„ Ja mein Herr! Sie sind vernünftig: Sie haben es selbst gesagt: ihr Sohn ist seine Fähigkeit dem Staate schuldig. Glauben Sie, daß er dieser Pflicht Genüge leiste: wenn er sich verlegt, 'ein Von Ihro Röm. u. s. w. anzufügen: immer mutatis mutandis schreiben zu können. Ich sehe da nicht, wozu ihm seine Fähigkeit nützen kann. Aber der Aemsigkeit neue Wege öffnen, seinem Vaterlande Reichthümer erwerben, indem man die seinigen vergrössert; durch Erfindungen seinem Verstande Ehre machen, die Wege

der

der Erwerbung erweitern, u. b. g. das fodert die Fähigkeit, die Sie ihm zueignen, die Sie dem Vaterlande schuldig sind. Dieser Vater, der sonst vernünftig sprach, kann unmöglich meine Gründe nicht einsehen: er bekennt es, daß Vernunft und Gründe auf meiner Seite stehen; aber, sagt er: wollen Sie, daß ich meinen Sohn wegwerfe, daß ich ihn gleichsam abwürdige *), daß ich es mit einer allgemein angenommenen Meinung aufnehme? der Wahn, wenn Sie so wollen, hat einmal diese Beschäfftigung erniedriget, und ich bin der Achtung meines Hauses verpflichtet = = Die Vernunft aufzuopfern, werde ich sagen, und mich zu einem andern wenden, der mit seiner Familie berathschlägt, in welche Kanzley er seinen Sohn unterbringen könne.

Ich menge mich in ihre Unterredung — Warum wollen Sie diesen Sohn das Glück nicht gönnen, das Sie geniessen? Sie sind reich,

*) *Degradiren*, weis ich nicht anders zu geben. Damals setzte ich die Anmerkung bei, weil ich das Wort als neu vertheidigen wollte. Heute ist es allgemein im Gange.

II. Theil. G

reich), Sie können jedem vernünftigen Wunsche ihres Herzens ein Genügen leisten — Gut, unterbricht er mich, alles gut! ich bin reich, meine Handthierung hat mich dazu gemacht; und was das anbelangt, so wird mein Sohn nie so glücklich seyn, als ich. Aber mein Herr! es schmerzt, wenn man sich bei allem seinen Reichthum verachtet sieht. Ich will meinen Sohn wenigstens diese Kränkung ersparen, sich von Schreibern über die Schulter ansehen zu lassen: er soll einer aus ihnen seyn! und hiemit verläßt er mich, schiebt seinen Sohn irgend in eine Stelle ein, entzieht der Handlung, oder sonst einem ansehnlichen Zweige der Beschäfftigung einen grossen Fond, der sie schwächet, und in die allgemeine Nahrung nachtheilige Folgerungen verbreitet.

So denkt auch der Knab, so bald er zu denken fähig ist. Er sieht dem Künstler, wenigstens mit roher Art, er sieht dem Handwerker mit Verachtung begegnen: er glaubt, dieses rohe Betragen, diese Verachtung sey der beschiedene Antheil dieser nützlichen Klasse der Bürger.

Diese Meinung setzt sich in seinem kleinen Herzen fest, wächst grösser, wie er selbst wächst, und durch wiederholte Beispiele darin bestärkt wird.

Was willst du werden? frage ich den Knaben — nicht den Sohn eines Mannes, der eine ansehnliche Stelle bekleidet, nicht einmal eines Künstlers; nein, den Sohn des gemeinsten Mannes — Ein Herr! sagt der kleine Schwätzer hochmüthig. Und wie willst du es anstellen, ein Herr zu werden? — Ich will studiren, versetzt er mir sehr fertig. Die studirten Leute werden alle Herren — Aber, verfolge ich, dein Vater, ist der kein Herr! — Nein! und man sieht es deutlich, der kleine Uebermüthige bläht sich bereits, und setzet sich in seinem Gedanken bereits über seinen Vater hinweg —

So sind wir durch die unverstellte Antwort dieses Kindes auf den Ursprung gekommen, aus welchem das Vorurtheil abgeleitet werden kann. Die Hochachtung, die man gegen die Wissenschaften hat, wird auch den Ständen eigen, zu denen diese Wissenschaften gleichsam eine nothwendige Zubereitung seyn sollten. Und
gleich

gleich) als könnte die Achtung erschöpfet werden, behält man insgemein für die übrigen Stände nichts davon mehr übrig —

Sie sehen, schätzbare Leser, ich bringe nur erst tiefer in meine Materie ein. Aber es ist wenig Raum mehr übrig, ich kann heute nicht vollenden. Ich will also mit zwo Zeilen einigen Korrespondenten antworten, von deren Zuschriften der Inhalt sich aus meinen Antworten ganz leicht entnehmen lassen wird.

Meine Frauen, und Herren!

„Ich finde ihre Vorstellungen gegründet. Da künftig um einen guten Theil weniger Geschmeide, und Ringe getragen, und nun so viele feilgeboten werden; so würden Sie zu sehr zu Schaden kommen, wenn ich den eingeraumten Termin nicht überlegte. Ich gebe Ihnen also noch acht Tage länger Frist, binnen welcher Zeit Sie sich bemühen mögen, ihr überflüssiges Prunkwerk anzuwerben. Diese Frist wird auch denen zu statten kommen, die Pferde und Wagen wegzugeben haben. Ich sehe wohl ein, daß alle das Zeug in Versteigerungen ziemlich wohlfeil wird
hin=

hingegeben werden müſſen. Aber denken Sie, alles iſt Gewinn, was Sie für eine unnütze Sache wieder erobern. Alſo bewillige ich hiemit noch acht Tage; aber mit der Verſicherung, nachher keinen Aufſchub, unter was immer für einem Vorwande es verlangt werde, einzugeſtehen.,,

XIV.

Das ſey ferne von mir, daß ich die Wiſſenſchaften ihres Ranges entſetzen, daß ich auf die Seite des zu ſtrengen Gegners aller Kenntniſſe treten, und die Menſchen zurücke in die Wildniſſe, zurücke zu den Eicheln führen wollte. Sie ſind die Fakeln der Welt; ſie hellen den Verſtand auf, machen das Herz und die Sitten geſchmeidig; und nur der Mißbrauch derſelben, iſt, ſo wie der Mißbrauch aller Sachen, die reiche Quelle ſo manchen Uebels, das die Welt verheeret. Aber, weil ſich jemand mit Speiſen überladen kann, ſollte man darum der Nahrung entſagen?—

Freuen Sie ſich nicht, meine Herren! freuen Sie ſie nicht vergebens! Nichts von dieſer kurzen Lobrede hat auf Sie eine Beziehung. Der Namen, Wissenschaft, Gelehrsamkeit ist — vergeben Sie mir! ich kenne die gekünstelten Ausdrücke nicht, die, um etwas nicht gerade zu sagen, nichts sagen — der Namen also der Gelehrsamkeit und Wissenschaften ist entehret, wenn ein Mensch mit einem Bischen Latein, das die Stalljungen Cicerons besser gesprochen haben, mit einer Philosophie, wovon er nur ein Wortregister im Kopfe behalten hat, mit einem Rechte, wovon die Hälfte ganz nicht mehr brauchbar, die andre Hälfte ein Gewebe kleiner Ränke und Unterscheidungen ist, und mit einigen Formularen, die er eben sowohl in seiner Tasche, als in seinem Kopfe behalten mag, wenn ein Mensch mit allen diesen schönen Ausrüstungen auf sie einen Anspruch machen zu können, berechtiget seyn sollte. Ein schönes, liebenswürdiges Mädchen, das die Ehrerbietung meines ganzen Geschlechts verdienet, wird sich sehr beschimpft halten, woferne ein Mensch, von einer in die Augen fallender Unwürdigkeit sich ihrer Gewogenheit öffentlich rühmen, oder sich mit in die Reihe ihrer hoffenden Verehrer stellen sollte. Die Frau

stößt

stößt sie von sich: tragen Sie ihre Wünsche zu der Magd, meine Herren! Sie werden weniger abgewiesen werden.

In den sehr, sehr entfernten Zeiten, da die Geschäfte der Gerichtsstelle durch einen Gerichtsschreiber, und zween Schöppen versehen wurden; wo die Prozesse noch für kein Gewerb, wo sie für ein Uebel angesehen wurden, das man floh, so sehr es sich thun ließ; wo die Streitsucht noch nicht zu einem Fond geworden, der seine Einkünfte sicher abwirft; in den entfernten Zeiten, wo die Kanzley des Fürsten, aus ihm selbst, und seinem Geheimschreiber bestund; wo man weniger schrieb, weil man desto mehr handelte; in diesen gewiß nicht unglücklichen Zeiten, wo die Gerechtsame durch Redlichkeit und Treue, nicht durch schriftliche Kontrakte bewahret wurden, damals waren die Wissenschaften eine nothwendige Vorbereitung in den Kanzleyen, damals auch war ein Schreiber des Königs ein verehrungswürdiger Namen. Aber seit dem wir unsre Titulatur so abgewürdiget haben, seit dem der Ehrenveste ein Hochedelgebohrner, der Wohlgestrenge ein Hochgebohrner, der Wohledle noch etwas darüber geworden, was ich nicht weis; seit dem die Gestrengen zu Gnaden, die Gnaden zu Excellenzen aufgestiegen; seit dem der einmal unter uns so ansehnliche Namen eines Raths nicht die Bezeichnung des Amtes, sondern ein Titel ist, der dem Knaben als ein Schulprämium, oder dem Mädchen zur Ausstattung gegeben, oder wie Waare um Geld erkauft wird, und anstatt des Eintritts in die Rathsversammlung, den Eintritt in den Reduttensal öffnet; seit dem der Schreiber Sekretär heißt; seit dem alle Würden so hoch emporgehoben worden, daß sie ganz herabgesetzt sind, seit dem ist es auch von diesen nothwendigen Vorbereitungen abgekommen, seit dem könnte man die Sekretäre vom Schreibmeister, die Räthe = = = Aber meine Betrachtungen würden mich zu weit führen.

Es ist gewiß, daß der Stolz, der Vorzug, den sich die Leute geben, die ihr Brod mit der Feder in der Hand verdienen, vor dem, der sich solches mit dem Hobel, oder Meissel erwirbt, einzig und allein von daher kömmt, weil sie sich in die Klasse der Gelehrten zählen: und welche ansehnli=

liche Klasse ist die Klasse der Gelehrten, wenn sie in der That mit darunter gehören?

Aber meine Herren, kommen Sie mit mir beiseite! wir wollen unter vier Augen sprechen, damit Sie offenherzig seyn, und sich nicht scheuen mögen! Nicht wahr, Sie haben darum die Parthey ergriffen, sich auf die Feder zu verlegen, weil Sie zu bequem zu einer andern Arbeit sind? nicht wahr, Sie haben so, oder ungefähr so mit sich gesprochen, als die Nothwendigkeit herannahte, ihren Hunger selbst zu stillen, und ihre Blöße selbst zu bedecken? Lerne ich ein Handwerk, so muß ich fünf, oder sieben Jahre hinbringen, ehe ich die Lehrjahre erstrecket habe: dann muß ich arbeiten — Hier haben Sie ihre Hände angesehen, und die waren nicht abgehärtet, und ihre Arme huben sich träge, und fielen = durch = eigenes = Gewicht= danieder — und doch ist mein Lohn klein: der Morgen weckt mich zur Arbeit, der Tag geht im Schweiße des Angesichts dahin, die Nacht wird immer mir zu spät einbrechen. Lerne ich eine Kunst, so braucht es Uebung, Geschicklichkeit, Beurtheilung, so braucht es Fleiß und Bewerben: das alles, habe ich es? vielleicht nicht? und dann — o ich will von dem Fluche Adams so wenig über mich nehmen, als ich kann. Ich will hingehen, und schreiben lernen, und sonst die kleine Zugehör. Ich will dann einen Gönner erkriechen, damit ich angestellet werde. Wenigstens sitze ich bei meiner Arbeit, sitze im Schatten, kann mich satt und voll gähnen, früh zu Bette gehen, spät aufstehen, und nähren, immer noch besser, als der arbeitsamste Handwerker, besser als der geschickteste Künstler, besser als Sampach*), der den Bau des menschlichen Körpers, die Antiken, die Perspektiv, die Wirkungen des Schattens und Lichts, das Costum, die Geschichte, die Natur unaufhörlich studiret, und dem Staate Zöglinge gebildet, die einst auf seinem Wege folgen können.

So

---

*) Professor damals, itzt Direktor der historischen Zeichnung bei der Akademie der bildenden Künste, ein nie genug zu belobender, und zu wenig bekannter Künstler.

So wäre also ihrem eigenen Geständnisse nach die Leichtigkeit, die Bequemlichkeit der Beweggrund, dem Staate drey Finger bis in das Grab zu widmen, und sich auch dafür bis in das Grab füttern zu lassen. Gehen Sie immer! ich will es nicht aussagen: aber mir haben Sie nichts neues gesagt, ich habe das Triebwerk ihres Berufs lange ausfindig gemacht.

Die guten Leute! die Handwerker, die Landleute! o! sagen sie, die Kopfarbeit, die ist schwer: ich will immer lieber meine zween Arme daran spannen, und mich den Tag über plagen, als so mein Gehirn — Und die guten Herren, die dieses hören, wie sehr lachen Sie über den einfältigen Irrthum des Volkes! sie wissen es gar zu wohl, daß ihr Kopf hier überflüssig ist; aber sie werden sich wohl hüten es zu bekennen.

Weil sich zu unsern Zeiten die Federbedienungen, wie die Abgaben, die Abgaben, wie die Schulden, die Schulden, wie die Kriege, die Kriege, wie das Unrecht, das Unrecht wie das menschliche Geschlecht vermehret haben; und weil es einmal einge=

gealteter Wahn ist, daß man zu diesen Bedienungen zu gelangen, in die Schulegehen müsse; und weil diese Federbedienungen noch dazu eine Art von Vorzug und Ansehen an sich reissen, und der Ehrgeiz, wie der Ehebruch sich auch in die Strohhütte eingeschlichen hat; so schickt der elendeste Hüttler seinen Jungen nach der Stadt. Da muß er Lernen; und das erste, was er lernet, ist, daß er die Arbeitsamkeit verlernet. In dem Schatten der Schule entwöhnt er die Sonne und Hitze; ohne Uebung verlieren seine Arme die starke Spannung, seine übrigen Gliedmassen die Gelenksamkeit; ohne anhaltende Beschäftigung gewöhnt er das Müssiggehen. Er, der von gesunden Aeltern gebohren, an der Brust seiner Mutter Stärke eingesogen, durch die ersten Wartungen nicht verzärtelt worden, er verliert hier auf der Schulbank diese Vortheile, wird ein Weichling; und wann er seine Aeltern besucht, die über einige lateinische Wörter vor Freuden den Mund offen halten, die sie so wenig als der Jung verstehen, da kann er nicht in der Sonne gehen, ohne hundertmal zu niessen. Wann er dann

groß

groß gewachsen, und zwar gut und wacker verzehren, aber nichts verdienen kann, dann sehen die gutherzigen Leute den lateinischen Taugenichts, der ihnen, sich, dem Staate, und der Welt unnütz ist.

Hätte ich in den Hütten der Landleute, oder in den Häusern der sogenannten gemeinen Klassen der Arbeiter, unter mehreren Söhnen Bestimmungen vorzunehmen; so würde ich, den kleinen Raufer, der sich zeitig mit einem grossen Ringe versieht, und die Taschen immer voll Steine trägt, zum Soldaten wählen: den starken, der dem Vater auf das Feld nachschleicht, und gerne der Rosse wartet, der sich freuet, wenn er den Pflug von der Stelle heben, oder sonst eine Last auf seinen kleinen Schultern tragen kann, den würde ich zum Stammhalter, zum künftigen Landwirthe aussuchen: und wäre mir dann noch ein schwacher Junge übrig, der von der Mutter verwahrloset, bei dem ersten Froste den Ofen sucht, der späte Tage wünscht, und sich der frühen Nächte freut, der, wenn er in den Wald, Holz zu klauben, geschickt würde, die Zeit verschlief, und leer, ober nur wenig beladen wieder käm, der nur dem Hause unter

ter den Beinen herumgieng, und jeder=
man irrte, den sähe ich gleichsam von der
Natur zu einem Schattendienste vorher=
bestimmt, den ließ ich in die Schule gehen,
weil ich ihn sonst nicht zu brauchen wüßte.

XV.

Er hat ihn gesehen, ihn,
Der von der Fürsten Macht nur eines
kennt,
Das Göttlichste: durch Huld sich zu ver=
binden:
Der, wahre Freud' als Herrscher zu
empfinden,
Nicht sein Vergnügen von dem unsern
trennt.

Er geht: und jedes Aug bewahret seine
Tritte.
O sprosset Blumen! unter jedem seiner
Schritte!
Er thut sie uns zu Lieb', uns, die er
glücklich macht.
Von unserm Wunsch begleit", von unsrer
Lieb' bewacht,

Irrt

ohne Vorurtheil.

Irrt er in dem, durch ihn nun unver-
schlossnen Hayne, *)
Und sucht, und findet sie, in unsrer Lust
die Seine —

Capa=Raum hat Ihn gesehen, diesen Fürsten, dessen erste Tage eine glänzende Morgenröthe sind, die seinem Volke — Aber vielleicht, daß Er dieses Blatt eines Anblicks würdiget, und dann mich für einen Schmeichler hält, wenn er die grossen Hoffnungen liest, die wir uns von dem Mittage seiner Regierung machen. Bestimmt, der Völker Glück zu seyn, wird er Lobreden verdienen, aber anzuhören — verschmähe er sie!

Capa=Raum sah, was er längst gewünschet, den würdigen Sohn Theresiens, wie er die öffentliche Ergötzlichkeit, die er seinem Volke verschaffte, durch seine Gegenwart beseelte; und er gestund mir,

---

*) Dem Prater: der vorher nur in Monate May und Junius für die Fahrenden offen stund; sonst ganz und einzig den kaiserlichen, königlichen Hirschen und Wildschweinen ausschliessend vorbehalten.

mir, daß er in seinem Antlitze gewisse Züge, gewisse edle Abdrücke erkennte, welche ihn unterscheiden, welche gleichsam Merkmale sind, der erhabenen Bestimmung, **der Hüter unzähliger Menschen zu** seyn.

Wir wandten unsre Blicke auf das übrige, unzählige Volk. Wir wurden eines Menschen gewahr, der an dem allgemeinen Vergnügen keinen Antheil zu nehmen, der in sich selbst verschlossen, alles, was um ihn her vorgieng, zu übersehen schien. Der Ort, die Zeit, war zu Betrachtungen übel gewählet. Wir wünschten uns mit diesem Träumer in eine Unterredung einzulassen. Wir setzten uns an seiner Seite neben dem Rande eines Grabens nieder. Wir sprachen unter uns von gleichgültigen Sachen, aber so, daß er uns, wegen der Nähe, nothwendig hören mußte. Es gelung uns. Er sah sich nach uns um, und — wollte sich entfernen. Vergeben Sie, redte ich ihn an, wenn wir Ihnen beschwerlich fallen. Sie scheinen zu überlegen: wir wollen Ihnen die Gelegenheit dazu nicht rauben. In der That, versetzte er, ich überlegte: aber da Sie eben so, wie ich,

die=

diesem Gedränge eines tollen Pöbels auszuweichen scheinen; so kann uns die Gleichheit der Gesinnungen vereinbaren — Ich gab meinem Gefährten einen Wink zu schweigen, und er verstand ihn. Sie fliehen also die Menge, fuhr ich fort, die unbequeme Menge, die — Hier hielt er mit einmal stille — Ich wünsche zu wissen, mit wem ich spreche, bevor ich mehr sage — Mit demjenigen, antwortete ich ihm, den alle Welt tadelt, und alle Welt liest, dem hundert Menschen Grobheiten, und hundert andre Lobsprüche zuschicken, den man scheuet, und zu Gast bittet, der an seinem Pulte Figuren nachzeichnet, die man für Portraite halten will, weil sie Köpfe von Menschen haben, kurz mit — Mit S=== unterbrach er mich, und dieser ihr Begleiter ist der berufene Capakaum! Ich danke es dem Zufalle, der mir ihre Bekanntschaft verschaffet: ich hoffe, Sie sind meines Sinnes — Auf das Bedingniß, daß es der meinige ist, fiel ich ihm ein: denn ich bin immer nur des Meinigen, oder ich muß eines andern überzeugt werden — Das ist unbeugsam, mein Herr! aber diese Unbeugsamkeit selbst gewinnt mich Ihnen: sie hat etwas Männliches, das nicht ohne Würde ist — Ich bin ein Mensch, antwortete ich ihm, das ist meine Würde: Ich bin ein Bürger, das ist mein Glück. Ich habe meine Wünsche mässigen gelernet: das ist mein Reichthum. Ich kann es Umgang haben, zu schmeicheln, weil ich nichts wünsche, weil die Stufe, worauf ich stehe, für meine Begierde die höchste ist, und ich glaube, derjenige ist der würdigste Bürger, der seine Bestimmung am besten erfüllet —

Mein Unbekannter umarmte mich mit einer Art von Enthusiasmus. Sie sehen, sagte er mir, in diesem ihrem von nun an ewigen Freunde, den Gefährten ihrer Arbeit, den Mitarbeiter in demselben Weingarten, ihren Mitwerber ohne Eifersucht, den redlichen P.... *)

So

---

*) Ich stand sehr bei mir an, ob dieses Stück seine Stelle behalten sollte. Die Ursache entschied, daß daraus ungefähr der innere Gehalt der Wochenblätter abgenommen werden könne, von denen in weniger dann 5 Monate einige zwanzig angekündiget wurden, aber eben so schnell verschwanden. Viele kamen gar nicht
an

So tritt mit Beben der Wanderer zurück, der, jeder Gefahr uneingedenk, auf einer beblümten Flur daher wandelt, und von dem lieblichen Dufte der Veilchen gereizt, sich beugt, die geruchstreuende Blume zu suchen, und nun sie sieht, und seine Hand ausstrecket, sie zu pflücken: wenn dann plötzlich eine Natter zischend hervorschießt, so tritt er bebend, so fährt er zurücke — wie ich, als ich mich so nahe bei dem Manne fand. Aber ich faßte mich, und erwiederte seine freundschaftlichen Begegnungen mit so weniger Gleichgültigkeit, als es mir möglich war.

Sie sammeln ohne Zweifel Stoff, führte er die Unterredung fort: o hier ist eine reiche Ernte für Leute unsers gleichen!

„Mein Herr! ich sammle meinen Stoff nie anderswo, als in dem Herzen der Menschen. Es verdrüßt mich, daß ich demselben nicht so viele Lobreden halten kann, als ich nun Strafreden halten muß —„

---

an die Ausgabe des ersten Stückes. Das, worauf hier gezielt wird, erhielt sich am längsten, wie es auch darunter das beste war —

Sie sind in der That glücklich, unterbrach er mich, wenn Sie einen solchen Vorrath entbehren können. Ueberlaßen Sie ihn mir ganz! ich bin sehr oft an Stoff verlegen, und war eben itzt im Begriffe, ein Blatt zu überdenken, welches ich von dem Pratter geben sollte —

„Das will ich gerne, mein Herr Schreibgefährte. Aber vergeben Sie mir! meine Offenherzigkeit verläßt mich nie: ich habe es ihren Blättern oft angemerkt, daß es Jhnen am Stoffe fehlen mag: die Bombuse, die Bäberlen, die Korporalen und solch Zeug aus dem untersten Fache sind in der That Jngredienzien — wenn ich mich so undeutsch vor Jhnen ausdrücken darf — die ein wenig Theurung verrathen: man setzt nicht Sackleinwandflecke auf feines Leingeräth, als wenn es uns —„

Mein Schreibgefährte hatte bei meiner unwillkommenen Offenherzigkeit gleich anfangs die Nase gerümpfet, den Kopf geschüttelt, die Lippen eingebissen: und nun riß der Faden seiner Gebuld entzwey — Wie! fuhr er mit leibhaftem Authorgrimme heraus, Sie können ihre Bissigkeit auch nicht einen Augenblick, auch gegen

mich

mich nicht vergessen? gegen mich, der ich das Werkzeug der Rache in meinen Händen trage, der ich — aber ich will meinem Zorne hier gebieten: Sie sollen sehen, was das heißt, einen Mann zu beleidigen —

„ Sie sehen es für Beleidigung an? wohl! kann ich es verbieten? Aber ich versichere Sie, ich habe Ihnen meine Meinung, wie ich sie jederman sage, ganz nicht in der Absicht gesagt, Sie zu beleidigen. Es ist mir lieb, daß Sie mich so unterbrechen: ich war auf dem Wege, Ihnen noch freundschaftliche Erinnerungen zu geben, die Ihnen vielleicht hätten nützen können. „

Erinnerungen? sagte er, und seine Augen funkelten Rache: was für Erinnerungen?

„ Ich wollte, sagte ich mit meiner gewöhnlichen Kaltblütigkeit, Sie ersuchen, daß Sie sich ein wenig um unsre Sitten erkundigten, wenn Sie ein Wochenblatt für uns zu schreiben fortfahren, woran der lesende Theil der Bürger Antheil nehmen soll. Ich wollte Sie erinnern, daß Sie uns nicht die gemeinsten Sitten schildern möchten, weil doch die Stubenmägde und Ofenzangen noch nicht Wochenblätter lesen: ihre gnädigen Frauen aber, die den Vorhang am Bette mit einem Dragonerfluche öffnen, nichts anders als solche verkleidete Dirnen seyn können, und ihre Herren von, Lakeyen, die sich Nachmittags der Kleider und Wäsche ihrer Herren bedienen, um auf einem Tanzsaale zu figuriren. Ich wollte Sie weiters auf Bitten einiger ihrer Leser ersuchen, auf die Einkleidung ein wenig mehrere Sorgfalt zu verwenden, abgenützte Materien wenigstens durch die Neuheit des Vortrags, durch die Schönheit der Wendungen, durch die Wahl der Ausdrücke aufzustützen. Sie würden sonst, hätte ich dann noch zusetzen wollen, auf eine sehr kleine und ihre Mühe nicht belohnende Anzahl von Lesern herabkommen, welches mir um Ihrer und der Verlegerinn Willen Leid thun sollte. Denn an der Reinigkeit der Grammatik, der guten Korrektur, und einem guten wässerichten Stil läßt sich der ekle Leser einer Hauptstadt nicht genügen. Endlich wollte ich Sie noch warnen, nicht jede eingesendete Uebersetzung, oder sonst mißrathene Geburt eines schreibsüchtigen Jünglings sogleich

gleich mit beiden Händen anzunehmen, und je eher je besser einzuschalten. — Denn, ich wußte, was für ein artig Zeug man da zu hunderten der Welt vorlegen könnte, wenn man so gutherzig seyn wollte — Ich würde noch fortgesprochen haben: aber er verließ mich ungestümm: und hieß mich im Weglaufen: einen Metaphern Thürmer, einen der nach Wörtern wegelauerte, der wie ein Mädchen Tage lang an seinen Ausdrücken putzte, um recht unverständlich zu werden ꝛc. ꝛc. ꝛc. ꝛc."

XVI.

An mir soll es wenigstens nicht liegen, daß nicht alles, was man gegen dieses Blatt einzuwenden hat, im Drucke erscheine: meine Korrespondenten wissen es, wie viel ich unterdrücke, was zu meinem Vortheile gesagt, aber eben von mir nicht wiedergesagt wird. Der Brief, den ich heute mittheile, ist nicht ohne Witz: und am Ende wird man sehen, daß der Verfasser mir eines zu versetzen gedachte. Ich will ihm sein Vergnügen nicht rauben, aber ihn an einigen Oertern mit meinen Anmer=

merkungen begleiten. Er mag sich immer etwas darauf zu gut thun, daß ich mich bei ihm bis zum Glossator herablasse, ich, der ich — Ei der Eigenliebe! meine Feder läuft unaufhaltbar, wie der gespornte Pegasus eines Reimers, und ehe ich michs vorsehe, steht etwas da, das in fremdem Munde Vorwurf, in dem meinigen Ruhmredigkeit wäre. Ohne Umschweif also! Hier ist der eingesendete Brief!

Mein Herr!

„Endlich, endlich scheint der Zeitpunkt heranzunahen, wo die Verdienste des Fleißes und der Arbeitsamkeit ihre alten Rechte wieder erlangen. Sie sind der Mann, welcher in dem XIII. Stücke das Herz hat, der in Vorurtheile eingehüllten Welt, die Binde von den Augen zu reissen. 1) Sie zeigen uns den Uhrmacher, den Kanzleyverwandten, und den Konzeptarbeiter in einer Stellung, daß das Verhältniß zwischen ihnen nicht mehr zweifelhaft seyn kann.

1) Ich bin eingebildet genug, hier die Sprache der Ironie als ein ernsthaft gemeintes Kompliment anzunehmen.

kann. Die Wage des Vorzugs muß auf die Seite des erstern herabsinken. Welch gülbne Unternehmung! — Allein nach dem ernsthaften Schritte, den Sie gethan haben, sollten wir von ihrer Großmuth nicht hoffen dürfen, daß Sie auch bis zu uns herabsteigen, und unsre so nützliche und nöthige Beschäftigung aus dem Staube der Geringschätzung, womit die Herren von der Feder uns bedecken, empor heben? Ja! wir hoffen es, nach der glücklichen Entdeckung, die Sie gemacht haben, daß diese aufgeblähten Herren maschinmäßig, nach Mustern und Formeln, das ist, nicht besser, als wir, nach dem Laiste arbeiten. 2),,

,,Worin besteht wohl der Vorzug, den diese Herren sich vor uns herausnehmen?— in dem Alter der Handthierung? o dann haben wir gewonnen! es müßte denn gründlich erwiesen werden, daß Adam und seine Abkömmlinge bis auf die Zeit von Erfindung der Buchstaben, keine Schuhe getragen hätten — Das wäre ein Stück Arbeit für einen Gelehrten — in der Geschicklichkeit?

2) Mein Herr: Sie haben es gesagt!

keit? es ist wahr, man schreibt Kurrent, Kanzley, Fraktur, mit Zügen, u. s. w. 3) allein wir machen dafür durchgenähte, umgekehrte, gespaltene Schuhe, Pantofel, Stiefel: fällt die Verzierung der Frauenzimmerarbeit nicht ins unendliche? „

„Gestehen Sie es nur mein Herr! daß Sie unsrer Meinung sind 4), Sie, der
Sie

3) Wenn man in einer Vertheidigung spricht; so wählt man immer das Stärkste. Nun, die Kurrent, Kanzley, Fraktur und Züge, soll also das die vorwiegende Geschicklichkeit seyn? dann muß mancher Dorfschulmeister vor diesen Herren allen den Vorzug behaupten; noch mehr: dann muß der Abschreiber vor dem Konzipienten den Vortritt haben. Wie hier die Sache liegt, hat der Schuhmacher in der That gewonnen. Aber ich denke, meine Herren! ihr Sachwalter hat sie verrathen.

4) Sie fodern mich auf? wohl! ich gestehe es, ich gestehe, daß ich einem jeden nützlichen Handwerker, vor einer unnützen Kunst, einem Schuster — denn über mich hat der Wahn nicht die Gewalt, dem Worte einen verkleinernden Begriff anzuheften — vor einem Lautenschläger, einem Ackersmann vor einem Tanzmeister, daß ich einem Künstler, der der
St=

Sie im Stande sind, bei einem halb nieder-
gebrannten Lichte aus ihrem Capa-taum
einen Koncipienten zu machen 5), gestehen Sie es, daß Sie nicht im Stande
sind,

Gesellschaft Ehre und Nutzen schaffe, vor einem
bloßen Schreiber, und damit Sie sehen, daß
ich unpartheyisch bin, auch vor einem Gelehrten, der nur Gelehrter ist, den Vorzug gebe.

5) Ich widerrufe mein Wort nicht: und ich kann
in der That Zeugen auftreten lassen, die alle
Stunden einen Eid ablegen werden, daß es
keine eitle Großsprecherey ist. Wenn der Anführer eines jungen Stilisten ihn dem Kunstgriff, sich die prion immer behändigen zu
lassen, mitgetheilet; wenn er ihn mit einem
Nachdeme zum Anfange, zumalen aber zur
Verbindung, und ist die Periode länger, mit
einem und nun gleichsam zum Unterbande, mit
einem als zum Endabsatze, mit einem ohn-
ermangeln zum Schlusse ausgerüstet; wenn
er in einem Formular ein Dem A.N. von ...
anzufügen; als würdet: 2c. 2c. und: Von
der ... Ihro ... in alleruntertch. zu erinnern, was maßen: jedoch beruhet u. s. w.
nebst noch einigen solchen Sächelchen überant-
wortet; so darf der Mann gehen, er wird seine Rolle spielen, so gut — und unter uns,
besser; wenigstens ohne Anstoß — als ein
Mensch,

sind, bei einem ganzen ihn den gemein=
sten Schuh machen zu lehren, und dann
sprechen Sie, ob wir nach drey oder vier
sauren Lehrjahren, bei unserm Berufe Ver=
stand und Erfindung, ob wir unsern Kopf
entbehren können? — und wir, wir soll=
ten so tief unter ihnen stehen?„

„Aber — spricht der gemeine Wahn 6)
das Amt von dem Landesfürsten! die Be=
die=

Mensch, der mit Wissenschaften, mit Spra=
che, mit Lektur vorbereitet ist, sich in Aufsätzen
geübt, und der nicht selten das Unglück hat,
sich ganze Seiten wegstreichen zu sehen, weil
sie nicht recht biedermännisch Kanzleystil wa=
ren.

6) Wahn ists, und eben darum mußte er bestrit=
ten werden. Der Landesfürst wird hier zur
Unzeit eingemengt. Wenn seine Hand das=
jenige adelt, was von ihm berühret wird, gut,
auch die Stalljungen werden von ihm ange=
nommen; durch den Oberststallmeister, in
der That; aber werden dann Sie unmittelbar
von ihm angenommen? Gewiß mein Herr,
diese Vergleichung, wenn ich sie weiter führte,
wäre für sie nicht günstig. Bedienung: jeder,
der in Landesfürstlichem Brode steht, hat eine
Bedienung: es kömmt also darauf an, was
für eine? und nun schlüsse ich gleich die
folgende Anmerkung an: nicht der

dienung, so sie bekleidet! — Gut! gut,
ich verstehe es, der Mann ohne Vorurtheil,
dieser grosse Weltweise hat uns gelehrt,
über dieses Amt, diese Bedienung hinweg-
zusehen, und nichts als den Mann 7) im
Gesichte zu behalten. Was hindert mich
nun, einem Hofkon = = einen Hofschuster
entgegen zu stellen? Laist bleibet Laist! Ist
es aber nur um den Titel zu thun: Ei!
warum sollte man nicht auch geheime Ka-
binetsschuster machen können? 8) „

„Will man sich auf Beispiele, auf die
Uebereinstimmung gesitteter Nationen be-
rufen 9), welche dergleichen Handwerke
zu

7) Mann, sondern seine Beschäfftigung, sondern
sein Nutzen für das gemeine Wohl, sondern
seine Kenntnisse, diese will ich im Gesichte behalten, ohne durch abgewürdigte Titel ge-
blendet zu seyn: *Utilitas*, sagt der Dichter,
magnos homines facit — —

8) Das war ein kleiner Kunstgriff, daß Sie die
Klasse vermengen. Eine Kurrent, Fraktur,
u. s. w. öffnet noch keinem das Kabinet: aber
macht ihm Hoffnung zu einer Dorfschule.

9) Beispiele erweisen nur That, kein Recht.
Einer unserer besten Schriftsteller merkt an,
daß

10) zu den niedrigsten Rangstufen verweisen; so rücke ich mit meinem Klim heraus, und zeige, daß andre Völker, Innwohner der untern Welt, vernünftige Potuaner, uns über die Künstler, ja über die Klasse der Gelehrten hinauffetzen. Sehen Sie, mein Herr! die Gründe, worauf unsre Ansprüche ruhen. Nichts geht ihnen ab, als daß sie aus ihrer überzeigenden Feder flüssen, und unsre Erhebung ist nicht mehr ferne. „

Rü=

daß im vorigen Jahrhunderte an allen Höfen Hofnarren und ..... gewöhnlich gewesen, und in Ansehen gestanden; sehen Sie, was das heissen könnte, wenn Beispiele bewiesen!

10) Abermal vermengen Sie, und Sie haben Recht, Sie gewinnen nur bei Verwirrung. Die Handwerker können vielleicht manchem das Beispiel der Bescheidenheit geben. Sie sind billig genug, den Künsten, welche grössere Geschicklichkeit und Kenntnisse fodern, den Rang zu lassen: und selbst unter sich haben sie eine Art von Rangordnung, die sich nach der mehreren oder wenigern Geschicklichkeit richtet, die zu diesem oder jenem Handwerke erfodert wird.

„Rücken Sie uns zu diesen Federar=
beitern hinauf 11), oder stoßen Sie die=
selben wenigstens zu uns — zu dem Laiste
her=

11) Ich würde der bürgerlichen Gesellschaft einen der größten Dienste erweisen, wenn ich die Klasse des Volkes, die aus Handelsleuten, aus Künstlern, aus Handwerkern besteht, in die Achtung wieder einsetzen könnte, woraus sie ein unbilliges Vorurtheil verdrungen. Ich würde dem Vaterlande so viele geschickte, er=findsame Talente erobern, die die Gränzen der nützlichen Erfindung erweitern, die Er=zeugnisse der Künste vollkommener machen, die Handlung ausbreiten, der Nation Reich=thum, Stärke, Ruhm verschaffen könnten. Ist es nicht lächerlich, daß ein Mann, der einen neuen Zugbuchstaben ersonnen, den Vorzug auch nur vor dem fodern darf, der den Brat=tenwender erfunden? —

Aber ich muß mich erklären: Ich verlange nicht, Bürger, die nützlich, die in gewissem Verstan=de nothwendig sind, herabzusetzen: ich wünsche nur, daß ein Vorurtheil aufhören möchte, welches den Künsten und Handwerken die fä=higsten Köpfe geraubt; ich wünsche, daß die nothwendigste Gattung der Bürger wenigstens über den Dunstkreis der Verachtung steigen möge: kurz: wir wollen ein Bündniß einge=
hen:

herab, wie es Ihnen am schicksamsten dünket. Ich bin nebst der ganzen Lade„
Mein Herr
Dero Verehrer: N.N.
Vorsteher und ältester einer ehrsamen Schuhmacherzunft.

XVII.

Wann der Both des Unglücks, der drohende Komet, über den Häuptern der Menschen glänzet, und seine furchtbare Ruthe von einem Ende der Erde zu dem andern ausstrecket, dann zittert alles in banger Erwartung, und harret, ob Krieg oder Hunger, oder schleichendes Sterben die Welt verheeren werde: jeder zieht dann mit sich selbst Rechenschaft, und versagt sich

hen: ich bin bereit, die Herren von der Feder als sehr ansehnliche Leute, als Leute, auf deren Schultern der Staat ruht, anzusehen: aber sie sollen so billig seyn, meine rechtschaffenen Mitbürger, vom achtungswürdigen Handelsmann an, durch alle Stufen, bis auf den ehrsamen und nützbaren Schuster, nach den Graden ihres Beitrags zum allgemeinen Besten, zu schätzen, und hochzuachten!

sich jede Lust, und raubt sich jede Freude, die kommende Strafe abzuwenden, und Menschenliebe, und verscheuchte Tugend kehren zu den Wohnungen der Sterblichen wieder — So herrschet Sittsamkeit und Mäßigung im Aufwande in Häusern, wo sonst Verschwendung und Ueppigkeit haushielten, seit der Zeit, da ich die berüchtigten Verschwender und Verschwenderinnen aus dem Haufen auszulesen, und zum Beispiele der Stadt auf ein Schandgerüst auszustellen drohte —

Ich will nicht unerbittlich seyn. Da meine Absicht nur ihre Besserung ist; so soll dießmal das schon gezückte Schwert in die Scheide wiederkehren, ohne zu schlagen. Aber seine Streiche sollen sich verdoppeln, so bald sich die Verschwendungssünden häufen, und abermal alles Fleisch seinen Weg verderben wird.

Diese Versöhnlichkeit soll inzwischen niemanden irre führen: ich werde nie schlummern. Es liegt bereits ein ziemlich dickes Häft zur Hand, worin alle diejenigen aufgezeichnet sind, welche sich durch Kleider und Kutschen, durch Ringe, und Geschmuck, durch Spiele, und Ma-

II. Theil. J be-

demien, und Magdalenen in der Stadt zu Grunde gerichtet haben. Es geht nur noch eine kleine Erörterung ab, damit dieses Bändchen vollkommen werde, welches dann unter der Aufschrift: Galerie der Verschwendung: oder: Der glänzende Weg zum Hospitale, gewandert von allen denen, welche in diesem Bande enthalten sind; erscheinen soll.

Die Erörterung, die mir zur Vollendung eines so erbaulichen Werkes abgeht, muß mir von unsern Handelsleuten, und Juwelirern mitgetheilet werden. Ich habe dieselben meinen Wunsch wissen lassen, und sie haben sich sogleich willfährig gezeigt, aus ihren Handlungsbüchern diejenigen mir auszuzeichnen, welche den Aufwand, durch den sie ihre Nebenbürger zu verdunkeln gesucht, auf Borg gemacht haben. Sie haben noch mehr verheissen, als ich gefodert: sie wollen auch anmerken, wie lange es schon ist, daß diese oder jene Waare ausgenommen worden, und sie versichern mich, daß einige darunter fast von undenklichen Zeiten, und ein sehr grosser Theil derselben bereits unter die verlornen Posten zu rechnen sind.

Soll

Soll dieses Buch wahrhaft lehrreich seyn, so wünschte ich, mit allen denen genaue Bekanntschaft zu errichten, welche so christlich sind, im Falle eines dringenden Bedürfnisses, ihren Nebenmenschen auf ein vierfaches Unterpfand und gegen leidlichen Zins von 20 pr. 100 zu leihen, oder die ausgenommene Waare auch um den halben Werth abzulösen. Nichts könnte ergötzender seyn, als wenn man die wunderbare Wanderung eines Ringes vom Juwelier zu Kristen, von Kristen in das Pfandamt, dann wieder einige Tage zu Kristen, und abermal zu dem Ausleiher, von diesem letztlich, nach gerichtlicher Abschätzung und Uebernehmung, abermal in die Hände eines andern, wo er bald wieder denselben Kreis ablaufen wird, mit ansehen könnte. Der pythagorische Wanderungskreis würde hier wenigstens ein sehr ähnliches Bild finden.

Doch ich vergesse, daß ich, die Strafruthe der Ueppigkeit auf einige Zeit einzuziehen, verheissen habe.

XVIII.

Das wäre also entschieden: Capa=kaum wird weder eine von den niederen Feder=bedienungen suchen : denn dazu hat er zu viele , noch eine von den höhern, denn dazu hat er zu wenig Gelehrsam=keit. Er hat nicht seine besten Jugend=jahre rühmlich verwendet, eine Sprache zu lernen, die er nie reden, noch seinen Kopf darangestrenget, Kenntnisse zu sammeln, die er in seinem Leben niemals nützen wird. Der Aermste! kann weder Latein, noch die griechischen Aoristen. Man hat ihm keine von den Anleitungen gegeben, die man uns andern so wohlwollend mittheilt. Rousseau! wage es, deine Wilden mit uns zu vergleichen!

Wie unglücklich wäre der Vater meines Zöglings, wenn er einen kennte! Sein Junge wäre groß gewachsen, und hätte nicht Verse gemacht, die wenigstens Vir=gilen beschämen könnten; und hätte nicht, wie Cicero vom Rednerstuhle geredet: er hätte Leibnizen und Locken mit seinen bündigen Schlüssen nicht zum Schweigen gebracht; nicht mit der Eilfertigkeit eines

Isä=

Ifäus *) von allen Erscheinungen der Natur gesprochen; nicht mit a × b > x bewiesen, daß eine krumme Linie keine gerade ist, daß ein schwerer Körper nothwendig fallen muß, und noch unendliche Dinge mehr, über die ein glücklicher Vater unsrer Gesellschaft erstaunet, wann er voll zärtlichen Vatergefühls dem funfzehnjährigen Dichter, Redner, Philosophen, Algebraisten, Größenkündigen, und was weis ich, was noch alles mehr, die Arme um den Nacken wirft, und dieses, wie man ihn nach dem drollichten Ausdrucke eines Theatraldichters mit Rechte nennen mag, Compendium aller Wissenschaften, mit stolzer Empfindung betrachtet, und bei sich saget:

„ Wer gab, wie dieser ist, dem Staat je einen Bürger?

„ Aber, sagte mein lehrbegieriger Freund, und Schüler: wenn ich bestimmt bin, in ihren Gesellschaften zu leben, wenn ich einen Theil derselben ausmachen soll, warum wollen Sie mir nicht diejenige Anschickung geben, die mich fähig machet,

*) Sermo Isæo torrentior, sagt Juvenal.

meinen Platz darin würdig zu behaupten? warum — „

Guter Jüngling, fiel ich ihm ein, das ist nunmehr zu spät: deine Zeit ist vorüber. Mit einigen zwanzig Jahren, wie du haben magst, lernet man solche Dinge nicht mehr: das sind die Beschäftigungen der Jugend: Beredtsamkeit, Dichtkunst, Weltweisheit, das sind Gedächtnißwerke: dazu muß man die glücklichen Jahre anwenden, wo das Behältniß der Kenntnisse noch unangefüllt, wo das Gehirn noch unverhärtet, noch jedes Eindruckes fähig ist; fähig ist, was hinein getragen wird, in sich zu verschlüssen; die glücklichen Jahre, wo das Kind, gleich einem Wachse der bildenden Hand gehorchet, und gelehrig die Gestalten annimmt, die sie ihm mittheilet.

Capa-kaum sah mich mit sehr zweydeutiger Mine an. Ich hatte ihm von der Beredtsamkeit, der Dichtkunst, der Weltweisheit ganz andre Begriffe beigebracht. Er dachte bei dem Worte Beredtsamkeit immer, einen Demosthenes, einen Cicero, aus deren Meisterstücken ich ihm manche Stücke übersetzter vorgelesen. Wenn er
von

von Dichtern hörte; so fiel ihm Homer und Virgil, oder Klopstock, Ramler, Uz, Kleist, und solche Männer ein*); und bei dem Namen Weltweisheit hüllte er sonst sein Gesicht mit Ehrfurcht ein: so einen groffen Begriff hatte er sich von der Wissenschaft gemacht, an deren Ehrentempel, auf der einen Seite Sokrates, auf der andern Leibnitze, Wolfe, und Newtone unsterblich glänzten — Und itzt hörte er, daß ich so freygebig mit diesen Namen war, sie unbärtigen Knaben beizulegen; daß ich diese Wissenschaften Gedächtniß-

---

*) Seit dem preiswürdigen Nachdrucke, wodurch Patriot T = = die besten Schriftsteller unter uns bekannt, und die Genies von ganz Deutschland aufgemuntert hat, kann ich es Umgang haben, bei den Namen dieser würdigen Schriftsteller — welche Frankreich und England bewundert, und nur noch eine Nachbarinn neben mir nicht so viel will gelten laffen, als — eine Anmerkung zu machen. Aus diesem Merkmale wird ein deutscher Skoliast genau das Jahr errathen, worin diese Blätter geschrieben worden: denn noch ein Jahr vorher hätte ich erklären müssen: wer ist Kleist? und Klopstock?

werke nennte. Ich errieth es, was für ein Zweifel ihn quälte, ohne daß er sich getrauet hatte, ihn zu entdecken. Denn ich hatte ihm den Grundsatz eingeflößet, der manchem unsrer jungen Allwissenden nicht genug eingeprägt werden könnte: man müsse mit seinem Urtheile behutsam, zurückhaltend seyn, in allen Sachen, worin wir uns nur eines geringen, eines obenhinigen Kenntnisses bewußt sind. Doch da sein Unterricht mein Endzweck ist; so brachte ich ihn selbst auf den Weg, mir seinen Zweifel zu eröffnen. Er that es mit der Bescheidenheit eines Menschen, der belehrt zu seyn wünschte.

Wohl, beantwortete ich ihm seine Frage: ich rede in diesem Augenblicke, nicht nach meinem Gefühle, nicht nach dem, was seyn sollte, sondern nach dem, was wirklich ist. Ich habe dir hier gleichsam einen Grundriß der ersten Bildung unsrer Jugend gegeben: man fängt da an, wo man aufhören sollte. Was der Knabe in seiner Kindheit gelehret wird, erlernet er nie: und was er wissen sollte, was er erlernen könnte, das wird er nicht gelehret. Wundre dich über die wissen-
schaft-

ſchaftliche Erziehung unſrer künftigen Bürger! ſie verdient bewundert zu werden!

So bald der Knab anfängt, das Werkzeug ſeiner Ausſprache durch einen Inſtinkt zu üben; ſo bald ſich, bloß triebmäſſig, die Zunge durch die erſten Lauttöne entwickelt, ſo iſt eine Amme, eine Kinderwärterinn, oder ſonſt ſolch ein Geſchöpf zur Hand, die ihm Wörter vorſagen: und es iſt dann ſehr natürlich, daß alles in verkehrter Ordnung geſchieht. Gemeiniglich fangen ſie bei den Benennungen der Theile des Geſichtes an: Wo iſt dein Auge? — hier — deutet die kleine Puppe! und deine Naſe? — hier — und dein Herz? das Kindchen zeigt auf ſeine Bruſt: die gefällige Mutter wundert ſich über den vorreifen Verſtand des Kindes, und

Der alberne Vater lachet, daß ſein Kind durch unvernünftige Weiber verdorben wird. Wie viele Fehler mit einmal! Warum übet man das Kind an ſeinen eigenen Gliedern, die es nicht ſieht? es iſt gewiß, daß es auf dieſe Weiſe den eiteln Schall des Worts merket, ohne einen Begriff damit zu verbinden. Die

Irrungen der Kinder, da sie oft auf den Mund weisen, wann man sie um die Nase fragt, diese Irrungen, worüber man lachet, weil man ihre Folgen nicht einsieht, beweisen es deutlich, daß sie nichts von dem verstehen, was man sie fragt; und daß ihre Antwort bloß ein Werk der thierischen Maschine ist; so wie ungefähr das kleine Aeffchen, Jungfer Lise, in der Hüte des Gauklers, Verbeugungen macht, und auf die Frage: Welches ist die schönste Dame aus der ganzen hochansehnlichen Gesellschaft? nach dem geheimen Merkzeichen seines unbarmherzigen Meisters bei derjenigen in der Reihe stehen bleibt, die am besten bezahlet hat: ohne, daß diese jemals in einem Wettstreite der Reize das Urtheil des haarichten Paris zum Beweise anführen wird.

Wenn man ja fürchtet, daß ein Kind seine Gliedmaßen zu spät kennen lernen wird; obschon die Natur dafür gesorget, da der Gebrauch dasselbe mit diesen Werkzeugen nothwendiger Verrichtungen gar bald bekannt machen wird; wenn man es aber dennoch fürchtet, warum zeigt die Amme dem nachlallenden Papagen nicht

lie=

lieber ihre Nase, ihre Augen: und sagt: sieh Männchen! das da ist die Nase! das die Augen! Hätte es damit angefangen, und ihm das, was sie ihm nennet, wirklich gezeigt, so würde in der Einbildung des Kindes sich das Bild festgesetzt haben: und nun wäre die Magd mit dem Kinde vor den Spiegel getreten. Nach der ersten kindischen Bewunderung, seine Amme im Spiegel zu sehen, nach den ersten Spielungen an dem täuschenden Glase, nach erschöpfter Neugierde, hätte sie gefragt: wo ist die Nase des kleinen Bübchens in diesem Spiegel da? ich müßte mich sehr betrügen, oder es wird bei dem Worte Nase gegen den Spiegel zufahren, und sie an dem Kinde darin zeigen wollen: ob es zwar hernach sehr verlegen seyn wird, wenn seinem Händchen auf der Oberfläche des Glases ein anders entgegen gefahren kömmt, das sich mit seinem zu vereinbaren scheinet.

Nicht genug, das dem Kinde nur der Schall der Wörter eingepräget wird; wann sie nachzulallen anheben, so lernen sie auch diese Wörter immer nur schlecht aus-

spre-

sprechen, in zweyfachem Verstande schlecht; und aus verschiedenen Ursachen —

Aeltern! denket weniger, daß eure Kinder zu eurer Ergözung ihr Daseyn erhalten haben, als um dereinst Menschen, Bürger zu seyn! oder wenn ihr ja den süssen Namen Vater nothwendig mit der Ergözung verbunden glaubt — es wird das Glück der Gesellschaft ausmachen, wenn diese Meinung allgemein ist — so suchet diese Ergözungen nur nicht auf Unkösten des Kinds, das ihr glücklich zu machen verpflichtet seyd, und wünschet. Suchet diese Ergözungen nicht in den Gaukeleyen der kleinen Spielthiere. Es sind keine Affen, die ihr vor euch habet: es sind Kinder, die Bürger werden, die eure Stelle in der Gesellschaft besetzen, wann ihr dereinst abtretet, die Freude, der Stab eures Alters werden sollen. In Sachen, die euch vorhinein zeigen, daß sie eure Hoffnung, daß sie ihre Bestimmung erfüllen werden, in diesen findet das Reizende der Kindheit!

Kaum hat man die ersten Töne wahrgenommen, da heißt es: das Kind fängt schon an zu reden. Habt ihr es verstanden?

den? nein! Wohl denn! es hat nicht geredet, es hat einen thierischen Laut von sich gegeben, wie es andre Thiere auch thun, ohne daß man das Winseln des Hundes, noch das Wiehern des Pferdes für Sprache halten will. Aber nein: es ist ein Mensch, es muß durchaus Sprache seyn! Und weil man diese Sprache nicht versteht; so quälet man sich, heraus zu bringen, was das Kind gemeint haben könnte. Vergebens rufe ich der vernärrten Mutter zu: das Kind kann noch nichts meinen! sie hört mich nicht, sie räth auf dieß, auf jenes; und weil endlich das Kind bei einem Apfel, oder Zuckerbrod eine freudige Geberhde gemacht, und ruhig geworden; so heißt der unverständige Laut Zuckerbrod und Apfel.

So macht man den Kindern immer eine eigene Sprache. Wenn man ihnen Sachen vorsagt, die sie wegen der Ungelenksamkeit ihrer Zunge nicht nachsprechen können, und verzerren und verunstalten; so heißt die zur Unzeit gefällige Kindermagd, und die unvernünftige Mutter das Ding künftig immer nach dem verunstalteten Laute des Kinds: und man sollte sagen, nicht das
Kind

Kind hat von ihnen, sondern sie von dem Kinde zu lernen.

Indem sie sich nun Mühe geben, nicht das Kind die rechte Aussprache der Wörter zu lehren, sondern seine übelausgesprochene zu errathen; so ergötzt sich Mama an dem kleinen Schwätzer, dessen Zunge nach und nach Festigkeit erhält, aber noch nicht zur wahren Sprache gelenk ist. Wir würden weniger Stotterer haben, weniger Leute, die lispeln, mit der Zunge anstossen, schnarren, diese oder jene Buchstaben nicht aussprechen können, wenn die Mütter weniger nachsehend — darf ich den Ausdruck des nicht heuchelnden Unwillens wählen? weniger Närrinnen wären. Mit Verwunderung habe ich in einem Hause von Ansehen, einen einzigen Sohn in seinem eilften Jahre den Löfel, Lölel nennen gehört, weil man ihm in der ersten Kindheit darin nachgesehen. Der Knab, der sonst fähig, und gut geartet war, vermied mit aller Sorgfalt dieses Wort, und eine feurige Röthe überzog seine Wangen, wann es ihm beim Tische entfuhr.

Sind Aeltern, welche die erste Sprache ihrer Kinder so verderben lassen, nicht in

der

der That gegen sie sehr grausam? sie verdoppeln ihre Mühe, und rauben ihnen eine kostbare Zeit, die zu einem bessern Gebrauch hätte verwendet werden können. Denn der heranwachsende Knabe muß die kindische Sprache verlernen; und nun erst menschlich reden lernen.

XIX.

Aus dem artigsten Munde unsrer jungen adelichen Schönen habe ich überhaupt die pöbelhafteste Aussprache schallen gehört. Das ist wie eine Perlenmuschel, die dem Auge liebkoset, aus welcher, da man sie öffnet, ein unflättiger Frosch hervorspringt. Ich weis nicht, ob mehrere Männer von meinem Geschmacke sind: aber ich, kann versichern, daß das Niedre der Sprache mir korallene Lippen, und statt der Zähne gereihte Perlen, verekeln könnte. So, wie sonst ein schöner Mund dem artigen Ausdrucke neue Reize mittheilet; so wird durch die pöbelmäßige Sprache ein Gesicht, worauf die Grazien thronen, und der Frühling der Jugend seine Rosen und Lilien gestreuet

streuet hat, das Gesicht der huldlächelnden Venus selbst, verzerret.

Ihr Schönen! deren Schrecken ich bin, wo ich immer eintrete; die, bei meinem Anblicke zusammfahren, in ihren Gebehrden sittsam, in ihren Minen anständig, in ihren Reden behutsam werden! Ihr Schönen, deren Reize bestimmet sind, der Lohn des tugendhaften Jünglings, das Glück, die Erquickung des verdienstvollen Mannes, das Leben der Gesellschaften zu seyn! glaubet einem Manne, der jeden eurer kleinsten Winke beobachtet; der, so weit er kann, jede geheime Falte eures Herzens ausspähet, und euch selbst in dem Inneren eurer Zurückziehung mit scharfsehendem Blicke verfolget; diesem Manne, der in euch die schöngestaltete Schöpfung ehret; der euch, so wenig ihr es auch denket, hochschätzet; diesem, wenn ihr es erlaubt zu sagen, eurem Bewundrer glaubet! eure Reize fliehn, sobald der Mund sich öffnet. Und wäret ihr gegen mich mistrauisch, so fragt euren Freund, den ihr so oft des Tages zu Rath ziehet, den Spiegel, er wird euch in seiner Sprache sagen: Elmire! du sprichst: das Grübchen deiner Wange zieht sich

in

in einen länglichten Streifen, und scheint eine Runzel zu seyn. Dein Mund wird eine unebenmäßige Oeffnung, die gleichsam aus ihren Angeln gesprungen. Die schönen Halbzirkel deiner Augenbraunen, von deren Höhe der Liebesgott seine unfehlendsten Pfeile abdrücket, sträuben sich zu einem unregelmäßigen Gebüsche empor. Die ganze bezaubernde Bildung — weg ist sie.

Zürnet über die Wärterinnen eurer Kindheit! sie sind es, die daran Schuld tragen: oder vielmehr über die, die es den gemeinsten Mägden überlassen, eure ersten nachahmenden Töne zu bilden. Diese Hände, diese Züge, dieser Wuchs und ganze Bau des Körpers ist edel: aber die Sprache — ist Pöbel.

Auch so geht es mit dem Knaben, der doch künftig sich mit einem gewissen Anstande ausdrücken, der vielleicht in einem Amte öffentlich sprechen soll. Seine Sprachwerkzeuge werden von einem Weibe geübet, das die Sprache ihres Dorfes spricht: ihr Zögling nimmt die ihrige an. Und nun, wenn wir den Vortrag eines Mannes im Amte mit geschlossenen Augen anhören, werden wir denken, wir haben einen Winzer oder Dorfrichter gehört, und es war ein — Hofrath.

Nunmehr hat der Knab sein sechstes Jahr erreicht. Man muß ihm einen Lehrmeister geben! sagt der Vater, und eilet einen aufzusuchen, der dem hoffnungsvollen Kinde die lateinische Sprachlehre beibringet, damit es bald studieren könne. Denn Latein lernen, heißt man immer Studieren.

Wie lange denkst du, mein lieber Capa-kaum, daß über dieser Sprache hingebracht wird? du dächtest wohl nicht, daß es sechs Jahre sind, die man dazu verwendet! Sechs volle Jahre über einer Sprache, die in der That vor tausend etlich hundert Jahren zu Rom am Hofe im Schwange war, und von allen artigen Leuten geredet worden, die aber zu unsern Zeiten aus allen Gesellschaften, bloß in die finstre Studierstube des .... verbannet, nirgend bei einer Nation üblich ist, und von der wir nicht einmal wissen, ob wir nur die rechte Aussprache noch übrig haben.

Man hat in der That Mühe, etwas zu finden, womit man die Jugend durch eine sol=

solche Ewigkeit wenigstens beschäftige. Die vier ersten Jahre dehnt man den Unterricht so sehr aus, daß man erst gegen das End des vierten dahin gelangt, wohin ein gemeiner Sprachmeister in jeder andern Sprache seinen Lehrling in den ersten vier oder fünf Monaten bringt.

Die Betrachtung, die ich mache, ist nicht neu, viele Väter haben sie vor mir gemacht: aber sie sind dennoch den Weg aller Väter gewandelt, und haben ihre Söhne sechs kostbare Jahre verlieren lassen. So viel Gewalt hat das Beispiel und die Furcht, auch in offenbaren Verbesserungen, ein Sonderling zu heissen.

In meinen Augen haben die Alten für uns Neuere immer als die Quelle des schönen Denkens gegolten: und das, was der lateinische Gesetzgeber des guten Geschmacks, Horaz seinen Römern zuruft:

Blättert in griechischen Schriftstellern Tag und Nacht! *)

das kann man denen, welche in dem Fache der schönen Wissenschaften etwas zu leisten

---

*) — — *exemplaria græca*
  Nocturna versate manu, versate diurna!

sten Willens sind, nicht zu sehr zurufen: Jünglinge! blättert mit unverdroßner Mühe die Alten, sowohl Lateiner als Griechen durch! sie sind die Muster, aus denen ihr euch bilden könnet. Sie haben in dem Buche der Natur gelesen, und uns ihre Entdeckungen überliefert. Wer also nur etwas leisten will, der kann die Sprache der schönen Geister des Alterthums nicht entbehren. Aber ist diese langweilige Art, sie zu erlernen, nothwendig? ist es nothwendig, die glücklichsten Jahre zu verlieren?

Auf den Haiden des Königreichs Hungarn habe ich oft einen Jungen hinter dem Vieh hergehen gesehen, der mich, obgleich nicht in zierlichem, dennoch in ganz verständlichem Lateine um ein kleines Geschenk anflehte. Der junge Viehhirt hat wenigstens diese Fertigkeit nicht auf der Schulbank erworben; und er beweist, daß diese Sprache sich eben sowohl, wie jede andre, durch die bloße Uebung beibringen lasse. Aber ich kann ein noch überzeugenderes Beispiel anführen.

Nicht ferne von den Gränzen, die Steyermark von Kärnten absöndern, lebte

ein

ein Mann, der lange Zeit im Felde gedient, und der der Ehre sowohl als der Mühe satt, sich ein kleines Dorf zur Freystadt erwählet hatte, wo er in Gesellschaft einer noch in ihren reifern Jahren angenehmen Gattinn seine übrigen Jahre verleben wollte. Dieses Paar, das sich aus Liebe geehliget, durch Freundschaft seine Ehe vergnügt gemacht hatte, war einander zur Gesellschaft hinlänglich. Doch seufzeten sie öfters, daß ihrem Wunsche der Segen der Ehe nicht gewähret worden. Endlich ward ihrer Sehnsucht ein Erb geschenkt, der beider ganze Sorgfalt auf sich zog. Die Mutter, eine Frau, werth diesen Namen zu tragen, wartete mit kluger Hand des zarten Sprößlinges, und beschützte ihn wider jeden Hauch einer üblen Neigung: nur Tugend durfte unter ihrer Hand aufkeimen. In seinem vierten Jahre übernahm ihn der Vater, und gab der nun sich verstärkenden Pflanze die Richtung, die sie in ihrem Wachsthume annehmen sollte. Der Vater hatte in dem Umgange mit der Ehre des Alterthums zu viel Vergnügen genossen, als daß er seinem Kinde, nicht eben dasselbe zu verschaffen, begierig gewesen wäre. Aber an diesem einsamen Orte, wo kaum jemand zu finden war, der lesen konnte, wo wäre der Mann gewesen, der ihm in der lateinischen Sprache einen Unterricht hätte geben können? Ungeachtet ich täglich in den Werken des Cicero, hörte ich ihn erzählen, ungeachtet ich täglich in den Geschichtbüchern des Livius, des Tacitus, in den besten Dichtern der Lateiner las, die ich vollkommen verstand, und deren Sprache ich, so wie es für unsre Zeit möglich ist, auch redte; so konnte ich es mir weder zutrauen, noch mich dazu entschlüssen, meinem Sohne die Regeln der Sprache zu lernen; und ich entschloß mich, einen Versuch zu machen, ob es nicht auf einen andern Weg angehen würde, ihm das Latein zu geben. Ich hub es so an. Meine Gattinn machte sich, so wenig als möglich mit dem Kinde zu schaffen, ich aber ließ es desto weniger aus den Augen: es mußte beständig um mich seyn, in meiner Stube schlafen, spielen, alles verrichten. Und während dieser ganzen Zeit sprach ich mit ihm nur Latein, und ließ es, was es verlangte, in eben der Sprache verlangen. Weil ich auf diesen Einfall etwas zu spät

ge=

gerathen, so kostete es anfangs einige Mühe: doch zuletzt brachte ich es in Gang. Der Knab redte die lateinische Sprache ohne Regel, bloß durch die anhaltende Uebung, etwa so, wie wir in der Kindheit unser Deutsch, ohne die Sprachlehre zu wissen, fertig reden; und da ich ihm, so bald er wortreicher ward, die leichteren Schriftsteller vorlegte, so ward er nach und nach so stark, daß er, selbst einige Reden Cicerons mit ziemlicher Fertigkeit in seinem achten Jahre zu erklären wußte. — Damals starb die würdige Gattinn dieses Mannes, und ihr Todfall zwang ihn, wegen der Erziehung seines Kindes, andre Maßregeln zu ergreifen.

Ich sehe nicht, worin die Schwierigkeit bestehen soll, dieses Beispiel nachzuahmen, und warum man das Latein, nicht wie das Französische, in zwey Jahren mit Hülfe eines Sprachmeisters sollte erlernen können. Denn ich will immer Vätern, die ihre Söhne wochenlang nicht sehen, nicht zumuthen, ihre ernsthaften Beschäfftigungen, ihre Spiele, ihre Klubbs und Gesellschaften zu verlassen, um einer solchen Kleinigkeit willen, an der Erziehung eines Kindes zu arbeiten, welches ein Miethling ganz leicht für ein Stück Geldes und einige Mahlzeiten, verrichten kann, da sie ihrer Schuldigkeit genug gethan, daß sie dem Kinde das Daseyn ertheilt haben.

XX.

Nach so vielen nicht stets im feinsten Stile abgefaßten Zunöthigungen meiner Korrespondenten, ihre eingesendeten Briefe im Druck zu geben, sey dann ein Sündenbock hinausgestoßen, der die Verbrechen aller andern trage, und durch seine Beschämung ein warnend Beispiel werde, ihre Wünsche nicht bis zur Unverschämtheit zu treiben. *) Gerade kömmt mir ein Schreiben ein, welches ich nicht bloß wörtlich, sondern buchstäblich einrücken werde. Es wäre Schade, wenn die kleinste von seinen Schönheiten verloren gieng. Damit ich dem Vergnügen der Leser auch nicht das Mindeste raube, so will ich nichts davon vor=

*) Das wäre also ein Original, und der Ton der Sprache, und Höflichkeit des 1765sten Jahres.

vorhinein melden, als daß ich die besonders wohl gewählten, und hervorstechenden Ausdrücke durch den Druck unterscheide, damit kein Wort davon auf die Erde falle.

Mein Herr!

„Abermahlen überlese ich eines ihrer Wochenschriften mit ausnehmendem Vergnügen, und bedaure nur, daß, soferne von einem Gelehrten, wenn es in ihren Augen noch einen giebt; zu ihren Ruhm Entscheidungen gemacht würden, oder ihre lebhafte und gründliche Beurtheilung anrühmen wollte, sich der Schusterausdrücke bedienen müsse, um ihre besitzende Weltweisheit, und dem Staate so heilsame Absichten würdig erproben zu können: Ja! und dieses verdienen Sie, und um desto mehr verdienen Sie es, da Sie ein genug bekannter, aber nicht genug belobter Schriftsteller sind."

„Daß ihre Wochen-Blätter die Sitten und eingealte Mißbräuche zu verbesseren zum Grunde haben; also sprechen Sie Herr M. o. V.: andere aber sagen also: Was man nicht verbesseren kann, und wozu die werckthätige Mittel abgehen, dieses seye ein leeres Geschwäz, ein Großthuen, ein mit Gewalt erzwingende lächerliche Gelehrsamkeit: und daß man also spricht, dauor kann ich eben so wenig, als daß ihren so weisen Lehren nicht Folge geleistet, und sogar die angebrohte Straf=Ruthe gehöhnet wird. „

„ Daß ihre Wochen=Blätter in die Canzleyen, und ihr schon halb gelehrter Capacaum in die Raths=Stube, in die Concepte, in die Amts=Verrichtungen und s. w. gleich dem Hunde in die Kirchen sich eindringen; daß Sie von Höheren und Vorsteheren (o Weltweisheit) bestimmte Beamte hächeln, und erstere in denen letzteren dem Pövel verächtlich machen, beurtheile jene so strenge, welche sie glauben, getroffen zu haben. Doch dieses gar nicht: diese können ihnen aus dem Rang=Streit der Thiere des gelehrten Hrn. Lößings mit dem Löwe antworten: „ Der Rangs=Streit ist ein unnützer Streit, „ setzet mich zum erstern oder letzten an, ich „ kenne mich „! und mit solcher Denkungsart werden sie die übrig verbleibende Parthey wohl nicht seyn wollen. „

„ Wol=

„Wollen Sie vielleicht Herr Mann o. V. von ihren Zöglingen einige Muster zu denen Aemtern liefern? Sie werden gewiß ihren Nahmen verewigen; aber ich beförchte, diese lobenswürdige Unternehmung würde sehr spat ausfallen, weilen Ihnen selbst, mein Herr Tadler, bis jetzo die Begrieffe von Canzley=Verrichtungen manglen, und noch viele Duzend halb nieder gebrennte Lichter verbrauchen werden, bis Sie sich einige dieser Känntnüssen beylegen."

„Daß Sie in ihren Wochen=Blättern einen Eigennutz suchen, das wirft man Ihnen mit Unrecht vor: es ist ja nach jedem Post=Tag ein guter Theil deren Exemplarien noch zu überkommen; nicht wegen des übertriebenen Preises: um 3 kr. läßt sich nicht viel Gelehrsamkeit kauffen, noch zum Beyfall des gesammten Publici aufklauben, und zweymahl die Woche hindurch mit Authormässiger Ernsthaftigkeit auftretten. Aber seit der Schu=ster=Correspondenz trägt es doch schon um ein merkliches mehr ein, besonders, da es sich die Taglöhner, und was von der Gattung mehr, beyschaffen."

„Was

„ Was man weiters dem unnachamlichen Herrn Schriftsteller aussezet, was vom Tadlen, vom Geschwäze, von Ruhmredigkeit, von Schreiben ohne erzielenden Ende und erweißlichen Grunde Ihnen vorgeworffen wird, da habe ich schon viele ermahnet, solche in Geheim zu halten, sollten Sie es, H. M. o. V. irgends inne werben, dann dieses ist ihre meiste Beschäfftigung, diejenigen Oerter zu besuchen, wo bergleichen Reden von stachelhaften Müssiggängern, oder sich weise dünkenden Schüllern gehalten werden, wodurch sie den Stoff zu Fortsezung der gelehrten Bemühung erlangen, so würde man gewiß übles Spiel haben. „

„ In Erwartung einer mich beehrenden Antwort, welche ich schon lange meinem Schneider versprochen, der daran grossen Theil haben wird, gleich benen Schustern in die gelehrte Gesellschaft zu kommen, verbleibe mit ersinnlicher Hochachtung „

Mein Herr
Ihr Leser aller ihrer bekannten Ausarbeitungen.

Ich

Ich habe zu dem Geschmacke meiner Leser ein so gutes Zutrauen, daß ich es ihnen überlasse, diesen Brief zu beurtheilen. Er ist mit der gewissenhaftesten Genauheit kopirt; und es soll jedem, der es verlangen wird, das Original bei dem Ausgeber dieser Blätter gezeigt werden. Was ich auch immer davon sagen würde, könnte der Genugthuung nicht gleich kommen, die ich mir gebe, daß ich diesen Brief einrücke, und dadurch den Verfasser der Verachtung und dem Gelächter des Publikums überlasse. Dieses mag urtheilen, ob ich nicht noch sehr gelinde verfahre, wenn ich so einen mechanischen Menschen mit einem ehrbaren Handwerker in eine Klasse versetze. Doch bin ich auch nicht so unbillig, ihn mit einer Menge rechtschaffener Leute zu vermengen, die die Kanzleyformeln beibehalten, weil es einmal so eingeführt ist; die aber weit entfernet sind, sie zu billigen, oder zu glauben, daß alle Schriften, die sich davon unterscheiden, und in einem edleren Tone geschrieben werden, nichts taugen —

Ich habe mit diesem Briefe die Geduld meiner Leser gemißbrauchet, und bin nun verbunden, Sie darüber in etwas schadlos zu halten. Ich glaube, es nicht besser zu thun, als durch die angenehme Nachricht: daß vor kurzem Herr Jacob Schmuzer, ein würdiger Schüler Herrn Willes, aus Frankreich wiedergekehret, und nun seinem Vaterlande seine schätzbaren Talente widmen wird. Er gieng vor vier Jahren, bereits mit vieler Fähigkeit vorbereitet, nach Paris, und ward H. Willen empfohlen. Dieser grosse Künstler erkannte bald die schöne Anlage seines neuen Schülers, und sah in ihm seinen künftigen Nachfolger. Die Anwendung Schmuzers sagte seiner Gabe zu, und er ward in dem Wettstreite der Geschicklichkeit von der Akademie der Künste zu Paris für einen Künstler der ersten Klasse erkläret. Er ist ein vortreflicher Zeichner. Seine Zeichnung ist richtig, und edel; seine Hand kühn, sein Grabstichl sicher, angenehm, wechselnd, sanft, aber auch nachdrücklich, wenn es das Subjekt fodert. Das größte Zeugniß erhielt er von seinem unübertrefflichen Meister dadurch, daß dieser eine von Schmuzern gestochene Blatte, die den königl. polnischen Hofmaler H. Dietrich vorstellet,

gleich=

gleichsam für seine eigene Arbeit erkläret,
da er sie eben diesem Dietrich, einem
überall hochgeschätzten Künstler und seinem
Freunde in seinem eigenen Namen zuge=
eignet hat. Frankreich ist den Vorzug,
den es in den schönen Kunsterzeugnissen
vor andern Staaten behauptet, der Hoch=
achtung, welche es den Künstlern wieder=
fahren läßt, größtentheils schuldig. Eine
rühmliche Nebeneiferung soll auch uns an=
flammen, Künstler von unterscheidendem
Talente durch öffentliche Beweise der Hoch=
schätzung aufzumuntern.

XXI.

An Fräulein . . . .

ein Brieffragment.

. . . . Sehen Sie nicht in Zenobie und
Rhadamist die traurigen, die schrecklichen
Folgen der Eifersucht? —

Ich nehme zu vielen Antheil an ihrem
Vergnügen, als daß ich nicht wünschen
sollte, Sie möchten das Schauspiel gesehen
haben, womit die Impresa den, diesen

Staa=

Staaten glücklichsten Tag zu verherrli=
chen, sich bestrebet. Das Publikum dankt
derselben durch meine Stimme. Alles,
Schauspiel, Ballet, Musik vereinbarte sich,
unser Vergnügen zu vergrössern. Das
Schauspiel war von einem der berühm=
testen Dichter Frankreichs, erträglich über=
setzt: und Zenobie, und der Gesandte
Roms! so drückt sich edler Unwillen aus,
so die beleidigte Liebe — das ist das Bild
des Todes? Der Ballet ist von vortreff=
licher Erfindung, der Zeit angemessen,
zusammhangend, wechselnd, und von dem
Stile der Musik, wenn ich so sagen darf,
auf das glücklichste unterstützet.

Haben Sie, meine Freundinn! nicht
mit mir die Anmerkung gemacht, welche
Aufmerksamkeit und Stille auf dem Par=
terre herrschte? welche glückliche Ahndung
des sich bildenden Geschmacks, ein ge=
drängtes Parterre in einem Trauer=
spiele! Und wie beschämte die Sittsamkeit
dieses Platzes die Gallerie und so manche
Loge! Wäre es Ihnen, so wie mir gegan=
gen, so bedaure ich Sie vom Herzen.
Gleich anfangs waren die Büchel alle
aufgekauft, ob ich mit meiner Gesellschaft

gleich

gleich frühe genug kam. Aber dieses war mir vielmehr ein angenehmer Beweis, von dem, was ich öfters gesagt habe: das gute Schauspiel hat die stärkste Parthey — Ich sah neben mich; zwar von meiner Nachbarschaft versprach ich mir gleich anfangs wenig gutes; aber so arg erwartete ich es dennoch nicht. Wenigstens um die Hälfte lauter, als die Schauspieler, sprachen meine Nachbarinnen; und der Halbbaß der einen, war für Leute, die zu hören gekommen waren, nicht sehr ergötzend. Mein Unglück wollte es dießmal so, daß ich das ganze Stück verlieren sollte. Vergebens zeigte sich der Unwille in meinen Minen; vergebens sprach ich vernehmlich genug, von Ungeberdig seyn; vergebens wiederholte ich abermal und abermal Zisch! und St! Nichts half; ich mußte das Gespräch, von hundert Nichtswürdigkeiten, die ungeschmackte Liebeserklärung eines aus dem Orden der Hundert Eroberer, die unschickliche Antwort der Nymphe auf diese Erklärung, eine Bestellung, einen Vorwurf, der durch Gegenvorwürfe beantwortet ward, und noch andre Sächelchen mehr mit anhören, die, damit ich alles auf einmal sage, ein vortreffliches Stück in dem ...., und gerade das Gegenstück zu der gnädigen Frau von Artemisie ausgemacht haben würden.

Glück zu! bem herzhaften Manne, der es wagen darf, eine solche Penthesilea*) in sein Haus zu führen, die nicht im mindesten aus ihrer Fassung gebracht wird, wann die Augen von mehr dann achthundert Zuschauern nach ihr gekehret sind, wann der sichtbare Unwillen aller Anwesenden ihr gleichsam zuruft: ihr, wer ihr auch seyd! könnet ihr gleich vergessen, was ihr eurer Geburt, der Sittsamkeit eures Geschlechts, der Wohlanständigkeit, eurem Ruhme schuldig seyd; so erinnert euch wenigstens, daß eine Versammlung von Bürgern das Recht hat, Achtung von euch zu fodern! zu fodern, daß sie die Ergözungen, die sie der liebreichen Vorsorge ihrer Beherrscher schuldig ist, ungestört geniesse! zu fodern, daß sie durch euch das Geld, so sie für diese

Er=

---

*) Die grimmige Amazone, die Virgil Penthesilea ferox nennet.

Ergözungen mit Freuden anbiet, nicht verliere, nicht bedaure! zu fodern, daß sie sich, ohne euer euch entehrendes Hohngelächter, dem Gefühle, zu dem eure Gemüther zu roh sind, überlaßen, bei der kämpfenden Tugend aufmerksam, bei ihrem Leiden von Mitleid, bei ihrem Siege von Freude gerührt seyn könne!

Meine Freundinn! noch sind Sie in dem glücklichen Alter, welches alle Reize Ihres Geschlechts an sich hat, ohne die Gefahren derselben zu theilen. Bald werden Sie auf der Schaubühne der Welt eine Rolle annehmen müssen. Ein schönes Mädchen wird bald groß. Wann Sie dann auftreten; o so hütten Sie sich vor allem, die Dreustigkeit derer zu ihrem Muster zu wählen, die das, ungezwungene Lebensart besitzen heißen, eine gehärtete Stirne haben, das Aug eines Lüsternen ohne zu blinken ertragen, vor einer Welt von Menschen nicht zurückziehend seyn! Die Art des Weltmannes, des Soldaten ist nicht die Art, die dem Mädchen geziemet, deßen Zierde Schüchternheit ist, die es nicht abgelegt haben kann, ohne

zu sehr mit der Welt vertraulich ge=
worden zu seyn —

XXII.

Fortsetzung des XIX. Stückes.

Der Knabe, der mit Mühe und Noth lateinische Wörter zusammzusetzen ange= leitet worden, der Knab, bei dem nur etwas Gedächtniß, keine Beurtheilung, keine Belesenheit, kein Kenntniß der Welt, des menschlichen Herzens, der Tugend, des Lasters, der Triebfeder der menschlichen Handlungen, keine ähnlichen Fälle aus der Geschichte, keine — mit einem Worte alles zu sagen, der Knab soll nun anfangen, die Sprache der Götter zu sprechen, er, der die Sprache der Menschen kaum lallet.

Die Dichtkunst, spricht ein vortreffli= cher Kunstrichter, „ist die Kunst, auf eine herzrührende Weise zu malen. Man un= terscheidet die Arten von Leidenschaften, die man erregen kann; so hat man die Dichtungsarten! Die Idylle bringt uns sanfte und ruhige Empfindungen hervor. Die Epopee erregt Bewunderung. Die
Ko=

Komödie macht uns lachen. Wenn diese uns Schmerz und Betrübniß verursachte, so wäre sie eben so wenig Komödie, als eine Tragödie sehr wenig tragisch wäre, wenn sie uns lachen machte.——— Eben so verhält es sich mit allen übrigen Gattungen. Ein jeder Leser erwartet davon einen Eindruck von dieser oder jener Art—,,

Und diesen Eindruck, welcher einen überdenkten Plan, einen Plan, zu dem alle einzelnen Theile ein übereinstimmendes Verhältniß haben, zu dessen Ausführung ein besonderer Schwung der Einbildungskraft, Genie des Verfassers erfodert wird, diesen Eindruck, der so selten der Lohn des gereiften Dichters ist, aber wenn er ihm zu Theil wird, der größte Lohn ist, der ihn mit

Emporgehobenem Haupte dem Gestirne nähert.

diesen Ausdruck, wird der Knab von funfzehen Jahren auf uns machen!

Ihr, denen die Führung der Jugend auf der Bahn der Wissenschaften anvertrauet worden! ist es nicht Verwegenheit, so vergönnet mir zu fragen: in welcher Absicht alle Knaben der Dichtkunst eingeweihet werden? Mein Sohn soll in eine Kanzley! sagt ein Vater — wozu soll diesem Sohne die Kunst, gezählte Syllben zu paaren? die Dichtkunst wird nicht seine Beschäfftigung seyn, warum macht ihr ihn ein Jahr darüber verschwenden?

Noch eine andre Frage: die Dichtkunst wird nie jemandes eigentliche Beschäfftigung seyn, besonders die lateinische Dichtkunst; ich weis also nicht, warum jemand in der ersten Jugend dazu angeleitet wird? Man sieht das Latein nun entweder als eine Sprache an: läßt man uns nicht andre Sprachen lernen, ohne uns mit der Dichtkunst aufzuhalten? der, der nie die geringste Anleitung zur französischen Dichtkunst erhalten, aber sonst mit Geschicklichkeit in dieser Sprache angeführet worden, liest einen Boileau und Voltär mit Vergnügen: wenn es nur um das Vergnügen zu thun ist, kann ich ein Meisterstück der Baukunst nicht bewundern, ohne ein Vitruve zu seyn? muß ich, um von den Werken eines Raphael entzückt zu werden, selbst ein Raphael seyn? — Oder man sieht diese Sprache selbst als eine Wissenschaft an: auch dann noch ist es über-
flüs=

flüſſig, die edle Zeit dazu anzuwenden, elende Stümper zu bilden, die noch gegen die Bave des augusteischen Jahrhundertes Bave seyn werden —

Und wo hat eine Schule einen Demosthenes, einen Cicero hervorgebracht? Man ist ungerecht, es der Abnahme der Fähigkeiten zuzuschreiben: die Tillotone, Massilione, die Flechier, die Bourdaloue, die Mosheime, und Jerusaleme widerlegen diese Beschuldigung: bei uns wird sie Wurz im balden widerlegen — und wie viele weltliche Redner kann ich anführen, die den Griechen und Römern nur in so ferne nachgehen, als sie von ihrem Stoffe, sie zu erreichen, zurückgehalten werden. Aber, wie darf ich von der Anleitung der Schule das fodern, was nur erst eine Frucht vieler Arbeit, eines männlichen Nachsinnens, männlicher Beurtheilung, eine Frucht der reifern Jahre seyn kann —

„Wozu, mein schätzbarer Führer! unterbrach mich Capa-kaum, beeifern Sie sich, mir eine Sache zu erklären, die mir wenig nützen kann — Erlauben Sie mir, daß ich alles von dem Gesichtspunkte ansehe, von dem es auf mich Beziehung hat.

Es ist gleichviel, ob ich meine Jugend in meinem wilden Aufenthalte müssig hinge=
bracht, oder sie in dem Staube der Schule unnütz versessen hätte. Ich stehe hier mit jenem gleich weit vom Ziele, und ich habe noch einen fernen Weg zu machen — Hier warf sich mir der empfindliche Schüler mit einmal zu Füssen, und indem er meine Knie umfaßte, fuhr er fort: Zürnen Sie nicht, mein theuerster Lehrer! ich will Ih=
nen einen Stolz bekennen, der nur eine Frucht ihrer Sorgfalt, eine Frucht des Eindrucks ist, den ihre Lehren auf mich machen — Ihre Wohlthaten fallen mir schwer!„

Er sah mit unabgewendeten Blicken auf mich, gleich als wollte er in meinem Ge=
sichte lesen, wie ich seine Rede aufgenom=
men: als ich aber mein Stillschweigen nicht brach, verfolgte er: „Nennen Sie mich nicht undankbar! dieser Vorwurf würde mir mein Herz zerreissen. Ich werde nie den Werth der Güte verkennen, die Sie über mich gehäufet haben! Wenn ich je=
manden Verbindlichkeit haben muß; so will ich sie Ihnen haben. Aber, haben Sie mich nicht gelehret, daß ein Mensch, der seine

sitt=

sittlichen, und physischen Kräften anzuwenden das Herz hat, nie unter der Last erliegen dürfe, von jemanden abzuhängen. Ich will ein Mensch seyn, will meine Unterhaltung mir selbst geben! Vollenden Sie nur ihr Werk, und zeigen Sie mir den Weg, den ich zu wählen habe— „

Unmöglich konnte mir der Entschluß meines Zöglings nicht gegen ihn wahre Achtung einflössen. Er fühlte seine Würde, die Würde der Menschheit. Ich umarmte ihn mit wahrer Freundschaft, und indem ich ihn aufhub, sprach ich: Mein Freund! ich ehre diese edle Regung deines Herzens: und ich will sie in dir beständig unterhalten. Laß uns alle Stände nach der Reihe übersehen, und wenn ich sie dir, nicht in dem falschen Lichte, so das Vorurtheil auf dieselbe wirft, wenn ich sie dir in ihrer wahren Beschaffenheit gezeiget, wenn ich ihre ursprünglichen Eigenschaften, von den Zufälligkeiten abgesöndert habe, dann wird es dir zukommen, dich zu demjenigen zu bestimmen, der mit deiner Denkungsart, mit deinen Kräften am verträglichsten seyn wird.

Der Mann

* * *

Meine Absicht ist erreichet, in welcher ich dem XX. Stücke das Schreiben eines ungebetenen Vertheidigers der Kanzleyverwandten in seiner natürlichen Gestalt eingerücket habe. Ich konnte es vorhersehen, es würde beinahe unglaublich fallen, daß jemand so wenig Selbsterkenntniß besitzen, und so elendes Zeug an mich — mich, der ich in dem Augenblicke gegen meinen Widersacher gewiß einen strengen Kunstrichter machen würde — einsenden könnte. Von den mehrern Zeichen des Unwillens, und der Verachtung, mit welcher mich das Publikum wegen der Unhöflichkeit dieses Menschen rächet! nur folgender Brief!

Mein Herr!

„Beschämt lege ich die Feder nieder, in dem festen Vorsatze, sie nimmermehr zur Vertheidigung einer ungewissen Sache wieder zur Hand zu nehmen. Ich war beschäftigt, ihre Anmerkungen, so Sie über mein Schreiben im XVI. St. gemacht, zu beantworten. Freylich die Stalljungen in der 6ten Note preßten mir Seufzer aus: al=

allein ich entschuldigte diesen Einfall, indem ich mich an ihren Fleck von Sackleinwand erinnerte, und in dem folgenden wahrnahm, daß Sie mich verkennen mußten. Bessere Begriffe mein Herr, von den Geschäfften eines Koncipisten, wollte ich Ihnen — Sieh da ihr XX. Stück — Verwünschter Brief! der alle meine Arbeit zernichtet! in welche Verlegenheit — — Ja! mein Herr, wenn so ein Mensch, der, wie der Verfasser, den Namen Koncipist mit seinem Gekleckse brandmarkt, sich zu der Klasse der Koncipienten zählt, dann sage ich es noch einmal, beschämt lege ich meine Feder nieder. Lessings Fabel hätte nicht in ärgere Hände gerathen können; und dennoch auch zerstümmelt liegt Sie noch da, wie eine in den Unflath gefallene Perle.„

„Sagen Sie nicht mehr, daß Beispiele nichts beweisen! Hätten Sie mich wohl nachdrücklicher bemüthigen, stärker widerlegen können, als durch ein solches Beispiel, welches mich treulos machet, daß ich fast meine Fahne verlassen, und zu ihrer Parthey übergehen möchte? Genug, ich gebe ihnen gewonnen, und begehre

auf=

aufrichtig Frieden. Sie haben mir Vergleichspunkte vorgelegt: wohlan, mein Herr! ich will ihre Bürger, ihre Künstler, ihre Handwerker für nützliche Glieder des Staates, mit der gehörigen Achtung erkennen. Sie aber sollen zur Wiedervergeltung niemals mehr einen fruchtbringenden Garten ausschänden, der unter seinen Pflanzen Unkraut hegt! Zürnen Sie meinetwegen mit dem Gärtner, der es nicht ausrottet!. Ich bin mehr als jemals „

Dero
Verehrer
der unglückliche Sachwalter.

XXIII.

Capa=kaum soll den ersten, den ehrwürdigsten aller Stände nicht von ferne kennen lernen! nicht hier, wo unsre verwöhnten Augen alles, wie in einem umkehrenden Glase betrachten; wo die Verhältnisse durch den Eigensinn bestimmet sind; wo der unabhängigste aller Stände denen untergeordnet ist, die seiner nicht entbehren können! Aber so mußte es seyn: die Weich=

lich=

lichkeit mußte dem Fleiſſe ſeine Würde rau=
ben, oder ſie ſelbſt verlieren.

Capa=kaum ſoll die Stadt verlaſſen,
und den Landmann bei ſeinem Pfluge, bei
ſeiner Heerde, in ſeiner ſtillen Hütte, und,
wo iſt die Zeit, wo man ſagen konnte, in
ſeiner Freyheit? ſehen. Lebe denn wohl,
Wien! du Stadt voll Gepräng ohne Höf=
lichkeit, voll Anſtand ohne Sitten, Stadt
voll eiteln Lärmen ohne Beſchäfftigung; wo
die Mittage verſchlafen, die Nächte ver=
ſpielet werden; wo Männer Weiber, die
Weiber Puppen ſind; wo die Ehe ohne
Liebe, der Umgang ohne Freundſchaft, der
Geck oft geehret, die Armuth ſtets eine
Schande iſt; lebe wohl! mich ziehen glück=
lichere Gegenden an.

O anerſchaffner Standort des Men=
ſchen! deine Reize verlieren nie ihren Ein=
fluß. Schon athme ich eine ungewohnte
reinere Luft; ſchon ſtrömet mit derſelben
ſüſſe Sorgloſigkeit in mein Herz. Ich wen=
de mich nicht zurücke nach dem Verfloſſenen:
ich ſtämme mich nicht empor, meine Aus=
ſicht vor mir hinaus zu verlängern: das
Gegenwärtige nur beſchäfftiget mich: die
Gegenſtände meiner Augen ſind die Gegen=
ſtän=

stånde meiner Gedanken — und meiner Unterredung.

Ich mache meinen Weg, wie Emil mit seinem Führer, zu Fuße, um desto leichter vom Wege abtreten zu können. Siehst du, mein gelehriger Freund! sage ich zu meinem Reisegefährten, die beschweißte Mühe des Landmannes, die reifenden Saaten! auf ihnen beruhet die Hoffnung der stolzen Stadt. Eine Trockne, die dem Korne die Nahrung raubt, von der es schwillt; eine Wolke, die verwüstenden Hagel über die Felder ausgießt; ein Heer von Heuschrecken, das sich darauf niederstürzt, und sie abweidet; hundert andre Zufälle können diese Hoffnung zernichten. Aber sie, die sorglosen schlemmen. — Capa=kaum unterbricht mich; er sieht da einen Pflug, dort eine Egge, dort sonst ein Ackerbaugeräth: er wünscht von ihrem Gebrauche unterrichtet zu seyn. Auf seine Bitte, untersuchen wir den Unterschied des Waizen vom Korne, den der Städter nie anderswo, als in Gerichten durch seinen Eckel bemerket; nähern wir uns einer springenden Heerde, schweifen zu einem Weingebirge aus, gehen längst dem bebüschten

Ufer

Ufer eines Baches hin, und erreichen unter diesen Beschäfftigungen ein kleines Dorf.

Voll Ungeduld, zieht mich mein Reisender in die nächste Hütte: er pochet an die Thüre: man öffnet, und er fährt zurücke. Ich errathe die Ursache seiner Ueberraschung; aber ich stelle mich an, als erriethe ich sie nicht: er soll sie selbst sagen!

„Wie ist meine Erwartung hintergangen, fängt er endlich nach einem längern Schweigen an! wie ist dieser Anblick so sehr von demjenigen unterschieden, den ich mir versprach, und wornach ich eilte! Betrachten Sie diese Frau! wo ist die Reinlichkeit, die mit der edeln Einfalt, der reizende Putz der ländlichen Wirthinn seyn soll? diese Lappen, womit sie nur halbbedeckt ist, sind das Kennzeichen des Elendes, und erwecken Grauen. Dort diese nackten auf der Erde herumkriechenden Kinder, dieses im Winkel unsauber hingestreute Stroh scheint ihr Lager zu seyn. — Wo ist die Gastfreyheit, die von den Landsitten so sehr gerühmet wird? zwingt sie uns, bei sich einzusprechen? biet sie uns nur einen Trunk, nur ein Dach an—,,

Nichts

Nichts mangelte, als daß er noch hinzugesetzt hätte: machet sie sich fertig, uns unsre Füsse zu waschen? denn diese Frage war ganz wohl zu dem Bilde der ländlichen Gastfreyheit schicklich, das mein guter Schüler aus den Beschreibungen des Homers abgezogen hatte. Da uns diese weniggastfreye Frau nicht zu übernachten zwang, so luden wir uns selbst ein, und baten sie, uns zu behalten. Ich setzte hinzu: daß wir ihre Gefälligkeit nicht ohne Bezahlung und unsern Dank verlangten — und nun traten wir in das Zimmer, wenn man einen Aufenthalt der Armuth und äussersten Mühseligkeit, einen Ort, der einer Rauchstube ähnlich, zu seinem ganzen Geräthe einen übel zusammgezimmerten Pflock statt des Sitzes, einen hökrichten Tisch, und einen ausgebrochenen Topf zum Wassergeschirre hatte, wenn man diesen Ort ein Zimmer nennen darf —

Die Hauswirthinn war nicht nur unreinlich, sie war auch scheu, und entschlüpfte bei der ersten Gelegenheit aus dem Zimmer, um sich vor uns zu verbergen. Itzt konnten wir unbehorcht unsre Anmerkungen machen. Capa-Raum war nicht im

Stan=

Stande, sich von seiner Verwunderung zu erholen: er durchlief mit schnellen Blicken unsre Herberg, und Elend! und Armuth! war das einzige, was er sagen konnte.

Inzwischen kam der Inhaber des Hauses von seinem Felde zurücke. Gerippe von Pferden, die kaum sich selbst trugen, schleppten mit Noth einen Karren nach sich her, und wurden, nachdem sie ausgespannet worden, statt alles Futters auf eine Weide getrieben, worauf nur wenige Grasspitzen hervorstechen, die der Staub dem Viehe vollends ungenußbar macht. Er selbst, ihr Eigenthümer, trat endlich beschweißt über die Schwelle, und erstaunte, zween Fremde bei sich zu finden. Eben so abgerissen, als seine Hälfte, war er eben so scheu. Er wollte gleich zurückkehren, als ich ihm zurufte: er möchte sich seinen Gästen nicht entziehen; wir wären Willens bei ihm zu übernachten — Bei mir die Herren? übernachten? — Nicht anders — Ich habe euch nichts vorzusetzen — Auch kein Brod — keine Milch, setzte mein Gefährte hinzu, der seinen Kopf mit den grossen Milchtöpfen, und dem aufgeschürzten Mädchen des Dichters voll hatte — O!

II. Theil.   M   gab

gab der Bauersmann mit einem Seufzer zur Antwort: ihr werdet das Brod, das wir essen, nicht hinabbringen. Mit diesen Worten langte er aus einer Blinde ein Stück in einem Lappen eingehüllet, hervor, das neben einer unglaublichen Schwärze den widerstehendsten Geruch hatte — Und auch dieses, sagte er, habe ich von meinem Nachbarn geborget, damit ich Weib, und Kindern heute einen Mundvoll geben kann. Ich habe noch keinen Bissen genossen, und will ich meine Kinder nicht vor Hunger schreyen lassen —

Mir und meinem Freunde traten Thränen in die Augen: ich konnte ihn nicht vollenden lassen, und bat ihn, auffer Sorge zu seyn: wir wären nicht gekommen, ihn und die Seinigen zu berauben. Nehmet, sprach ich, dieses Wenige! und erquicket eure schmachtende Familie damit! der Mann segnete uns und die Vorsicht, die uns ihm gesendet, mit aufgehobenen Händen —

Ich sehe es, fuhr ich fort, wir würden euer kleines Haus in Unordnung bringen, wenn wir hier blieben. Ist ein Gasthof

hof hier, wo wir die Nacht zubringen können, so begleitet uns dahin, und überläßt eurem Weibe, für das Haus zu sorgen! Er that es, und wir nahmen ihn mit zu Tisch.

Der Mann war anfangs zu blöde, sich zu sättigen. Unser Zureden machte ihm Muth; er genoß, und der Wein machte ihn froh und vertraulich. Die Neugierde meines Begleiters war ausserordentlich, zu erfahren, wie ein Mann, der selbst einen Feldbau hätte, so an allem Mangel leiden könnte. Er vermuthete alles eher, als die wahre Ursache, die er aus dem Munde des Landmannes hörte.

„So arm, wie ihr mich findet — hub er in seiner treuherzigen Sprache an — sind alle meine Nachbarn, sind alle Bauern im ganzen Lande. Arbeit und Elend ist unser Antheil im Leben, und das Erbtheil unsrer Kinder nach unserem Tode. Wie wäre es auch möglich das geringste vor sich zu bringen? o, der Krieg! der Krieg! wir werden ihn noch lange nicht verwinden! — Mein Gott! verfolgte er mit einem Seufzer, was für ein Elend ist es, Bauer zu seyn! der Sommer in Schweiß, der Winter in Noth! und was hilft alle meine saure Arbeit! die Felder geben kaum eine doppelte Saat, weil man ihnen das ihrige nicht geben kann. Wo nähmen wir Dünger her, da man mit Mühe und Noth zwey Ackerpferde erhalten kann! Weide für Hornvieh, ist im ganzen Lande nicht. Denn die dürren Gemeinweiden; ja doch, wenn das arme Vieh von Luft und Staub leben könnte — Ist ein Fehljahr, so kömmt der Jammer unangemeldet: und segnet auch der Himmel unsre Saaten; so segnet er sie nicht uns. Der Zehend, die Gaben, die Saat aufs künftige Jahr, das, was man erborget hat, wann ich das alles hergebe, so bleibt mir so viel, als auf dieser flachen Hand. Noch wollten wir den Zehenden gerne geben, hinderte er uns nur nicht, unser Erdreich zu nützen. Mein Grund liegt hoch, der Sonne ausgesetzt, es würde vortrefflicher Wein wachsen. Ich darf keinen Weingarten daraus machen, der Zehend im Getraide ist darauf gegründet. Mein Weingarten ist im Grunde, er giebt nur Heerlinge, die nie reif werden: ich darf ihn nicht in ein Ackerfeld verwandeln. Meine Wiese, wenn sie noch so schlechtes

sau-

saures Riedgras bringt, muß ewige Wiese bleiben. Also kömmt uns armen Leuten auch unsre Arbeitsamkeit nicht einmal zu Hülfe. Glaubt meine Herren, wenn unsre Kaiserinn alles wüßte, sie hätte gewiß mit uns Mitleiden. Unsre Gaben für das Land und die Herrschaft, richten uns noch ganz zu Grund, nicht sowohl wegen der Grösse, als wie, und wann man sie geben muß. Der Bauer muß Geld geben, muß es zu einer gewissen Zeit geben: das macht unser größtes Unglück aus; das zwingt uns, unsre Frucht, oft noch in der Saat zu verkaufen; das läßt uns nicht etwan doch einen mittelmäßigen Preis abwarten. Das grosse Brod, das ihr in der Stadt esset, ist Thränenbrod der Bauren. Was wir sonst aus drey Metzen lösen würden, dafür müssen wir sechs hingeben, sonst kömmt Exekution, und ißt unsern hungerigen Kindern den Bissen vom Maule weg. Haben die Herren Zeit, so will ich sie ein wenig auf unsre Felder führen; sie könnten schlechter nicht bestellt seyn. Mehr als zwey Drittheil haben abgewirthschaftet, und die übrigen werden mit mir, ehestens

stens davon laufen. Jeder Handlanger in der Stadt hat es besser, als der beste Bauer. Das ganze Jahr kömmt nichts über unsre Zungen, als solch Brod, wie ihr gesehen, in warmen Wasser geweicht, und ein wenig roh Sauerkraut. In meinem Leben werde ich nie wieder so einen Tag haben, wie dieser! Hätte ich nur meinen Kindern, jeden einen Mundvoll Fleisch reichen können! Wer weis, ob sie in ihrem Leben je eines kosten werden.„

Wir befahlen ihm, aus dem Gasthause Fleisch für seine Kinder mit nach Hause zu nehmen, und überließen uns, nachdem er uns unter tausend Danksagungen und Wünschen verließ, den Betrachtungen über das Elend des Landvolkes —

XXV.

Von.... dorf den 23. May 1766.
Theuerster Freund!

„Werden es ihre Geschäfte wohl zugeben — denn von ihrer Gewogenheit bin ichs zum vorhinein überzeuget — daß Sie einen Auftrag übernehmen, der vielleicht nicht
oh=

ohne Beschwerlichkeit seyn wird? Ferne von meinen Lesern muß ich einen Mittler suchen, durch den ich der Verbindlichkeit genug thue, die ich als Schriftsteller auf mich genommen habe; muß ich einen finden, der zweymal die Woche mein Dollmetsch bei ihnen werde. Und wer würde diese Stelle mehr zu meinem Vortheile und ihrem Vergnügen bekleiden, als Sie — Sie, dessen Kiel meinen Gedanken das Gefällige, an dem es ihnen mangeln mag, mittheilen wird? — „

„Ihre Plage soll nicht auf lange seyn. Mein Herumschweifen auf dem Lande wird nicht länger währen, als es braucht, die Beobachtungen zu machen, die ich zum Unterrichte meines Schülers nöthig habe. Nach wenigen Wochen will ich Sie davon los sagen: nur bis dahin leihen Sie sich mir, zu zweyerley Absichten:

„Erstlich: will ich Ihnen ein getreues Tagebuch über alles das mittheilen, was uns begegnet, und einer unterrichtenden Betrachtung Gelegenheit geben kann. Der Stil meines Tagebuchs soll so einfach, als die Sachen selbst seyn, die er beschreiben wird. Ihnen gebe ich freye Hand, der nackten Wahrheit das Kleid umzuwerfen, so Sie für sie am schicklichsten finden. Nur machen Sie es, wie geschickte Maler, die ihre Drapperie so werfen, daß der Wuchs ihrer Figuren nicht verunstaltet wird. Aber, wozu dieser Präceptorton an Sie — Kleiden Sie, mit einem Worte, meine ländlichen Wahrnehmungen, nach ihrem Wohlgefallen ein!„

„Jedoch in einer Zeit von einigen Wochen, wie viel meiner Neugierde würdiges wird sich da nicht in einer Stadt ereignen, die von Th.... wimmelt? — Lassen Sie es nicht geschehen, daß ich, wann ich in die Stadt zurückkehre, in ihren Gewohnheiten neu sey! Lassen Sie es auch nicht geschehen, daß sich Gecken meiner Abwesenheit freuen, und wie die Fledermäuse, bei Abwesenheit des Lichtes, das sie beleuchtet, aus ihren Löchern hervorkriechen! Theilen wir uns untereinander in die Provinzen! indessen ich, das offene Land ausspähe, so halten Sie die Stadt in Athem, und das Schrecken unsers Namens erfülle das Land von einem Ende zum andern!„

„Er

„ Erlauben Sie mir auch, daß ich die Weise unsers Briefwechsels festsetze. Der Mann, der dieses Schreiben an Sie überbringt, soll bei ihnen bleiben, bis ein zweytes von mir einläuft. Dann senden Sie mir ihre Antwort durch den erstern, und behalten Sie den zweyten abermal bei sich. So werde ich mit zween Bothen im Stande seyn, wöchentlich Ihnen von meinen Neuigkeiten mitzutheilen, und wechselweise die Ihrigen zu empfangen. „

„ Ich werde den Anfang zu meinem kleinen Tagebuche machen, sobald ich von Ihnen die Versicherung erhalte, daß Sie durch keine Nebenumstände gehindert werden, zu willfahren, „

ihrem ergebensten —

Wien, denselben Abend noch.

Freund!

„Es sträube sich das heuchlerische Mädchen bei dem Kusse, dem seine Lippen sich doch in Geheim entgegen werfen, nicht ich, bei dem Antrage eines Freundes! Es verbitte das schlaue Mädchen mit erkünstelter Verwirrung die Lobsprüche des Liebhabers, um ihn zu zwingen, daß er sie wiederhole! Ich will über das Kompliment, so Sie meiner Feder machen, hinwegfahren, und alle Förmlichkeiten der kleinen Schreibsüchtigen, und alle Authorbedenklichkeiten bei Seite legen, und Ihnen mit der Freymuth der Freundschaft gestehen, daß meine Geschäfte mich gar nicht hindern, einen ihrer Briefe zu lesen, und Ihnen einen andern dafür zu überschreiben. Wenn ich mich mit meinen Geschäften nicht entschuldigen kann, womit sollte ich es gegen einen Freund sonst wohl?„

„Senden Sie mir also immer ihr Tagebuch! ich will mir darüber alle die Freyheiten nehmen, die Sie mir einräumen, und ihre Leser sollen ihren halben Bogen Mittwoche, und Samstag so regelmässig bekommen, als besorgten Sie alles selbst gegenwärtig.„

„Auch dazu will ich mich vom Herzen gerne bequemen, daß ich Ihnen die Stadtneuigkeiten überschreibe: wohlverstanden, daß ich in ihrem Blatte keine Hauptperson zu spielen gezwungen werde. Ich mag so gerne mein Haupt sanfte zur Ruhe legen: und wenn der Ruhm des Schriftstelles nur

mit

mit Furcht erkauft wird; so sage ich mit jenem guten Schlesier, dem ein Werber, die Ehre für den König zu sterben, pries: ich verlange nach dieser Ehre nicht.„

„Ich will meine Nachrichten gleich mit diesem Briefe einleiten. Der berühmte Bereuter hat seine Taxe, als ein rechnender Engländer, herabgesetzt, und nun ist der Zulauf ungemein. Einige finden seine Geschicklichkeit ausserordentlich, andre halten ihn für einen Gaukler — und ich für einen Menschen, der uns in kurzer Zeit einige dreyssig tausend Gulden aus dem Lande schleppen wird, die für den Staat unwiederbringlich verloren sind. Es mag seyn, daß ich irre: aber könnte man nicht glauben, man sende diese Leute eigends dazu aus, um fremde Staaten arm zu machen?„

„Ich habe längst einen Gedanken gehabt, den ich hier ein wenig auseinander setzen, und ihre Meinung darüber hören will. Wäre es nicht nützlich, eine eigene Pflanzschule von Halsbrechern zu errichten, wo man Jungen, die den Beruf, Taugenichts zu werden, durch unzweydeutige Streiche an den Tag legen, in

den

den Künsten der Türkete und Batese mit vieler Sorgfalt unterrichten ließ? Hievon nun sendete man jährlich drey in alle Welt. Lassen Sie uns den Vortheil berechnen!

„Drey solche Waghälse von verschiedenem Talente gehen von hier in das Reich, schweifen nach Polen und Rußland aus, und gehen auf einem andern Wege wieder zurücke bis nach Hamburg. Auf einer solchen Reise sammelt jeder ganz leicht funfzigtausend Gulden, zusamm fl. 150000—

„Bei den sparsamen Holländern werden sie kaum miteinander beilegen = = 10000—

„Aber sie gehen nach England. Der Engländer ist von Natur ein Freund von Wagestücken. Wo ein Deutscher 4 Gulden giebt, da giebt er gerne eine Guinee. Drey recht schreckliche Meisterspringer — aber recht schrecklich müßten sie seyn — sollten da wohl noch zwanzigtausend Guinee davon tragen: nach unserem Gelde ungefähr 180000—

„Aus

„ Aus England setzen sie nach Frankreich über, wo sie sich leicht = = =   50000—
erspringen.

„ Spanien und Portugal gering gerechnet, trügen =   100000—

„ Die Schweiz nur =   5000—
weil die Grundsätze Rousseaus hier doch zu sehr über Hand nehmen. Aus der Schweiz gehen sie nach

„ Italien, wo sie hie und da gleichwohl auch einige tausend — beiläufig = = fl.   40000—
ärnten, mithin über Tyrol zurücke mit einer Beute von   fl. 375000—
fremden Gelds ankommen.

„ Stellen Sie sich vor, von was für einem Umfange und Absatz eine Fabrikation seyn müßte, die jährlich 375000 fl. netten Gewinnst durch die Ausfuhr in den Staat zu leiten im Stande wäre — Der Entwurf, hoffe ich, verdient erwogen, und Ihr Freund dafür belohnet zu werden. „

„ Sonst hat sich, seit ihrer Abwesenheit nichts zugetragen, das ihre Aufmerksamkeit verdiente, als ein Vorfall, der
auf

auf eine ganz sonderbare Art, einer Frau die Wiederkehr ihres Mannes zuwege brachte. „

„Tindarine, Sie wissen welcher Frau wir diesen Namen sonst beilegten — ist schön, und artig im Umgange; aber welches Weib bleibt das lange in den Augen ihres Mannes? Der sonst zärtliche Gemahl Tindarinens gieng endlich den Weg aller Männer, und erkaltete. Die Gattinn empfand seine Gleichgültigkeit um desto schmerzlicher, je weniger sie dieselbe verdiente. Von ungefähr wirft Selimor die Augen auf sie; und da es ihm nicht gelingt, ihr Aufwärter zu seyn, will er wenigstens dafür gehalten werden. In dieser Absicht verfolgt er sie, wie ihr Schatten, aller Orten, und drängt sich besonders an öffentlichen Oertern an ihre Seite. Sein Auge ist stets auf sie geheftet, stets reicht er ihr den Arm, sitzt im Schauspiele nächst an ihrem Sitze. Kömmt fremder Besuch, so thut er unzufrieden. Erweist Tindarine jemanden Freundlichkeiten, so scheint er zu eifern; und was das sonderbarste ist, selbst bei den Liebkosungen ihres Mannes faltet er die Stirne. „

„Tin=

„ Tindarinens Gemahl ward endlich dieses ungestümmen Aemsigen gewahr, ward unruhig. Und diese Unruhe hatte für die Gattinn die vortheilhaftesten Folgen. Die Sorge, ein Herz zu verlieren, das er zu besitzen, einst für sein Glück hielt, verändert den gleichgültigen Mann wieder in den unverdrossenen, gefälligen, zuvoreilenden Liebhaber, der sie itzt, als eine Geliebte gegen den Nebenbuhler, und gegen den Betrug ihres eigenen Herzens bewahret. Leben Sie wohl auf ihrem Lande.

. . . . . an

XXVI.

. . . . stein den 31. May 1766.

Mein Freund!

„ Das Wetter war hier die ganze Zeit her sehr unfreundlich, und hielt uns gleichsam in unserm Gasthause gefangen. Ob sich gleich von den elenden Dorfleuten ein jeder anbot, ein Schreiben an Sie zu überbringen; so hatte ich zu sehr mit ihnen

Mit=

Mitleiden, als daß ich ihr Anerbieten hätte annehmen sollen. „

„ O, mein Herr! sagte einer barunter, dem ich es abschlug, ihn, bei einem starken und anhaltenden Regen abzuschicken: wir sind der Witterung schon gewohnt. Wenn unsre Frohnfuhren *) treffen; und die Durchmarsche der Soldaten machen, daß sie oft herumkommen, da schaut niemand, was für ein Wetter seyn mag. Wir kommen eben vom Felde zurücke, wir, unser armes Vieh, beide gleich müde und matt: aber da wartet der Richter auf uns, und ihm zur Seite ein Soldat: ihr müßt, heißt es, gleich mit diesen Herren da— „

„ Gevatter! wie ist es möglich? die armen Gerippe pflügen seit Anbruch des Tages: sie sind heute noch nicht einmal gefüttert — „

„ Der Richter zückt die Achsel Er wohnt mitten unter dem Elende, er kennt es. Aber sein Gefährte, ein unbarmherziger Mann — eine ganz besondere

*) Robathen nennt es der Bauer in der Provinzialmundart; nach dem slavischen Robota, Arbeit.

dere Art von Menschen, die alle Empfindungen abgeschworen zu haben scheinen — macht mich auf einmal stumm. H.... scher Bauer, schreyt er, weigre dich lange! so wird dieser Stock da, dir Füße machen! und er setzt sich in die Stellung, mir seinen nachdrücklichen Arm fühlen zu lassen.„

„Ich seufze, weniger über mich, als über das arme lechzende Vieh, über mein Weib und Kinder. Ich muß mich auf den Weg mit Futter versehen; zu Hause hülft die Gemeinweide doch etwas. Ich muß mich mit Brod, mit Zehrung versehen: und da zwingt uns oft die Noth, daß wir den Unsrigen den Bissen aus dem Munde reissen, den letzten Pfenning, den wir für die Gaben hingelegt, angreifen müssen. Und indessen, unsre armen Kinder zu Hause vor Hunger weinen, schleppet man uns einige Meilen — im Kriege nicht selten einige Tage — weg."

„Oft, wann das kraftlose Vieh unter der Last und Müdigkeit fällt, labt es der Begleiter mit einem knottigten Prügel, wobei er, nach seinem menschenliebvollen Sprüchworte, einen Streich auf das Vieh, zween auf den Bauern thut; bis endlich das Thier, das seinen Herrn mit gestreckter Zunge gleichsam um Mitleiden ansieht, und uns oft die Thränen auspreßt, auf der Strasse liegen bleibt. „

„ Da komm ich, unglücklicher Mann, des einen treuen Gefährten meiner Arbeit verlustig, nun nur mit dem andern zu Hause an, habe indessen vielleicht die schönste Zeit zur Einfuhr meiner Feldfrüchte verabsäumet, muß itzt beim Regen damit in die Scheune eilen, wo mir, ehe ich ausdresche, die Halbscheide auswächst, oder auf eine andre Art zu Grunde geht — „

„ Das Landvolk ist unerschöpflich in seinen Klagen. Um uns war ein Kreis gesammelt, wovon einer bald dieses, bald jenes erinnerte; überhaupt aber ein jeder die Rede seines Dorfgenossen mit Kopfnicken bestättigte. Er, der mit mir sprach, schien gleichsam ihr Redner zu seyn: und ich versichere Sie, seine ungekünstelte, nachdrückliche, rührende Sprache, mit Gebehrden begleitet, die Natur und Em=

pfin=

pfindung ihn lehrte, hat in meiner Ueber=
setzung sehr verloren. „

„ Unsre unfühlbaren Mitstädter, ha=
ben die mich bei dem Bilde des ländlichen
Elendes nicht einer Uebertreibung be=
schuldiget? ich kenne ihre Denkungsart zu
gut, als daß ich es nicht errathen sollte.
Und wie könnte es auch anders seyn? „

„ Viele unter ihnen kennen das Land
nur von ihren Lustfahrten; und in ihrer
Einbildung gehen dem Begriffe des Land=
lebens immer die Ergözlichkeiten zur
Seite, die sie da genossen haben. Sie
denken sich ein Arkadien, wo man mit in=
einander geschlagenen Armen sich am Ba=
che lagert, oder durch lachende Fluren
irret, oder Wälder jagend durchstreichet,
oder Netze und Angeln in Weyern, wie in
Fischbehältern, auswirft; wo man Höhen
hinanklimmt, um der Außsicht zu genies=
sen; wo man mit dem Spiele der Arbeit
sich Müdigkeit zur Lust erwecket, um desto
sanfter zu schlafen; wo die Vergnügen an=
einander gereihet sind, und Tafeln, die sich
unter der Last der Früchte krümen, und
Tänze, und Buhlereyen diese Reihe schlüs=
sen. „ —

„ Die

„Die meisten kennen wenigstens das Land, nur aus dem Bezirke, der auf einige Meilen die Stadt umzingelt. Aber sie sollen aus diesem engen Kreise hinaus, der von dem Wohlleben, von dem die schlemmende Stadt überflüsset, Nutzen zieht, und sie werden über den Unterschied erstaunen! Ich werde sie mit meinem Schüler dahinführen, wenn sie erst den Inhalt unsers Gesprächs angehört haben werden.„

„ Sieh! sprach ich zu Capa=Kaum, als wir allein waren, so unbillig ist die Gesellschaft gegen ihre nützlichsten Mitglieder! Sie läßt sie unter einem unerträglichen Joche seufzen, und niemand ist, der sie höret, niemand der ihre Klage bis an den Ort bringet, wohin nie eine Klage vergebens gebracht worden. Könnte ich alle Stände um mich her versammeln! wäre mein Wort ihnen allen vernehmbar, ich würde „

„ Zu den Mächtigen sprechen: Hier, bei diesen, muß eure Vorsorge ihren Anfang nehmen! sie sind der größte Theil des Volkes. Wenn eure schützende Hand von ihnen abgewendet ist, wer wird sie gegen eigennützige Unterherren, gegen unbarm=
her=

herzige Beamte, wer wird sie schützen? ihr Schweiß ist die Speise der übrigen, der gegen ihre Nährer undankbaren Bürger. Wenn Unterdrückung ihre Sehnen schlaff machet, wenn unmäßige Foderung ihr Mark verzehret; so wird der von der Natur theure Namen Vater verabscheuet werden: wer hätte Lust Kinder der Mühseligkeit zu zeugen? so werden ihre Wohnungen Einöden, so werden ihre Felder Wüsteneyen werden; so wird endlich das Elend von dem Lande bald in die Städte schleichen, bald allgemein werden.„

„Wer wird dann, würde ich den Unterherren sagen, welche die Dürftigkeit so nahe zu betrachten das Herz haben, ohne davon gerührt zu werden, wer wird dann die Wellen des Ueberflusses, worin ihr euch ersäuft, unterhalten? — Sind eure Einkünften in Zehnten, in natürlichen Entrichtungen; schauet da, wie sparsam die Garben auf euren zinsbaren Aeckern stehen! wie licht es dann in euren Scheunen, wie vermindert der Haufen in euren Speichern seyn wird! Sind sie im Gelde, woher sollen zugrundgerichtete Unterthanen die Gaben nehmen? woher? — Ihr könnet zwar

Der Mann

das traurige Recht gegen sie ausüben, ihnen mit aller Schärfe zusetzen, ihnen grausame Eintreiber †) in das Haus zu legen! Aber wird es dem, der unter einer erdrückenden Last keuchet, dadurch leichter gemacht, wenn ich ihm noch einen Centner zulege? — Ihr könnet auch noch ein anders Recht ausüben, und eure Unterthanen abstiften! ⁂) Wohl! ihr werdet dieses traurige Recht sehr oft, ihr werdet es so lange ausüben, bis auf euren Gütern eine schreckliche Leere seyn wird. Ihr möget dann, wie der Tyrann des Lybischen Sandes in Wüsten, auf dürren Halden herrschen!,,

XXVI.

*) Exequirer.

**) Das ist das gesetzliche Wort, wenn der Grundherr seinen sogenannten Grundholden kraft eines ihm durch die Verfassung zugestandenen Rechts des Hauses und Grundes entsetzet. Dieß Recht, das bei unbewahrten Gränzen das ältere Recht des Eigenthums vereitelte, hat zum Wohl der bürgerlichen Gesellschaft und Ehre der Regierung, nun enge Schranken erhalten.

XXVI.

„Und ihr — Handelsleute! würde ich zu diesen gewendet, rufen, ihr Grossen! die ihr vom Aufgange zum Niedergange an eurem Pulte die Erde zinsbar machet! und ihr Kleinern, deren Namen nicht mit den Fürsten gleich genennet wird! ihr sehet die Armuth des Landmannes ohne Theilnehmung? sein Betrübniß, glaubet ihr, könne euch nicht erreichen? welcher Wahn! könnt ihr ein Glied einer Kette in den Abgrund werfen, das nicht die Glieder alle nach sich zöge? könnt ihr die Wurzeln untergraben, und den gegen den Himmel steigenden Wipfel des Baumes, und seine ausgespreiteten Zweige aufrecht erhalten? — Wenn euer Fleiß, eure Fähigkeit Reichen wohlthätig ist; wenn von euren Früchten Länder gesättiget, und unter eurem Schatten Provinzen erquicket werden, o, so sehet hier die Wurzel eures Wachsthumes, in diesem verkennten, niedergetretenen Landmanne! Den Ueberfluß, den ihr dürftigen Provinzen mittheilet, aus wessen Hand empfängt ihr ihn? er — ist es, dem ihr ihn zu verdanken habt: durch seine beschweißte Mühe ist er erzielet. Die Schätze also, die dafür in eure Küste einflüssen, sehet, wem ihr sie zu verdanken habet! Lasset ihn nun elend, lasset seine Hand kraftloß seyn! Laßt ihn euren Manufakturen, allen den kostbaren Zweigen eurer Ausfuhr den ersten Stoff nicht mehr liefern! = = = = Lasset dann eure Schiffe mit vollen Segeln in die See stechen! = = = =„

„ Dein Schicksal aber, geschickter Künstler! arbeitsamer Handwerker! dein Schicksal gränzet zunächst an dem seinigen. Er fällt nicht, ohne dich am ersten mit sich in den Abgrund zu ziehen. Der Lohn deiner Arbeit, deines Fleisses, deiner Erfindsamkeit und Anstrengung, wird genau genug ausgemessen; du empfängst ihn mit einer Hand, um mit der andern ihn für die Bedürfnisse deines Lebens wieder dahin zu geben. Aber diese Bedürfnisse, wann sie der nicht geschützte Landmann zu erzielen unterläßt, wann er sie dir, wann er sie der Gesellschaft zu liefern, keine Aufmunterung erhält, wann verlassene Felder ein ewiges Jubeljahr feyern — Du siehst dein Schicksal: ich brauche dein

Au=

Auge mit einem abscheuvollen Bilde nicht weiter zu beleidigen. „

„ Auch den raschen Krieger, ihn vorzüglich wünsche ich vor mir! ihn, der vielleicht nun eben den Pflug aufgehangen, und noch mit ungewohnter Hand, ein Neuling in seinem itzigen Stande, die Waffen führet — Ungestümer! mit welcher Blindheit bist du geschlagen? verkennest du schon in diesem Manne, dessen Rücken von Arbeit gekrümmet ist, verkennest du deinen Blutsverwandten — den Hüter deiner Jugend — den Gespielen deiner Kindheit — deinen Bruder vielleicht — Er — ist es nicht, gegen den das Vaterland deine Herzhaftigkeit heischet; zu seinem Schutze hat es dich gedungen. Wenn das Schwert des Feindes auf ihn gezücket ist, so sollst du dich dem Streiche entgegen werfen, um denselben von ihm abzuwenden! unglücklicher! und du selbst schlägst ihm die Wunde? Wenn die Fakel des Krieges seinen Saaten, seiner Hütte drohet, du sollst sie abhalten, du den Brand, wäre es nothwendig, auch mit deinem Blute löschen; und nicht selten unterhältst, oft entzündest du ihn! Wenn Raubsucht seinen Heerden nachstellet, du sollst ihr Hüter seyn! und du selbst würgest unter seinen Schaafen! — Mehr als einmal war ich ein bethränter Zuschauer so grauenvoller Scenen, wenn der Muthwillen Saaten zu Boden trat, wenn Gewalt das Weib, wenn Verführung die Tochter — ich kann nicht fortfahren; ich kann nicht vollenden — „

„Unter diesen traurigen Vorstellungen war die Mitternacht herangerücket. Wir überliessen uns dem Schlafe. Die Wachsamkeit des Landvolkes weckte auch uns, noch ehe die Sonne über unsern Gesichtskreis heraufgestiegen war. Auf einen regnerischen Abend folgte der heiterste Tag. Wir hatten uns sehr nach einem solchen Tage gesehnet, der unsre Gefangenschaft enden möchte. Wir werden nun davon Vortheil ziehen, und unsre Reise fortsetzen. Da wir derselben kein gewisses Ziel vorgesteckt haben; so senden Sie mir den Bothen nicht, bis ich Ihnen eine Nachricht von meinem Aufenthalte mitzutheilen, im Stande bin. Aber bereiten Sie Ihrem Freunde ein Päckchen feiner, anmuthiger Neuigkeiten, die mein durch die vorhergehenden Vorstellungen ganz finster geworbe=

denes Gemüth wieder aufheitern! Es kann Ihnen daran nicht fehlen. Ich bin: u. s. w. „

. . . .
ergebenster der
Verfasser

....eck in Steyermark den 2. Juny.
Hochzuverehrender Herr!

„O daß ich des betrübten Auftrages an Sie zu schreiben, überhoben wäre! Was für eine Nachricht werden Sie da lesen! Mein Führer, mein theurer Lehrer, mein Freund ist krank — krank, in einem Dorfe, wo er keine Wartung, keine Linderung findet, wo auf einige Meilen herum kein Arzt, wo in dem ganzen Orte kein Arzneymittel zu haben, wo zu aller Hülfe ein elender Bader ist, dessen ganzer Werkzeug in einigen halbverschliffenen Bartmessern, dessen ganzes Kenntniß im Aderlassen besteht! Um welchen Preis muß ich die Hülflosigkeit des armen Landvolkes kennen lernen! „

„ Wie pocht mir das Herz! nie habe ich eine solche Empfindung gehabt! ich bin
nicht

nicht im Stande, sie Ihnen auszudrücken: mir ist — enge um die Brust — meine Hand zittert — ich bin unfähig zu denken — zu schreiben. Vergeben Sie, ich kann nicht fortfahren. Hier liegt Sie, die meiner Hand entfallene Feder! — „

„ Du, die du mich an deiner Hand hieher geleitet, wo ich dich kennen, wo ich dich verehren lernen, ewige Vorsehung! hier liege ich auf meinen Knieen, und flehe dich um seine Erhaltung, flehe dich um sein Leben an — Aber ich will mich fassen: ich will mich trösten: sie wachet gewiß, diese Vorsehung; und wachet über diese Gegenden besonders, wo das verlassene Landvolk sonst die Beute jeder Krankheit, jedes Zufalls, der frühe Raub aller Gebrechlichkeiten seyn müßte. „

„ Wie ängstiget mich der Gedanke, daß ich die Ursache dieser ihm angestoßenen Krankheit bin! Mir zu Liebe that er diese beschwerliche Reise: mir zu Liebe stieg er den Berg, der Oesterreich von Steyermarkt sönder t*), hinan, und kam von der Hitze, die gestern sehr groß war, bereits sehr abgemattet hier an. Er klagte
über

*) Der Semering.

über Kopfwehe, und begab sich zeitlich zur Ruhe. Um meine Nacht nicht unruhig zu machen, sagt er mir, habe er sich nichts merken lassen, daß er sich sehr übel befinde. „

„ Heute kam ich gleichwohl sehr frühe vor sein Lager. Er hielt eben seinen Kopf mit der einen Hand. Fühlen Sie die Kopfschmerzen noch? fragte ich ihn: sie haben, antwortete er sehr leise, die ganze Nacht fortgedauert, und heute gegen Morgen sehr zugenommen — Er sah die Unruhe, in die mich diese Nachricht versetzte, und um mich zu beruhigen, zwang er sich gefällig zu einem Lächeln, aber es war ein Lächeln, wo der Schmerz zu merklich durchschien — Ich habe diese Nacht nicht geschlafen, fuhr er fort, ich will mir nun ein wenig Ruhe gönnen; so wird es bald vorüber seyn. Inzwischen, befahl er mir, sollte ich Ihnen von unserm Aufenthalte, und nur von diesem Nachricht geben — Ich will zusehen ob er eingeschlafen ist. „

Capa=Faum.

Nach=

Nachmittag um 3 Uhr.

„Ich will an dem Schreiben meines gutherzigen Gefährten nichts abändern, ob gleich sein Schrecken ohne Grund war, dann ich bin nun wieder auf meinen Füssen. Aber ich hätte es nicht gerne gesehen, daß er weniger unruhig gewesen wäre. In meinen Augen ist ein Undankbarer ein Ungeheuer, den Himmel, und die menschliche Gesellschaft verabscheuen müssen. Die Dankbarkeit ist die Grundlage aller Tugenden, die Grundlage unsrer Verehrung gegen Gott, unsers Eifers für das Vaterland, unsrer Pflicht gegen unsre Aeltern—„

„Es war gleichwohl ein Glück für ihren Freund, daß es nur ein vorüberrauschender Pfeil war. Denn wehe dem, der hier von einer Krankheit befallen würde! Mein Schüler hat sich, ohne mein Heissen und Wissen, nach Hülfe umgesehen: aber wo hätte er sie gefunden, wenn ich ihrer bedürftig gewesen wäre? — Die Gesellschaft scheint in diesem, wie in manchem andern Stücke, dieser armen Glieder völlig uneingedenk zu seyn. Aerzte, Apothecken, Siechenhäuser sind in Städten ge-
bäu=

häufet, hier — gar keine. Die verlassene Menschlichkeit zwar ist genug gerächet, da die Natur diese ihre Lieblinge mit dauerhafteren Körpern begabet, als die bei einem geringen Hauche kränkelnden Städter, welchen die Verzärtelung der Erziehung, die Künsteley der Küche, und ihre träge Unbehülflichkeit, ein fruchtbarer Ursprung so mancher unter den sich selbst gelassenen Landleuten fremder Krankheit, diese Heere von Aerzten unentbehrlich machen."

„Und wer wird die Aerzte unter Leuten bezahlen, welche, wie Sie selbst sagen, nur kümmerlich ihr Leben durchschleppen? Ist Ihnen die Frage nicht entweder selbst beigefallen? oder von andern gemacht worden? — Wer? der Staat! Kann eine Ausgabe besser als zu Erhaltung so mancher tausend seiner Bürger angelegt seyn? Und muß dann der Arzt eben so überzahlet werden? Ich weis zwar, daß es sein Beruf ist, das Leben der Bürger durch seine Kunst zu sichern: daß er es ist, Schätze zu sammeln, das weis ich nicht."

„Aber wie? wenn der Staat die Orden, denen frommer Beruf es zur Pflicht macht, der Kranken zu warten, und die durch die

Vorsorge der Landesfürsten, oder die Mild=
thätigkeit so mancher Patrioten in Stand
gesetzt sind, der Menschlichkeit und ihren
Mitbürgern diesen Dienst zu erweisen,
ohne dagegen einen Lohn zu erwarten,
wenn er diese aus den Städten, wo an
Aerzten, an Wartung, an wohlgestifteten
Krankenhäusern kein Abgang ist, auf das
offene Land, wo es an allen diesen fehlet,
versendete? Wie manchen zu frühen Raub
würden sie dem Tode entreissen! wie man=
chen Bürger dem Staate erhalten! Durch
welche heilige Bande würden sie sich die
allgemeine Dankbarkeit verpflichten! Wie
würde sie der Landmann — als Engel
würde er sie verehren.„

„Wäre doch dieser Brief so glücklich,
in die Hände derjenigen zu verfallen, die ei=
nen nur hingeworfenen Vorschlag bis zu
seiner Reife hinan zu führen, den Willen
und die Gewalt haben! welche Freude et=
was zum Wohl der Gesellschaft beigetragen
zu haben, für„

ihren ergebensten =
den Verfasser.

XXVII.

XXVII.

Wien den 10. Jun. 1766.

Mein Freund!

"Das wären nun freylich Töne, die in den Ohren ihrer Hinterlassenen keine liebliche Musik sind, diese pathetischen Klagen über das Elend des Landmannes, um welches wir uns sehr wenig bekümmern, und von dem wir eilfertig die Augen abwenden, um in unsrer weichlichen Fühllosigkeit nicht durch unwillkührliches Mitleiden gestöret zu werden. Haben Sie denn keine angenehmere Dinge an uns zu überschreiben? — — Im Ernste nicht? wohl! so kommen Sie immer wieder zurücke, wo ihrer eine reiche Aerndte wartet!

"Wie lang ist es, daß Sie uns verlassen haben? ungefähr, drey Wochen? mit jeder Woche sind die Gesichter unsrer Puppen um ein paar Zoll gewachsen, und sie machen nun von der Spitze des Kinns an, bis zur obersten Locke gemessen, gerade einen und ein Viertel hiesigen Werkschuh aus. Ich erhielt von einem ganz artigen Mädchen, das in der Kunst, einen

Kopf aufzustützen, eine Gattung von Wolf ist; so methodisch weis sie die Ursache anzugeben, warum eine Locke da steht, wo sie steht, und warum sie nicht anders steht; von diesem Mädchen erhielt ich eine umständliche Beschreibung eines neumodischen Kopfes, im Ganzen, und in allen seinen Theilen, und nach den Verhältnisse aller Theile unter sich. Ich gab vor, ich wäre von einer Freundinn aus der Probinz darum ersucht worden, welche durch diesen Aufsatz in einer Gesellschaft die hochmüthige Frau von = = = wollte aus der Haut fahren machen, die nicht lange von Wien gekommen wäre, und an der Gestalt ihrer Blenden *) und an dem Schnitte ihrer Saloppe, und an dem Schwunge ihrer Manschetten sehr viel auszusetzen wüßte; die sich sogar hätte verlauten lassen, sie finde ihre ganze Tracht so altfränkisch, als sie schon vor vier Monaten in Wien nicht mehr gesehen worden. Ich weis nicht, ob Sie mich mit allen den Kunstwörtern verstehen werden,

die

---

*) Was die Französinnen in ihrer Technologie les papillons nennen.

die in dieses Meisterstück einer cypassischen *) Schilderey mit eingeflochten sind. „

„ Sie sagte mir also: das schönste Ebenmaaß eines Frauenkopfes wäre ein Viertheil der Breite zu einem Ganzen der Höhe, dergestalt, daß ein Gesicht, alles, Eigenes und Frembes mit begriffen, gerade viermal so hoch, als breit seyn soll. **) Sind nun von einem Ohre zum andern vier Zoll — welches das schönste Ebenmaaß eines Gesichtes, und gerade das ihrige wäre — so müsse es sechszehn Zoll

---

*) Cypassis, eine berühmte Haarkräuserinn der Römerinnen.

**) Ungefähr nach diesem Blatte läßt sich der Lauf der Moden in ihrem Kreise, und ihre Wiederkehr beinahe mit eben der Genauheit bestimmen, als Lalande den zagenden Pariserinnen die Wiederkehr des Kometen bestimmte, dessen furchtbarer Schweif das Opernhaus zerstöhren, und das Bois de Boulogne sengen sollte. Da der gethürmte Kopfschmuck, der in Mitte des 1766sten Jahres Mode war, zum Anfange des 1781sten Jahres auf unserm Gesichtskreise wieder sichtbar geworden, so ist der Laufkreis der Mode auf 14 Jahre 7 — 8 Monate zu berechnen.

Zoll im Ganzen, das ist, wie ich gesagt habe, einen ein Viertelschuh ausmessen.

„ In diesem Ganzen müßte, nach ihrer genauen Ausmessung, das Gesicht sieben Zoll ausmachen, und reine neun Zoll für den Haarputz übrig gelassen, von diesen neun Zollen aber, fünf unabänderlich für das Stirnhaar eingeräumet, die vier andern unter die Locken vertheilet werden.

„ Die Frisur mit dem ganzen Kopfe zusamm muß die Gestalt von zween stumpfen mit der Grundfläche aufeinander gestellten Zuckerhüte nachahmen. Die Frisur allein stelle vollkommen eine Terrasse vor, wovon das Stirnhaar vorne in einen Winkel zusammläuft, die Locken aber drey übereinander gelegte Balustraden, oder Geländer abgeben. „

„ Die Locken haben abermal ihre richtigen Verhältnisse gegeneinander, ihre eigenen Benennungen. Die untersten, welche gerade auf dem Vorgrunde aufliegen, dürfen nicht mehr als drey Viertelzoll messen: sie heissen la premiére Rangée, die erste Lage: die zweyten: les surveillans, die Aufseher genannt, müssen im vollen Masse, fünf Viertelzoll haben: die oberſte Lage, les petits oeufs des Dindons, die kleinen Truteneyer, von ihrer Geſtalt ſo genennet, haben zwey Zoll. Rückwärts iſt eine groſſe lange Locke, die man, wie ſie ſagt, Frimas, den Reifen, oder auch die Contreſcarpe nennet, die zur Gegenſtütze dienet, worauf die gethürmte Laſt von Haaren ruhet. „

„ Dieſe Art von Kopfputz wird à la Guipſon getaufet, weil das Stirnhaar einer Art von Bürſte nicht unähnlich iſt, womit der Boden der Schiffe geteeret wird. Seine gewöhnliche Verzierung iſt, von vorne eine von der Mitte gegen die Linke fallende Guirlande, und rückwärts eine Voile ferlée, das iſt: ein eingezogenes Segel, um unter den Wind zu fahren. „

„ Es giebt, ſagte ſie, noch eine andre Art von Aufſatze, die ſeit einiger Zeit mit dieſer um den Vorzug ſtreit, aber ihn, wie ſie ſich gewiß vorher zu ſagen getrauet, nimmermehr behaupten wird. Die Anhänger und Beförderer derſelben nennen ſie la Gargouille, nach dem Kunſtworte der Wappenkunſt, ſo ſchlangenförmig bedeutet; welches Wort aber die Gegner dieſer verunſtaltenden Neuerung mit einem Wort-

O 3 ſpie=

spiele in Barbouille abgeändert haben. Das Ebenmaaß des Ganzen ist mit der à la Guipson ganz übereinstimmend: aber die drey Range verlaufen sich hier in einander in das Stirnhaar, und machen halbmondförmige, gegen einen gemeinschaftlichen Mittelpunkt zulaufende Locken aus, die dem Kopfe eine etwas spitzsäulenmäßige Form geben, welches das grosse Hinderniß ihrer allgemeinen Aufnahme ist, ob sie gleich mit einem eignen Boten über Aachen hieher gesendet, und durch drey der liebreizendsten Köpfe empfohlen worden. „

„ Damit ich meiner vorgegebenen Freundinn ein vollständiges Werk liefern könnte, welches sie in keinem Falle verläßt; so war meine Lehrmeisterinn von der vorsorgenden Güte, noch die mancherley Abmessungen und Gestalt des Haarputzes im Verhältnisse mit den Hauben hinzuzusetzen. Sie unterscheidet sehr weislich eine Haube à pleine caprice — à demi caprice — und à l'avanture. „

„ A pleine caprice heißt sie, wenn auf der Terrasse des Stirnhaares schon la première rangée, und les surveillans fertig stehen; aber die unzufriedene Schöne
aus

aus eitelm Eigensinne statt der letztern Reihe Locken ein Häubchen aufleget, dessen beide Blendchen die Sylphenschwingen des laurenden Amors vorstellen — Sie erinnert sehr vorsichtig: es müsse sich jedes Gesicht selbst wohl untersuchen, ob ihm dieses Kopfzeug vortheilhaft wäre? weil gewisse Bildungen, z. B. die runden, fettlichten Gesichter dadurch ganz unerträglich würden; auch das hintere Segel zu werfen, eine sehr geschickte Hand erfoderlich sey — „

„Es läßt sich nun leicht erachten, was eine Haube à demi caprice ist: nämlich diejenige, wo die Schöne, nach der ersten Lage der Locke eine Laune befällt, und sie, wie etwan ein Baumeister, den der Winter überfallen hat, nur unter Dach zu kommen eilet. Hier muß demnach der Frimas ganz wegbleiben, weil die Haube zur Hälfte über den Chignon hinabsteigt. Es soll, nach ihrer Erinnerung, von einer Blende zur andern wenigstens ein Zwischenraum von drey Zollen gelassen, und die Fangstreife *) in dem günstigen Ebenmaaße in

*) Madam La... wird es einem deutschen

drey auch vier verlorne Stufenfalten ge= legt seyn.„

„Jedoch die Haube à l'avanture, die muß ihr Günstling seyn. Sie scheint ihren Namen von der Bequemlichkeit oder der Bestimmung empfangen zu haben. Sie fodert nur sehr wenige Augenblicke, und hülft den offenen lächelnden Gesichtern, oder auch den lässigen Laurerinnen ausserordentlich auf. Könnte Venus ihre goldnen Haare jemals unter eine Haube zwingen; so würde sie diese Tracht wählen, wenn sie den reisigen Jäger Adonis am frühen Morgen zu belauschen, und seine Niederlage beschlossen hätte. Sie würde dann zu ihrem Vulkan wiederkehren, ohne Unordnung, ohne Verdacht — Dieser läs=

Antor vergeben, der verwegen genug, einen Versuch zu wagen, ob es möglich seyn möchte, der Eleganz und Eigenthümlichkeit der französischen Putzsprache, in etwas nahe zu kommen. Er fühlt es selbst, wie weit Hangstreif noch hinter Barbe gelassen ist, womit sie und ihre Kunstverwandtinnen den langen Streifen bezeichnen, welcher an den Frauenhauben zu beiden Seiten rückwärts hinabstriget.

läßige Putz ist dennoch nicht ohne alle Kunst. Das Stirnhaar muß höher, als bei den andern allen emporsteigen. Das Löckchen, in welches sonst das Seitenhaar zuläuft, wird weggelassen, an dessen statt die Haare mit künstlicher Unachtsamkeit hinter das Ohr gelegt werden, wobei ein kleines, wohlangedrücktes Ohr — eine Schönheit, die sonst immer verborgen bleibt — sehr in die Augen fällt. Es darf nicht übergangen werden, daß die Blenden so genau an beide Schläfe angedrückt seyn müssen, daß keine Lage des Kopfes daran leicht eine Verwüstung anzustellen fähig ist —,,

,,Was deucht Ihnen von dieser pünktlichen Beschreibung aller Kopftrachten? Ihr geschickter Freund, Herr Schmutzer, hat mir verheissen, die verschiedenen Köpfe alle in Kupfer zu bringen, in den Erhohlungsstunden, die ihm sein Rubens *) übrig läßt. Wir sind Willens, zu jedem Kopfe ein schönes Original unter

---

*) Dieser vortreffliche Künstler arbeitete an einer Grablegung von Rubens, aus der fürstlich Lichtensteinischen Bildersammlung.

unsern Mädchen aufzusuchen, um mehr Reiz und Leben hineinzubringen, und dann ein vollständiges Werk auf Pränumeration zu veranstalten, welches, wie ich hoffe, guten Abzug finden soll — „

„ Ich sehe Sie mit Ungeduld das Blatt umschlagen. Ich höre Sie fragen: wie? wußten Sie einen halben Bogen mit nichts Wichtigerem anzufüllen? und ich antworte Ihnen: nein, nichts, das einen krank gewesenen Freund, der mir seine Gefahr aus gefälliger Sorgfalt vielleicht nur ver=kleidet, zum Lächeln aufzuheitern fähiger wäre. Wann ich erst eine Bestättigung ihres hergestellten Wohlseyns erhalten ha=ben werde, dann sollen Sie ernsthaftere Neuigkeiten erhalten von „

ihrem Freunde
. . . . N.

XXVIII.

XXVIII.

Wien den 11. Juny 1766.

Mein Freund!

„Eile, sagte ich zu dem Boten, der Jhnen dieses Schreiben behändigen wird, und weiche weder zur Rechte noch zur Linke ab, und sieh nicht hinter dich, damit du nicht säumest, und er bald wiederkehre, an den ich dich sende! — denn nun, Sie dürfen durchaus nicht ihre Reise vollenden —,,

„Das war sie eben, die ernsthafte Neuigkeit, mit der ich Sie nicht gerne unterhalten wollte, so lange Sie krank seyn dürften: aber es ist durchaus nothwendig, daß Sie solche wissen, ehe Sie ihren Staab weiter setzen. Die Foderungen ihrer Leser werden ungestümm. Einige rufen Sie zurücke aus Ungedulb, einige aus Unzufriedenheit über mich — denn ich weis nun zuversichtlich, daß ich die Ehre habe, manchem spitzen Kopfe, und manchem angedrückten Häubchen zu mißfallen — und endlich einige sprechen in dem drohenden Tone.

Tone. Urtheilen Sie selbst, was Sie zu thun haben werden, aus diesen Einschlüssen! Ich habe wegen der Verfasser einige Muthmassungen; aber ich behalte es mir vor, sie Ihnen bei ihrer Rückkunft mitzutheilen. Wenn ich recht muthmasse, so sind es Geheimnisse, die nur ins Ohr wollen gesagt werden. „

„ In der That, so gerne ich auch ihre Anmerkungen über einen wichtigen, einen von aller Welt hingeworfenen Gegenstand, gelesen haben würde; so ziehe ich doch das Vergnügen ihrer Gegenwart und persönlichen Unterredung allen schönen Betrachtungen, die Sie mir von ferne zusenden müssen, vor, und sage es Ihnen hundertmal lieber, als ich es einmal schreibe, daß ich bin „

ihr ergebenster
.. ann

Erster Einschluß.

Mein Herr Mann ohne Vorurtheil!

„ Drey Wochen gehen unsre Thoren mit emporgeschlagenem Haupte, und sind, wie die Roß' und Mäuler, die keinen Verstand ha=

haben. Eilen Sie, mit Zaume und Kinnkette ihre Backen anzuziehen, und ihre Nase zu bändigen! oder die Frucht ihrer halbjährigen Arbeit ist dahin. Wahrlich, guter Schriftsteller, der Einfall war so ziemlich launhaft — denn ich will nicht grüllenhaft sagen — sich da auf das Land zu verlaufen. Sie wollten doch den Bauern nicht etwa ihr Elend dadurch empfindlicher machen — daß Sie ihnen sagten: ihr seyd elende! Die guten Leute mußten es wohl fühlen, daß sie es sind. Und wollten Sie es uns etwa sagen; so käme mir das eben so vor, als wenn Sie nach Indien reisen wollten, um uns von den Leckerbißchen der neuen Welt zu warnen. Der Prediger muß sich zu den Zuhörern verfügen, wenn diese ihm nicht nachgehen; und da haben wir nicht eben Lust, die Stimme des Rufenden in der Wüste aufzusuchen.„

„Noch eines, mein Herr! glauben Sie wohl, daß der Gegenstand, über den Sie im XXV. und XXVI. Blatte so heftig deklamirten, ein beliebter Gegenstand ist? Ein Maler, der einen siechen Menschen zeichnet, dessen Wunden von Ei-

Eiter triefen, würde besto mehr Ekel erwecken, je genauer er die Natur träfe. Was ist denn ihrem lieben Landmanne mit unserem unfruchtbaren Mitleiden gedienet?..

.. Verba nil proficientia, fruſtra!

„Kehren Sie also bald wieder zurücke, wo Sie unter Gegenständen wählen können! unter anziehenden Gegenständen, die den herzhaften Mann ohne Vorurtheil so eigentlich charakterisiren, und von den frostigen Alletagswochenblättern unterscheiden! Bei ihrer Wiederkunft wird Ihnen der ganze Kreis meiner Freunde zujauchzen, und in ihrer Mitte

ihr besonderer Verehrer
und eifriger Leser P..

Zweyter Einschluß.

Mein Lieblingsschriftſteller!

„Aber nicht vom schwarzen Brode, nicht von der lumpichten Hauswirthinn, von allen den Dingen nicht, die Sie uns einige Zeit her zu lesen geben! — Was habe ich

ich Ihnen — tausend Dinge habe ich Ihnen zu sagen! Ich bin ein Mädchen von siebenzehn Jahren, in dem Alter, wo die Mädchen ganz von feuerfangendem Stoffe sind, wo unsre Augen — Doch hisch! ich möchte gleichwohl auch nicht für ein böses Mädchen bei Ihnen angeschrieben stehen. Ich will vor meinem Spiegel meine züchtige Mine wieder aufsuchen — Nun da habe ich sie erhascht, und trete nun, wie eine Nonne vor ihre würdige Mutter, mit bescheiden niedergeschlagenen Augen und sittsamen Gebehrden vor Sie hin — „

„ Wirklich weis ich itzt nichts von den tausend Dingen, die ich Ihnen zu sagen hatte; und sie waren, däuchte mich, so wichtig, so nothwendig — Doch da fällt mir zum Glücke das allerwichtigste, das allernothwendigste, gerade dasjenige ein, weswegen ich eben an Sie schreibe. Ich will mir nun ein feyerliches Ansehen geben. Hören Sie! Es ist hier eine fürchterliche Verschwörung von eiteln Mädchen gegen ihr Blatt. Ich selbst habe aus dem Becher der Verschwörung getrunken, und es ist mir von meinen Mitschwestern aufgetragen, Ihnen zu bedeuten: woferne Sie in

drey=

dreymal vier und zwanzig Stunden nicht wieder in diese Stadt zurück kämen, so würde nicht nur keine von unserm Mittel ein Blatt lesen; ferner wir würden auch unsern Liebhabern, bei der empfindlichen Strafe, uns drey Monate lang keine Thorheit vorzusagen, auferlegen, unser Beispiel nachzuahmen — Das wäre ein ewiger Hohn für unsere Reize: wie? die französischen Mädchen sollen im letzten Kriege auf diese Art eine Flotte errichtet haben, und wir Wienerinnen, wir sollen nicht im Stande seyn, eine Wochenschrift zu unterdrücken—,,

,,Wir sind mit Ihrem beissenden Korrespondenten durchaus nicht zufrieden, und wollen Sie nun einmal selbst wieder hier. Verachten Sie unsre Drohung nicht! Sie sind klug genug, die Grösse der Gefahr einzusehen. Denken Sie! bis funfzig Verschworne, worunter ich nur von mitterem Range bin — und die schaalen Köpfe, die um mich herum klaffen, mitgezählt, entführe ich allein Ihnen etlich und zwanzig Leser. Rechnen Sie nun auf zehn des ersten Rangs für jede dreyssig; nur zwanzig auf zwanzig von mitterem Schlage; und auf die übrigen zwanzig vom
Tros=

Troſſe überhaupt nur zehn — Rechnen Sie ein wenig! Armer Verleger! armer Schriftſteller! — Aber noch ſteht es bei Ihnen, das Schreckengewitter, das ſich über ihrem Haupte zuſammgezogen, zu zerſtreuen, wenn Sie gehorchen

ihrer, aber nur ihrer begierigen
Leſerinn Cäcilie.

Dritter Einſchluß.

In einem Umſchlage: an den zurück= gelaſſenen Korreſpondenten des Man= nes ohne Vorurtheil.

Mein Herr!

„Sie ſind der Bevollmächtigte des Man= nes ohne Vorurtheil! melden Sie ihm von mir in zwey Worten: er habe zu wäh= len — zwiſchen einem anſehnlichen Ehren= gelde, wenn er die Materie verläßt, in die er eingeſchlagen — da, wo er ſteht, ohne einen Schritt vor ſich zu rücken — oder zwiſchen der härtſten Begegnung, wo er gegen den Stachel ausſchlägt, und tiefer in das eindringt, was nie ein Ohr hören, noch ein Aug ſehen ſollte —„

II. Theil.   P   „Mel=

„ Melden Sie ihm auch: er soll aus Liebe zu denen, für die er eifert, dießmal seiner Hartnäckigkeit, oder wenn er so will, Standhaftigkeit gebieten. Wenn unsre Hunde entlaufen wollen; so befehlen wir den Jägern, die Stricke desto fester anzuziehen. *)

ohne Unterschrift.

XXX.

*) In Mitte meiner über das Landvolk, über der Hülflosigkeit, worin sie die öffentliche Aufsicht läßt, über die Bedrückungen der untergeordneten Despoten, erhielt ich Befehl, von diesem Gegenstande zu schweigen. Man hatte, diesen Befehl zu bewirken, sich des Vorwandes bedienet, daß die kleine Unruhe, welche das Landvolk in einigen Gegenden erregte, eine Folge dieser Blätter wäre. Welch elendes Geschwätz! Das Landvolk las nicht: aber einige ihrer Unterdrücker lasen, und es bewies, daß die darin vorkommenden Gemählde treffend waren, weil man dem Maler wenigstens den Pinsel aus den Händen zu reissen, nichts unversucht ließ. Man hätte ihm freylich lieber die Hand gelähmt. Erst nach vielem Betriebe und Anliegen, ward mir das nächste Blatt auszugeben bewilliget, um doch eine Art von Ausgang zu finden.

XXX.

Dießmal habe ich der Zunöthigung des Freundes Gehör gegeben, und hier ist meine Ursache! Der, der mich, nicht nach dem, was ich schreibe, sondern nach dem, was ihm Leidenschaft eingiebt, richtet — der lange schon nichts unversuchet läßt, die freymüthige Feder mir aus den Händen zu winden; bei dem man nicht ehrerbietig ist, man wälze dann sich im Staube; nicht gehorsam, man höre dann auf, den Vortheil des Gehorsams zu empfinden, und werde eine Maschine; der höre sie besonders, diese Ursache!

Als ich die Stadt verließ, dachte ich, mit meinem Zöglinge den Kreis aller Provinzen abzugehen, und eine Stätte zu finden, wo ich sagen könnte: hier ist es gut wohnen, wir wollen uns zwo Hütten bauen — Es war zu vermuthen, daß ich diese Stätte, zunächst vor den Linien dieser Stadt weder suchen, noch finden würde. Wenn ein Schiffbrüchiger den kleinen Ueberrest seiner geborgten Güter bei dem Sonnenscheine trocknet, so leget er sie nicht nahe an das Gestad, wo die über-

schlagende Welle sie abermal netzen könn=
te, er entfernt sie bis an den Platz, wohin
die Flut nie reichet — Es war aber auch zu
vermuthen, daß ich auf dieser Reise nicht
in den Schlössern der Reichen abtreten
würde. Wir, sie und ich, haben zu we=
nig Gemeinschaft mit einander; und man
würde Reisende, die vor dem Thore des
öden Palastes zu Fusse angekommen wären,
auch nie da aufgenommen haben. Vier
Pferde, einige Bediente wenigstens, müssen
sich zeigen, wenn die Zugbrücke fallen soll.
Man nimmt Gäste nicht auf, die nur we=
nige Ungelegenheit machen werden: man
muß die Einkünfte vieler Tage verzehren,
um ein gastfreyes Nachtlager zu erhal=
ten. —

Gleichwohl wird man nicht etwa fo=
dern, daß wir unter dem freyen Himmel
übernachten sollten. Wir wählten also eine
niedere Schaubhütte, und nun, ihr Her=
ren! wie hätte ich es hier machen sollen,
um es euch recht zu machen? Hätte ich
gesagt: Bei unserem Eintritte empfieng
uns mit ungekünstelter Offenherzigkeit
eine Frau, ungeputzet aber reinlich,
in einem Stoffe gekleidet, den sie

mit

mit ihren Töchtern selbst verfertiget — Seyn Sie mir willkommen liebe Reisende — hätte sie ausgerufen — daß Sie unsre Hütte lieber, als eine andre besuchen! Sie werden hier nicht so wohl bewirthet werden, als bei jedem anderen unserer Nachbarn: aber Sie können wenigstens nirgend lieber bewirthet werden. Nach dieser freundlichen Anrede hätte uns die gute Hauswirthinn eine eigene Kamer angewiesen, worin für jeden ein gethürmtes Bett gestanden wäre. Diese Kamer wäre sonst die Vorrathskamer der Bäurinn. Auf zween Stangen, die in die Quere schwebten, wären ungeheure Laibe Brod gereihet gewesen. Geräucherte Schinken, und halbe Mastschweine wären an den hölzernen Wänden gehangen, oder gelehnet; in der einen Ecke in einem Fasse ausgelassene Butter, in der andern Erbsen, Bohnen, gesäuret Kraut, und andrer Vorrath für den Winter gestanden. Alles dieses hätte das Kämerchen mit einem nicht widerstehenden Geruch angefüllet. Wir hätten nun davon Besitz genommen; und da hätte sich inzwischen die grössere der Töchter in diesem Kämerchen viel zu schaffen gemacht, um meinen jungen Gefährten mit Vergnügen zu betrachten — Inzwischen wären sieben fette Kühe, die durch ihr Geschrey die Magd gleichsam herbeigerufen, durch den weiten Hof geschritten, worin es von Geflügel gewimmelt hätte. Man hätte die Kühe sogleich gemelket; und unsre sorgfältige Wirthinn hätte uns in einer hölzernen, wohl gescheuerten Schüssel, bis das Abendmahl bereit wäre, schäumende Milch, und Brod von dem besten Weizen vorgesetzt — Nun wäre der Bauer, von zween Söhnen begleitet, von seinem Felde wiedergekehret. Sechs Ochsen wären vor ihm hergezogen, wie die Mastochsen zu einem Gastmahle. Das grosse Mädchen wäre ihm entgegen geeilet, und hätte ihm von ferne zugerufen: Vater! wir haben Gäste! — desto besser! hätte er ihr wieder zugerufen: sorget, daß es sie nicht gereue, bei uns eingesprochen zu haben, u. s. w. — Hätte ich so eine Beschreibung gemacht, wie ungefähr ein jun-

ger Dichter, der sein Kenntniß des Land=
lebens aus dem ländlichen Dichter geschö=
pfet, oder vielleicht seinen Wunsch für
Wahrheit hingesetzt hat: was — würdet
ihr mir zugerufen haben — wo habet
ihr in der Welt solches Landvolk ge=
funden, Träumer! Recht! ich habe kei=
nes gefunden; aber nun ich es so beschrei=
be, wie es ist, da erwecke ich den Anklä=
ger, der nur schlummerte.

Aber ich hätte von dem Landvolk ganz
schweigen mögen — Verzärtelte See=
len! erträgt ihr das Bild des Elendes
nicht; so höret auf, es durch eure Schuld
wahr zu machen! Es ist nützlich, daß man
euch dahin zu sehen zwingt, daß man vie=
len unter euch sage: sieh da das Werk
deiner Hände! daß man zu den andern
spreche: er, dessen Noth du siehst, ist
dein Bruder! — Der erste, und ehr=
würdigste unter allen Künsten ist der
Ackerbau: aber Vorurtheil, Weichlich=
keit, Eigennutz, haben ihn aus seinem
Range verdränget, haben ihn zur letzten,
zur unglücklichsten aller Beschäfftigungen
gemacht. Desto übler für die Gesellschaft!
für den Staat!

Was man immer ſchreibt; ſo giebt es haſtige Wortverdreher, die gleichſam mit ihrem Hauche das Wort vergiften, das durch ihren Mund fährt. Wer hätte erwartet, daß man das Mitleiden eines Reiſenden, die Unterſuchung eines Menſchen, der ſich und einen andern unterrichtet, ſo kühn ausdeuten, daß man geheimen Verſtand darin ſuchen, daß man Anwendungen machen dürfte? Man hat es gethan, und dieſes, nicht die Verſchwörung Cäciliens, noch die Drohung des Unbekannten hat mich bewogen, mit meinem Gefährten in die Stadt wieder zu kehren. Er hat genug geſehen, um mir zu ſagen: ich ſehe, ich würde als Landmann nicht glücklich ſeyn.

Wird er es bei einer anderen Beſchäfftigung, und bei welcher wird er es ſeyn? — Ich wünſche, daß wir in der Ueberlegung, die wir zuſamm darüber anſtellen werden, nicht wieder geſtöret werden mögen!

* * *

An den Herrn Verfasser des XXVIII Blattes.

Mein Herr!

„Die schönen Köpfe, wie Sie es nennen, in der ganzen Stadt sind durch ihre geometrische Feder lächerlich geworden; nun träfe die Reihe auch die närrischen Köpfe, mit ihrer Erlaubniß, so zu reden. Einem so fruchtbaren Geiste wird es nicht an angemessenen Kunstwörtern fehlen können, womit er die mancherley Frisuren bezeichne, und unterscheide. Ich empfehle besonders das hohe Toppee eines gewissen jungen W.... zu geneigtem Wohlwollen. Es hat nach meinem Augenmaße gute fünf Zoll; und wenn ich nicht zuverläßlich von seinem Friseur wußte, daß er es sich mit beiden Händen eigens untergräbt, damit es nur recht hoch empor stehe; so glaubte ich, er hätte eine Beile an dem Kopfe, und sein Verstand dürfte Gefahr laufen."

„Wie bei uns in freye Köpfe und Hauben, so können Sie hier die Eintheilung

lung in eigen Haar und Perücken machen! Es wird jede nicht weniger poßirliche Untertheilungen darbieten. Wir wollen sehen, ob Sie sich getrauen unpartheyisch zu seyn, und sich verbindlich machen wollen „

Eleonoren.

I.

Da der Stand, worin man allein unabhängig leben kann, uns nicht ansteht; so ist es nothwendig, unter denen eine Wahl zu treffen, wobei man auf die Unabhängigkeit Verzicht thun muß — Ich sehe deine Unruhe, mein Freund! ein Herz, wie das deinige, läßt sich nur mit vielem Zwange Ketten anlegen. Aber hebe deine Augen auf! sich um dich her! und, wenn du kannst, so wähle, wo du frey seyst — Dieser Seufzer, der vor mir vergebens unterdrückt wird, ist eine deutliche Antwort. Laß dich denn leiten, da dein Schritt allein wankend ist!

Der nächste an dem Stande des Landmannes ist der Stand des Handwerkers. Er würde glücklich seyn, wenn er durch die

Verpflanzung in die Städte nicht gleichsam ausgeartet wäre. Was sage ich, ausgeartet? er ist verdorben, so sehr, als man es bei dem Elende seyn kann; und das Verderbniß des Elenden ist ohne Heilung, es ersticket jeden Funken der Rechtschaffenheit; denn er ist durch keine äusseren Beziehungen zurückgehalten — Die Niederträchtigkeit ist ganz sein Eigenthum.

„Wenn sie, um zu leben — sagt Rousseau, den wir hier vor Augen haben, zu seinem Emil — zu ihren Händen und dem Gebrauche, wozu sie dieselben anzuwenden wissen, ihre Zuflucht nehmen; so verschwinden alle Schwierigkeiten, so werden alle Kunstgriffe unnütz. Das Zufluchtsmittel ist stets in dem Augenblicke bereit, da man es brauchet. Die Redlichkeit, die Ehre sind keine Hindernisse mehr zu dem Leben. Sie haben nicht mehr nöthig, niederträchtig und lügenhaft vor dem Grossen, geschmeidig, und kriechend vor den Schelmen, auf eine verächtliche Art gefällig gegen jederman zu seyn; einem etwas abzuborgen, oder zu stehlen, welches, wenn man nichts hat, einerley ist. Die Meinnung anbrer Leute rühret sie nicht. Sie ha=

haben niemanden ihre Aufwartung zu ma=
chen, keinen Thorsteher zu bewegen, keine
Buhlerinn zu bezahlen, und, was noch
ärger ist, ihr Weyhrauch zu streuen. Daß
= = die grossen Angelegenheiten führen,
daran liegt ihnen wenig; das wird sie nicht
hindern, in ihrem unbekannten Leben, ein
rechtschaffener Mann zu seyn, und Brod
zu haben — Sie treten in die erste Werk=
statt des Handwerkes, das sie gelernet ha=
ben. Meister ich brauche Arbeit — Setzet
euch Geselle! da arbeitet! — Ehe die
Stunde zur Mittagsmahlzeit gekommen ist,
haben sie ihr Mittagsbrod verdienet. Wenn
sie fleissig sind, so werden sie, ehe acht Ta=
ge vergehen, so viel haben, daß sie andre
acht Tage davon leben können. Sie wer=
den frey, gesund, wahrhaftig arbeitsam,
gerecht gelebet haben. Rousseaus Buch ist
in diesen Gegenden nicht geschrieben wor=
den, es ist eben so wenig für dieselben:
und für welche Weltgegend, für welchen
Staat ist es?

Es ist nicht genug, daß man arbeiten
kann. Wenn man nicht arbeiten darf, so
ist man bei aller Geschicklichkeit unglücklich.
Das ist das Schicksal des Handwerkers.

Ihr=

Ihr seyd vortrefflich in dieser, in jener Handthierung; ihr habet die Handgriffe derselben durch euer Nachsinnen erleichtert, verkürzet, ihr brauchet weniger Zeit, eure Arbeit zu fördern, ihr könnet dieselbe um einen geringern Preis fertigen: diese Vorzüge, helfen sie euch? Man fragt nicht: könnet ihr diese Handthierung? man fragt: habet ihr sie gelernet? — Und wenn ihr eure Lehrjahre erstrecket habet, ihr möget es nun verstehen, oder nicht — ich muß euch meine Arbeit überlassen —

Man sollte in der Gesellschaft nichts weiters wünschen, als daß jeder Bürger arbeiten wollte! und man verhindert, daß er es könne. Das Befugniß zu arbeiten ist in Zünfte eingeschlossen: wer nicht aus der Zunft ist, muß ein Schurke werden. Die Wege, sich auf eine ehrbare Art zu nähren, sind ihm verschränket. Ihr, die ihr Verbrechen zu bestrafen verordnet seyd, wundert ihr euch, daß euer ausgestreckter Arm fast niemals eingezogen werden kann? daß die Gefängnisse von Missethätern wimmeln? daß so viele Beispiele der Strenge gegeben werden müssen, und doch

doch alle verloren sind? Höret auf ungerecht zu seyn, und die menschliche Natur anzuklagen! Es sind nur zween Wege übrig, seinen Unterhalt zu erwerben, wenn man kein angeerbtes Vermögen hat: die Arbeit, oder das Schurkenhandwerk: wem man den ersten verschlüßt, den zwingt man, auf den andern zu wandeln.

Sieh da die grosse Schwierigkeit bei einem Handwerke, das ausschlüssende Recht, es zu treiben! Welche Reihe übler Folgen ist damit verbunden! Wenn unsre Erzeugnisse unvollkommen sind; wenn wir nach fremden Waaren gelüsten; wenn Fremde unsere zu ihnen gebrachte Waaren mit Verachtung zurückweisen; so ist auf diese Ausschlüssung ganz allein die Schuld zu wälzen. Der Sporn des Fleisses ist die Nacheiferung; die Nacheiferung bringt die Künste zu ihrer Vollkommenheit — Wenn unsre Handwerker ungeschmeidig, wenn sie tückisch, wenn sie voll kleiner Griffe und Betrügereyen stecken; abermal, diese Ausschlüssungen allein haben zu allem diesen beigetragen. Sie sind unter sich ganz leicht eins geworden; und wir, was haben wir für ein Mittel auszuweichen? —

Die=

Diese kleinen Gesellschaften in der grossen haben ihre geheimen Verabredungen, wodurch sie alle Welt ihnen unterwerfen; und sie wissen es ganz wohl zu veranstalten, daß nicht sobald ein Fremder eintritt, und das Geheimniß bekannt macht — Der Junge hat seine Jahre ausgehalten: er wird frey. Er wandert *), nach einigen Jahren kehrt er wieder, mit vieler Geschicklichkeit, die er sich auf seiner Wanderung erworben: nun wird er wenigstens seine Geschicklichkeit anwenden dürfen? Ist er eines Meisters Sohn? — das ist er nicht! Schade! er mag sehen, wo er irgend die Tochter eines Meisters, oder eine Wittwe freyet, sonst ist ihm nicht zu helfen — Ich frage: wer hat euch das

---

*) Vielleicht erwartet man hier umständlichere Betrachtung über die Länge der Lehrjahre, über die üble Verwendung dieser Zeit, Betrachtungen über den Mißbrauch des Wanderns, welches dem Staate so manchen geschickten Arbeiter raubt, Betrachtungen über alle Mißbräuche der Handwerke! Aber man erinnere sich, daß ich davon nichts mehr mitnehmen soll, als was auf meinen Schüler und seine Ueberlegung Beziehung hat.

das Recht eingeräumet, den Staat zu hindern, daß er von einem Bürger nicht allen den Nutzen zieht, den er von seiner Geschicklichkeit ziehen könnte? — Man langet mir aus einer Lade grosse pergamentne Briefe hervor, an denen hölzerne Büchsen hangen: ich öfne sie, ich sehe das Sigill — mache eine Verbeugung, und schweige.

Aber, lieber Capa=kaum, wenn du auch diese Schwierigkeit überwunden, wenn du durch deine Anstrengung den Mangel der Zeit ersetzet, und die mechanischen Griffe, wobei die Hände alles thun, bald erlernet hättest; prüfe dich, ob du auch zu den unrechtschaffenen Künsten fähig wärest, wovon ein grosser Theil der Handwerker mehr, als von ihrer Geschicklichkeit leben? Muß ich denn sie treiben, diese Künste? Die Frage ist natürlich: willst du leben? willst du dich, dein Haus, eine Familie ernähren? deine Gaben entrichten? so weis ich nicht, wie du ihrer entbehren kannst, da deine Zunftgenossen um und neben dir, sie alle treiben: vielleicht auch durch die Kargheit ihrer Kunden, sie zu treiben gezwungen sind, die dem arbeitsamen Manne einen billigen Lohn seiner Bemühung ver=
sa=

sagen, den sie nachher zur Strafe unter verschiedenen Rubriken ohne Dank, und dreyfach bezahlen müssen. Indessen wird dadurch der Preis des Handlohns gleichsam festgesetzet, um welchen aber derjenige, der vor Betrug, und Diebereyen zurückbebet, nicht arbeiten kann, und bei seiner Rechtschaffenheit darbet.

Es giebt Handwerke, wobei es erlaubt ist, ehrlich zu seyn, die mühsamsten unter allen, die am wenigsten belohnten. Sie würden dir unter allen Beschäfftigungen am besten zustehen, wenn du das Hinderniß der Lehrjahre zu übersteigen, und einst dein eigen Haus zu bauen hoffen dürftest —

II.

Was sollte ich thun? ich frage Sie um Rath, meine Leser — Der Verfasser des Aufsatzes, den ich Ihnen heute mittheile, bringt sich mir mit Gewalt auf, und berufet sich auf ihr Urtheil. Sie mögen denn also durch ihren Beifall, oder durch ihren Unwillen entscheiden, ob seine Foderung rechtmäßig ist! —

Herr Mann ohne Vorurtheil!

„Sie reiseten auf das Land — Stand es für die Mühe um einiger Anmerkungen Willen, die Sie sehr bequem hier in der Stadt, oder sehr nahe an der Stadt machen konnten? — Zwar sagen Sie uns mit halben Worten, und wir errathen das übrige, daß Sie in Mitte ihres Laufes aufgehalten worden — Gut! Sie kommen denn zurücke. Ihr Capa-kaum hat genug gesehen, um zu sagen: ich sehe, ich würde als Landmann nicht glücklich seyn. Sie gehen mit ihrer Ueberlegung einen Schritt vorwärts. Hier stehen Sie abermal: soll ich ein Handwerk ergreifen? Ihr Schüler fodert ihren Rath — Sie zeigen ihm, den Mißbrauch der Zünfte: Sie zeigen ihm, wie schwer es ist, Meister zu werden: Sie zeigen ihm, daß ein Mann, der sich keine unredlichen Griffe erlauben würde, bei den meisten darben müßte — Und schon gehen Sie wieder ab? Wie? haben Sie nichts mehr bei einem so reichhaltigen Stoffe zu erinnern? Ich berufe mich auf ihre Leser, ob sie mit diesen obenhinfahrenden Anmerkungen gesättiget sind?

sind? Ich errathe es zwar, aus welcher Höhle die Stimme kömmt, die Ihnen zuruft: bis hieher sollst du kommen, und nicht weiter! — Treten Sie nun unter den Haufen der Zuhörer, und lassen Sie mich an ihrer Stelle die Emporbühne besteigen: ich bin über die Bedenklichkeiten, die Sie zurückhalten, hinweg — „

„ Wer, eine Beschäfftigung zu wählen, seinen künftigen Stand zu bestimmen, zu Rathe geht, der muß zuvor mit sich einig werden, was er suchet. Ehre in einer gewissen Bedeutung, Unabhängigkeit, Vermögen, Gemächlichkeit, unter diesen vier Aussichten eine wird ihn an sich ziehen. Wisse zu wählen! Es sind Aussichten von entgegen stehenden Gegenden. Aber man kann mit demselben Winde nicht nach Norden und nach Süden gelangen. Ehe du in die See stichst, habe den Entschluß gefasset, nach welcher Gegend deine Segel gerichtet werden sollen! „

„ Ehre — Es war eine Zeit, wo Ehre das Eigenthum nützlicher Handgeschäfte war. Jabel und Tubalkain werden von der Schrift wie Nimrod genennet; und

das

das dankbare Alterthum zählte Vulkanen *) wie den Mars in der Schaar seiner Gottheiten. Rauhe Künste, Künste des Krieges, Künste der Verwüstung haben diese wohlthätigen Kenntnisse aus ihrem Platze verdrungen. Aber kann Gewalt auch das Recht verändern? — „

„Sparta, Rom, kriegerische Staaten! ihr überliesset die friedsamen Beschäfftigungen den Händen der Sklaven! Habet ihr dadurch diese Beschäfftigungen verächtlich gemacht? nein! eure Sklaven habt ihr geadelt. Unbesonnene! sehet ihr es nicht, ihr hänget von euren Leibeigenen ab; und diese Abhängigkeit ist nicht zufällig, nicht von einem selbst geschlossenen Vertrage, der sich auf Worte gründet; es ist eine Abhängigkeit der Natur. Herren

der

―――――

*) Der Namen Vulkan ist unstreitig von Tubalkain — nach einer verderbten Aussprache. So dankten die ersten Menschen den Erfindern der nothwendigen Künste. War es nachher nicht lächerlich, wann Vulkan, wann Minerva, Ceres, u. a. m. Altäre hatten, aber die abgöttisch geehrten Spartaner, sich zu edel dünkten, das auszuüben, wodurch jene Altäre verdienet hatten!

ohne Vorurtheil.

der Welt! ihr seyd Sklaven eurer Sklaven; und da diese das Joch eurer Knechtschaft abschütteln können; so seyd ihr verurtheilt, das ihrige ewig zu tragen —„

„Wie ehe die Gewalt, so machet heute das Vorurtheil die unbillige Rangordnung. Der Tausenden das Leben geraubet, prangt mit dem Sterne, dem Zeichen des Verdienstes auf seiner Brust: der Tausende ernähret, erhält, glücklich machet, schleicht unberühmt bei ihm vorüber, und bücket sich tief vor dem M...r s.....r B.....r — Ach, wie leicht wäre es euch, nützliche Künste, euren Platz zu erhalten, wenn ihr mehr darnach strebtet, geehrt zu seyn, als die Ehre zu verdienen! Sprechet! — Du Ackerbau sage! undankbare Gesellschaft! mein Pflug soll ruhen! warum sollen diese Hände säen, damit unerkenntliche meine Aernte theilen und leben! — — Du Webkunst sage! ich soll dir Kleider verfertigen, darin du prangen mögest: das Lamm behalte seine Wolle! Erde, ich fodre keinen Leinen von dir! Kostbare Rauppe, spinne dir kein königlich Ruhgemach! Stolze undankbare ver-

dienen es nicht, daß ich euch um ihrer
Willen beraube! Die Bettler sollen mich
verachten — aber nackt. Du Schmied=
kunst, sage! meine Werkstätte ertöne
nicht mehr von schweren Hammerschlä=
gen, unter denen das gelehrige Metall
die Gestalt annimmt, die ich befehle —
geh Ruhmsüchtiger, erobre ohne Waf=
fen! geh Prächtiger, zeige deine
Pracht ohne Gold und Silbergeschmei=
de! geh Gemächlicher! wirf dich in
deine Kutsche, und habe Füsse zum Si=
tzen — Ihr Künste sämmtlich, errichtet
unter euch ein Bündniß; versaget euren
Verächtern euren Beistand, und seht bald
den Fürsten, den Prälaten, den Helden,
den Gelehrten, den Adelichen, den Reichen,
die Welt, zu euren Füssen! Aber ihr ge=
nüget euch, wohlthätig zu seyn, und lasset
die Last, euch verbindlich zu bleiben, ih=
nen über!„

„Die Handgewerbe, sie allein sind
unabhängig; ihnen nur kömmt es zu, zu
sagen: ich trage alles das Meinige mit
mir. Der Müssiggänger, den man einen
Weisen nennet, sprach, als er dieses von sich
sprach, eine stolze Lüge. Diogenes, hast du

deine Tonne dir selbst gezimmert? und du wolltest nicht Alexander seyn! Windichter Philosoph! nur aus Hochmuth genügsam, wolltest du dem Eroberer Asiens für nichts verbunden *) seyn, und du warest es dem Böttcher — Nur die Handgewerbe sind sich selbst genug. Keinem Umstande, keiner Zeit, keinem Orte unterworfen, trägt der Handwerksmann alle Bedürfnisse in seinen beiden Händen, ist über den Muthwillen des Glücks, über alle Fälle, bald sagte ich, über das Schicksal erhoben, wenn der oberste Gesetzgeber sich nicht das Geschenk der Gesundheit vorbehalten hätte, das ihn unterwürfig erhält. „

„Indessen ist er unabhängiger, als jeder Stand in der Welt. Dionysiuse mußten Schulmeister werden, Belisariuse ha=

------

*) Man weis, daß der unflättige Philosoph Alexandern auf sein gütiges Anerbieten zur Antwort gegeben: er hätte nichts zu bitten, als daß er ihm die Sonne nicht verstelle. Man bewundert diese Antwort des Diogenes. Ich bewundre Alexanders Gelassenheit, der eine solche grobe Antwort ertrug. Vielleicht aber hielt er den Weisen für einen Narren, und er hatte Grund dazu —

haben gebetelt — Wo iſt der Handwerker, der nicht träge war, und einen ſolchen Umſturz erlitten hat? Pen, mehr als Lykurg, mehr als Solon, du gabſt deinen Brüdern Geſetze, für die ihre ſpäteſten Nachkömmlinge noch deinen Namen mit dankbaren Andenken, und gebeugten Knieen ausſprechen ſollen! aber unter ſo vielen weiſen Geſetzen das weiſeſte, das, wofür ſie dir am meiſten verbunden ſeyn werden, iſt dieſes: daß jeder ein Handgewerb zu lernen verpflichtet iſt, um auf jeden Fall ein Zufluchtsmittel gegen Noth und Dürftigkeit zu haben —,,

,, Ich bin verſucht, zu argwohnen, daß andern Ständen dieſe Vortheile der Handgewerbe zu ſehr in die Augen geleuchtet, daß niederträchtige Eiferſucht ſie verleitet habe, dieſelben zu verringern, und durch abgeredete Verträge dem Stande Fäſſel umzulegen, der allein frey war. Dieſe Zünfte, die die Geſchicklichkeit ausſchlüſſen, dieſe unnützen geldſplitternden Meiſterſtücke*), dieſe ſinnloſen Gebräu-

---

*) So müſſen z. B. die Sattler einen Tourniersattel zum Meiſterſtücke fertigen. Es iſt ſehr bräuche *), die schon lange entwurzelt seyn müßten, wenn es anders Ernst wäre, daß sie es seyn sollten; diese langen Lehrjahre, ohne Unterschied der Fähigkeiten; diese nicht zur Erlernung des Gewerbes angewendeten, diese in häuslichen Verrichtungen der Kindermägde verlornen Jahre; dieser Zwang der Wanderung, dieses unsinnige gedulbete Verbot der Verehligung, diese unter dem Vorwande eines Anstandes aufgebürdeten Beobachtungen gleichgültiger Dinge, dieses sind die gerne übersehenen Unanständigkeiten, durch welche die Handwerke einen Theil ihrer Glückseligkeit entrathen müssen — „

III.

sehr vernünftig, daß sie das machen können, was man nicht braucht; damit sie das nicht können, was man braucht.

*) Der Hornträger der Buchdrucker und andre derley artigen Gepränge bei der Aufdingung und dem Freysprechen der Lehrjungen —

III.

Ich nehme die in dem I. Stücke unterbrochenen Betrachtungen auf das neue zur Hand. Ich fahre fort meinem Lehrlinge zu sagen: daß es ihm erlaubt seyn würde, bei einigen Handgewerben ehrlich zu bleiben; daß es aber gerade die mühsamsten, gerade diejenigen wären, die am wenigsten belohnt würden, die ihm ein beschweißtes Alter der Kräfte, und ein hülfloses Alter der Schwachheit verheissen.

Solltest du wohl denken, sage ich ihm, wer unter allen Beschäfftigungen, die unter dem Worte Handgewerbe verstanden werden, am leichtsten etwas für das erschöpfte Alter hinzulegen fähig ist? Höre, und urtheile!

Siehst du diesen Mann, der mit hinter den Hut gestrichenem Haare seinen Tag an der Sonne hinbringt! mit sicherer Faust schwingt er ein Beil, und gleichet den runden Stamm des Baumes zu einem geglätteten Vierecke. Seine Arbeit ist anhaltend: mit dem frühen Morgen hebt sie an; eine Raststunde zum Morgenbrode;

eine einzige zur mittäglichen Erhohlung; dann erst mit Sonnenuntergange darf seine Hand sinken —

Sieh hingegen jenen andern mit eilfertigem Schritte über die Gasse laufen: sein Geräth trägt er in diesem ledernen Sacke, der ihm zur Tasche herausragt. Er tritt ein; die Frau setzet sich an den Putztisch, er kämt ihre Haare durch; legt sie nach selbstgeschaffener Mode in Locken, erzählt ausgespähte Geheimnisse des Hauses, aus dem er eben kömmt, stäubt rothe Haare blond, und eilet in ein anders Haus zu eben dieser Verrichtung —

Laß uns ein wenig stille stehen, mein Freund! Nimm meine Börse! und belohne diese beiden nach deinem Ermessen! — — —

Wie? mein Herr! so höre ich den letzten spottend ausrufen, mir getrauen Sie diese wenigen Kreuzer anzubieten? mir! —

Aber, guter Mensch, antwortet ihm Capa=kaum, er hat zu seiner Verrichtung nur ein halbes Stündchen verwendet. Wenn er für jede halbe Stunde des Tages eben so viel bekömmt, so kann er sein Tagwerk hoch bringen —

„Mein

„Mein Tagwerk — wiederholt er aufgebracht — Aus welchem Lande sind Sie herüber zu uns gekommen, daß Sie die Geschicklichkeit eines Friseurs nach dem Tagwerke abmessen?„

Capa = kaum will ihn unterbrechen; aber ich gebe es nicht zu, ich will der Beredtsamkeit dieses Menschen ein freyes Feld lassen, seine Rede wird für meinen Neuling, und vielleicht für meine Leserinnen ungemein unterrichtend seyn. Um ihn also auf die rechte Bahn zu bringen, sage ich ihm: Guter Freund! dieser Mensch ist ganz Fremdling, der von den Vorzügen eurer Beschäfftigung nicht unterrichtet ist —

„Das habe ich errathen — unterbricht mich unser beleidigter Friseur — das habe ich aus seinen Anbieten abnehmen können. Mein Herr! lernen Sie unsre Wichtigkeit schätzen! lernen Sie unsre Kunst von den groben Handarbeiten unterscheiden, die man nach dem Tage miethet. Wie Sie mich sehen; so darf mich eine Fürstinn nicht beleidigen! — und thut sie es, so kömmt ihr meine Besänftigung theuer zu stehen. Ich theile mit diesen meinen Händen

den Anmuth und Reize aus. Sie wissen vielleicht nicht, wie viel auf die Hand eines Friseurs ankömmt, eine Gestalt zu erheben. Darum auch setze ich meiner Arbeit einen Preis, wie er mir gefällt — Einen Dukaten für einen Kopf — Ja einen Dukaten, und lasse noch einigemal nach mir schicken — Komme ich denn, und man wagt es, sich unfreundlich anzustellen; so bin ich noch unfreundlicher: man poltert, ich werfe; und man kömmt gut davon, wenn ich mich durch das Anbieten eines Frühstückes, oder eines Geschenkes zu guter Laune bringen lasse. So kostbar, wie ich Ihnen vorkomme, so habe ich dennoch unter Kunden zu wählen. Die gemeineren Weiber vom kleinen Adel, Hofräthinnen, und dergleichen, sollen sichs bei weitem nicht einkommen lassen, nach mir zu schicken. Zwar zahlen sie vortrefflich, aber ich halte sehr auf Ehre. Selbst unter dem grossen Adel lasse ich diejenigen fahren, die mir nicht Nebengeschenke machen; und ich kann Sie versichern, daß man sich darinn oft sehr übersteigert. Die Gräfinn von * * hat mir nicht lange ganz besondere Bedingnisse angeboten, wenn ich

mich

mich verpflichten würde, außer ihr und ihrem Fräulein, keinen Kopf aufzusetzen. Wir stehen nun miteinander in Unterhandlungen, und ich kann mich nur noch nicht bequemen, an der Tafel ihrer Hausoffiziere zu essen; denn ich denke, es ist eine ganz billige Foderung, daß man mir die Speisen auf mein Zimmer besonders bringt, da man es dem Sekretär des Grafen gleichfalls thut —,,

Er würde noch länger fortfahren, wenn ich ihn nicht erinnerte, er dürfte irgend eine Fürstinn auf sich warten lassen, und sich ihre Ungnade zuziehen — Ungnade, sagt er spöttisch — und zieht eine goldne Uhr heraus — das Geschenk einer Freyinn, der zu Liebe er an einem Familiengalatage alle Frauen, die er zu bedienen hatte, sitzen ließ. Das war, erzählte er uns, ein toller Streich, den ich ihnen spielte; sie sahen gegen die freygebige Baroninn an diesem Tage wie Affen. Doch es ist die Stunde, welche ich der Gräsinn * * gegeben, mit der ich heute zu schlüssen gedenke. Hiemit wirft er einen verächtlichen Blick auf Capa=kaum; und entfernet sich.

Kaum

Kaum trauet mein Schüler seinen Ohren — Habe ich recht gehört? fragt er zu wiederholtenmalen. Diese Gattung, für die der Namen Handwerker beinahe zu ehrwürdig ist, die so ganz entbehrlich sind, dürfen solche Foderungen machen?

Das ist Irrthum, lieber Unwissender, daß sie entbehrlich sind, seit dem es eine Schande geworden, seine Haare zu tragen, wie sie uns die Natur zur Zierde anerschaffen: der Minister, der Rath, der Gelehrte, der Soldat, der Handelsmann, der Stutzer, der Priester selbst kann sie nicht entrathen: aus Anstand einige, aus Eitelkeit die andern — und oft dient der Anstand nur der Eitelkeit zum Vorwande —

Und das Frauenvolk — Aber wir wollen uns nicht länger dabei aufhalten. Wir haben den arbeitsamen Zimmermann zu lange warten lassen; ihn, der der Ruhe so sehr bedarf. Er tritt nun demüthig herbei. Mein Schüler, der seine Mühe nach der Mühe des geschwätzigen Friseurs abwiegt, langet einen Dukaten aus der Börse, und erwartet, ob er auch damit vorlieb nehmen werde — Ich bin ein armer Mann; wie käme ich dazu, dieses

Gold-

Goldſtück zu wechſeln — mit dieſen Worten giebt er es zurücke — Was iſt alſo euer Taglohn, arbeitſamer Mann? Tägliche neun Groſchen! aber ich werde für Sie beten, wenn Sie mir einen Groſchen zulegen. Ich habe Weib, und drey Kinder, und das Brod iſt um 6 Loth kleiner geworden. Capa-kaum ſieht mich an: ich verſtehe ſeinen fragenden Blick, und winke ihm meinen Beifall. Er drücket mit freudiger Ungeduld dem arbeitſamen Mann das ganze Goldſtück in die Hand. Habet es, ſagt er ihm, für euch, und machet euren Kindern einmal eine gute Stunde — und gegen mich gewendet ſetzt er hinzu: Unbillige Austheilung! wäre es dem Geſetze nicht möglich, zwiſchen der Arbeit und dem Lohne ein billiges Gleichgewicht einzuführen?

IV.

Ich will unterſuchen: ob es möglich iſt, ein geſetzmäſſiges Gleichgewicht zwiſchen der Arbeit, und dem Lohne einzuführen? Dieſe Unterſuchung wird mich

wei=

weiter führen, als es anfänglich den Schein hat. Ich werde mich genöthiget sehen, die Beschäfftigungen der Handgewerbe unter gewisse Eintheilungen zu bringen, und jedem unter ihnen seinen Ort anzuweisen, an dem es steht, und an dem es stehen sollte. Werde ich glücklich genug seyn, einen solchen Stoff, der der Satire so ganz nicht angemessen ist, auf eine Art zu behandeln, daß der Deuter nicht einschläft? daß er unterrichtend, oder, wenn man so will, verbessernd für die einen, ergötzend für den Haufen meiner Leser sey, die diesen Blättern, wie ihrer Hausrechnung, die verworfene Minute widmen, die sie in dem Tagebuch ihrer Zerstreuungen nicht unterzutheilen wissen? — Und Sie Theresie! *) deren gewogenheitvoller Zuspruch mir oft, die über den Tadel des Boshaften, über

den

---

*) Die Neugierde fragt: wer mag sie seyn, diese Theresie? Glückliche Gatten, wenn ihr viele nennen möget, die Theresen seyn könnten? — Für mich kenne ich nur diese einzige — und eine noch, die des Glücks würdig wäre, Theresiens Mutter zu seyn — Aber wie ferne von uns!

den feyerlichen Ausspruch des Dunsen hingeworfene Feder, die Feder, die mir auch oft aus Besorgniß gegründeter Kritiken entfiel, aufs neue ergreifen hieß; Sie, sanfte Freundinn, die ein feines Gefühl getreuer, als die Vorschriften des Kunstrichters, leitet; deren Empfindung Beifall, deren geistvolles Lächeln mir Belohnung ist; wo werde ich in dieser öden Gegend Blumen finden, die verdienen, zum Kranze gewunden, stolz in ihren Locken zu verblühen? — Doch, ich sehe diesen ermunternden Blick, den Sie mir zuwerfen, und die öde Gegend wird mir eine blumenreiche Flur: ich schreibe —

Da das menschliche Geschlecht nur noch in wenigen bestund, die den Erdboden unter sich theilten, da waren die Begierden klein, weil der Gegenstand für dieselben zu groß war. Abel hatte eine größere Viehweide, als alle Chane aller Horden, in allen Tatareyen: und Kain hätte seine Felder nicht bepflügen können, wenn er alle vierzigtausend Pferde aus den Ställen seines Nefen Salomons vorgespannet hätte. So wie die Erde mehr bevölkert wurde, ward das Eigenthum eingeschränkter,

weil

ohne Vorurtheil. 259

weil es in mehrere Theile zerstücket werden mußte; bis sich die Besitzer genöthiget fanden, ihre Besitzungen zu umzäunen, und zu sprechen: bis hieher! dieses gehört mir an. Noch immer aber wuchs ihre Anzahl, und da für die Nachfolgenden nichts mehr in Besitz zu nehmen übrig war; so mußten sie auf Mittel denken, sich unabhängig von liegendem Eigenthume, Unterhalt zu verschaffen: so entstunden Handwerke und Künste —

Die Söhne Kains waren Ackersleute. Die Erde ohne Werkzeuge umzugraben, welche schweißvolle Mühe! Und wie wenig konnten sie fortrücken! Ihre Haushaltungen waren zahlreich, ihre Kräfte zu eingeschränkt, so viel zu bebauen, als ganze Heerden von Kindern, und Kindskindern verlangten. Und hätten sie auch da ausgelanget, wer gab ihnen Kleider? wer verzäunte ihre Felder? wer erweiterte ihre Wohnungen? wer verbauete sie gegen Wind, gegen den Regen, gegen alle Ungestüme der Witterung? wer setzte einen Damm, der den Anfall des Sturzwassers brach, und ableitete? Wenn es mit dem Umgraben der Erde nur schleuniger vor sich gesehen möchte! sagte der Vater zu seiner Gehülfinn nach einem beschweißten Tage, und übersah unzufrieden den kleinen Flecken, sein ganzes Tagwerk.

Tubalkain erfand die Kunst, das Eisen in Schippen, und anderes Grabgeräthe zu formen. Denn die schwere Beschäfftigung der Schmiede war keine Erfindung eines Müssiggängers, der zum Zeitvertreibe einen Stecknadelknopf glättet, und zur bestimmten Arbeit, ißt und schläft. Hier habt ihr, sagt er seinem Nachbarn, ein Werkzeug, das eure Tagwerke verkürzen kann! versuchet es damit, die Erde umzugraben!

Und er versuchte es, und er erstaunte über den Fortgang seiner Arbeit, und wünschte sich, diesen Schatz zu besitzen. Ich kann mir vorstellen, er wird so ungefähr seinen Ueberschlag gemacht haben. Mit diesem Werkzeuge kann ich meine Felder ganz bestellen. Ich baue dann für mich, und mein Haus, und lege noch Vorrath bei, auf mancherlei Fälle, die sich unvorgesehen ereignen können. So macht mich dieses Geräth reich, denn es verschaft mir Ueberfluß. Ich will sehen, es an mich zu bringen. Was gebe ich euch dafür? —

Der

Der Schmied mußte seine Zeit in seiner Werkstatt zubringen. Sie fehlte ihm also zum Feldbau. Vielleicht, daß er auch kein Stück Erde hatte, und eines an sich zu bringen suchte, welches seine Kinder umstürzen sollten. Nach ihren Bedürfnissen massen sie wechselseitig ihre Waare, und bestimmten nach den Vortheilen ihren Preis — Was ihr mir dafür gebet — sagt Tubalkain — Getraid so viel — und das Stück Feld zunächst an meiner Hütte. Hier nachgelassen, dort zugestanden, so wurden sie eins, und jeder kam vergnügt zurück.

Der Ackersmann hatte noch nicht Zeit gehabt, alle Vortheile seiner neuen Erwerbung kennen zu lernen. Der Bach stämmte sich an seine Felder, und floß auf dieselben über; seine Saat ward ausgetränkt, oder seine Garben weggeschweift. Könnte ich dem Wasser einen Abfluß öffnen! denkt er bei sich, und versucht es, ein neues Beet zu graben, und leitet den Bach ab, und setzet seine Flur in Sicherheit. Bald fällt der Regen seiner Hütte unbequem, und bringt an dem Fusse ihrer Wände ein, und verdirbt ihm seinen Vorrath. Mit seiner Schippe zieht er rings um dieselbe ei=

einen Graben, und weist dem sich sammelnden Gewässer einen andern Weg an.

Nun kann er seine Saaten nicht übersehen: Brod, vielleicht auch andere Gewächse, im Ueberflusse: aber Kleider, Kleider, woher soll er diese nehmen? Der die Schippe gemacht hat, wird gar bald auf andere Werkzeuge verfallen seyn, deren Nutzbarkeit in die Augen leuchten muß. Er wird eine Axt geschmiedet haben, und sich damit hohe Bäume gefället, und Pfähle zugespitzet, und seine Wohnung bequemer eingerichtet, und hundert andere Gemächlichkeiten verschaffet haben, alles durch seine neuerfundene Axt.

Der Ackersmann, der Viehhirt wird ihn um dieselbe beneiden —

Ich habe keine Weide, keine Felder zum Kornbaue: mir mangelt es am Brode, an Bedeckung! wie kann ich diesem Mangel für mein Haus abhelfen? so überlegt eine sorgfältige Hauswirthinn in langen, unlustigen Nächten des Winters. Sie sinnet nach, ob die Bedürfnisse der Menschen alle schon erschöpfet sind. Noch nicht, sagt ihr ein genaues Nachdenken. Zwar der Schafhirt hat die Felle seiner Schafe zu sei=

feiner Hülle, aber diese Felle sind roh, trocken, hart, unbiegsam: ihrer geschickten Hand gelingt es, nach manchem Versuche, sie zuzubereiten, gelinde, biegsam, geschmeidig zu machen. Das bearbeitete Fell sitzt nun genau am Leibe, es schmiegt sich nach jedem Gelenke, es läßt nicht mehr die Luft ein, es schützet gegen die Kälte. Nun ist ihr Mangel zu Ende. Sie zeigt sich in ihrem Kleide. Alles versammelt sich umher, alles bewundert sie, alles verlangt nach so bequemer Bedeckung. Der Ackersmann biet ihr Früchte an, und empfängt gegärbte Felle; der Hirt biet ihr Schafe an, und empfängt gegärbte Felle; der Schmied biet ihr eine Axt an, um dafür Felle zu erhalten — Dieß ist die erste Gemeinschaft der Beschäfftigungen: ein Ackersmann, der Speise, ein Viehhirt, der die Hülle verschafft, eine Gärberinn, die sie zubereitet, und ein Schmied, der allen dreyen ihre Werkzeuge liefert.

Bei diesem Zustande ungefähr muß die Erfindsamkeit so lange verharret seyn, als die Menschen sich an den strenggenommenen Bedürfnissen genügen lassen. Aber das Ziel, so der Schöpfer den natürlichen und sittlichen Kräften vorgestecket, war noch nicht erreichet. Er hatte es so geordnet, daß man weiter fortrücken mußte. Er hat dieses Sehnen nach der Vergrösserung unserer Bequemlichkeit nicht vergebens in unsere Herzen geleget. Jeder anerschaffne Trieb ist ein Faden, dem man nachgehen darf, um zu einem Theile der für uns bestimmten Glückseligkeit zu gelangen. Der Philosoph, der dieses läugnet, der uns Fähigkeiten ohne Absicht, Triebe mit schädlichen Folgen andichtet, entehret die Weisheit des Schöpfers, oder lästert seine Gerechtigkeit. Es ist keine, bis auf die gemißgebrauchte Fähigkeit eines Sailgauklers, die nicht zum Nutzen des menschlichen Geschlechts abzweckte. Ohne diese Fähigkeit, das Gleichgewicht auf einem Stricke zu halten, würde man es in der Schiffahrt, und der sogenannten Seglation nie so weit gebracht haben.

Rousseau! mit aller Verehrung für deine schätzbaren Talente, und menschenliebvolles Herz, ich fodere dich auf, einen Trieb in mir aufzuspühren, der, wenn ich ihm nachhange, mich nur zu schädlichen Folgen verleitet! die Begierde zu haben

ben — sie ist der Sporn des Fleisses —
die Ehrbegierde — sie ist die Mutter so
mancher schönen Handlung, die den Jahr=
büchern des menschlichen Geschlechts Ehre
machen — das Gefühl der Tapferkeit —
sie bereitet dem Vaterlande, dem schwä=
cheren Bedrängten Schutz und Sicherheit-
der gegenseitige Geschlechtshang — er ist
das Band der Familien, ihr Vermehrer,
der Bevölkerer der ohne ihn öden Erde —
Aber der Geizige, der Räuber, der Unter=
drücker, der Ehebrecher — das heißt, weil
Pyrrho die Vernunft zum Zweiflen an=
wendet, so ist das ihre Bestimmung: weil
Alexander der Räuber der Welt geworden;
so ist Leonidas nicht tapfer: weil Helena
dem Paris folgte, so war Arria ihrem
Pätus nicht getreu: weil der gekrönte
Schlemmer Roms Millionen verbanketirte,
so ist kein mässiger Joseph irgend auf dem
Throne — Ich glaube inzwischen nicht,
daß der Hang nach der Gemächlichkeit die
Zahl der Erfindungen gemehret habe: die
Nothdurft der Erfinder hat es gethan,
aber sie waren der Gemächlichkeit sehr
willkommen.

V.

Bei einzelnen Menschen, bei Nomaden, bei irrenden Horden, die ungefähr den arabischen Horden gleichen, welche den andächtigen Reisegesellschaften nach Meka auflauern, gab es wenige Bedürfnisse: darum waren auch die Erfindungen in geringer Zahl. Auf die Erfindung eines Werkzeuges, die Erde zu bearbeiten, auf eine Schippe und Axt ist man bald verfallen: aber es sind einige tausend Jahre verlaufen, ehe die stählenen Uhrhacken gemacht wurden, womit die Töchter Evens die Uhren an ihrem Gürtel befestigten.

Indessen ist ein unendlich grösserer Weg von leeren Händen bis zu einer Schippe zu hinterlegen, als von einer Schippe bis zur Uhrkette. Ein Mensch mußte sagen: ich will die Erde aufwühlen, und in ihrem Eingeweide einen Stein suchen, der kein Stein seyn soll! Ich will diesen Stein nehmen, und über Feuer rösten, und dann in einem noch heftigern Feuer fliessen lassen, und dann schmieden, und ihm die Gestalt geben, die meiner Absicht bequem ist, eine keilförmige Gestalt — Wie viele

Kenntniſſe der Naturkunde, der Metall=
kunde, der Mechanik! Kurz, um die Schip=
pe zu machen, mußte man erfinden, und
um die Uhrkette zu machen, durfte man
nur vervollkommen.

Darin beſteht der Vorzug des wahren
Nothwendigen: ſein Mangel wird em=
pfunden, und dieſe Empfindung leitet da=
hin, wo ihr Genüge geſchehen kann. Ein
Kind weis ſogleich ſeine Nahrung an den
Mund zu führen, aber es weis nicht, was
es mit einem Kleide anfangen ſoll, das man
ihm vorlegt —

Ich hätte alſo nicht einmal ſagen ſol=
len: die Erfindungen waren der Gemäch=
lichkeit willkommen: ſie ſind vor der Ge=
mächlichkeit hergegangen, und haben ſie
gleichſam erſchaffen.

Aber wir ſind in der Geſchichte der
Künſte und Handwerke noch nicht ſo weit
fortgerücket. Laßt uns den Menſchen un=
ter verſchiedenen Himmelsgegenden betrach=
ten! Wir werden Künſte entſtehen ſehen,
welche durch den Einfluß des Klimas ver=
anlaſſet werden: Künſte, die an einem Or=
te Ueberfluß, Bedürfniß an dem an=
dern ſind.

Das

Das Stammhaus des menschlichen Geschlechts war ohne Zweifel unter einem gelinderen Himmel. Die Schrift sagt es: aber auch ohne die Offenbarung muß uns die Muthmaſſung darauf leiten. Wollte der Schöpfer nicht Wunder auf Wunder häufen, und sein Geschöpf an der Hand zu jeder Erfindung leiten, oder wollte er es nicht bei dem erſten Geſchlechte ausgehen ſehen; ſo mußte er es weder an die Spitze von Neu Zembla verſetzen, wo die kriſtallene Feuchtigkeit im Auge ſtarret, weder in die Wüſte Sarra, deren glühender Sand die Sohlen des Wanderers brennet. Hülflos, und ſeinen noch unentwickelten Fähigkeiten überlaſſen, mußte er ihm da einen Platz anweiſen, wo es die wenigſte Hülfe brauchte, und ſeine Fähigkeiten für ſeine Bedürfniſſe zureichend waren.

Dieſer Platz war der gemäſſigte Erdgütel, aber mehr Südwärts, als gegen Norden. Dort müſſen die Erdbeſchreiber den niedlichen Garten, der ein Ausdruck der Wohnung der Seligen geworden, das Eden, und den Brunn der groſſen Flüſſe ſuchen, die den Erdboden überſchwemmen.

Von

ohne Vorurtheil. 269

Von da aus rückte die Bevölkerung stück=
weise auf der Oberfläche der Erde fort.

Wohin wendeten sich die Menschen eher?
gegen den Nordpol? oder gegen Süden?
Ostwärts? oder Westwärts? Setzen wir
uns an die Stelle unsrer Stammväter! aber
entblössen wir uns, wenn wir können, der
Kenntnisse der Erdbeschreibung, oder ihrer
Irrthümer! sehen wir, was wir gethan
haben würden! Wir sagen, wenn wir an
einem Hirschen etwas wahrnehmen: so
leitet ihn sein Instinkt. Der unausge=
bildete Verstand war mehr noch Instinkt,
als Verstand. Wir dürfen also sagen: die
Enkel hätten, die Väter also haben es
gethan. Es scheint sogar, daß diese Art
zu schlüssen, ziemlich zuversichtlich seyn müß=
te, wenn wir so leicht die hinzugekom=
menen, später erworbenen Kenntnisse ab=
zulegen fähig wären. Aber sie sind beinahe
ein Theil von uns selbst geworden, diese
Kenntnisse. Gelagert zwischen Persien und
dem Gebiete des Mogols, oder wahr=
scheinlicher, selbst in dem Gebiete des Mo=
gols zwischen dem Indus und der Kette
der Bergen, die dieses Reich von Norden
gegen Süden durchschneiden, würde ich

mich,

Aber welche Bedürfnisse zeigen sich bei den aus ihrem ersten Wohnplatze verpflanzten Menschenkindern? Es ist sehr wahrscheinlich, daß sie die Unbequemlichkeit ihrer Kleidung vor allem gefühlet haben mögen. Sie trugen Schaffelle. Diese Hülle ist für die Hitze des Tages, und dieser Gegend zu beschwerlich. An einigen abgenützten Kleidern werden sie die Erfahrung gemacht haben, daß die Wolle sich von der Haut sondern läßt. Nun werden sie es mit ganzen Fellen versucht haben, und es gieng an. Sie bereiteten sich Kleider aus enthaarten Fellen, und sie fanden sie bequem, gering, gegen die Bisse der Flieginsekte, und selbst gegen die Sonnenhitze schützend.

Aber des Herbstes rauhe Witterung rückt heran. Die Nächte werden kalt, feucht, ungestüm: die ledernen Kleider zeigen nun gleichfalls ihre Mängel. Der erste Gedanke, der sich hier anbieten mußte, war, eine doppelte Bekleidung, für den Tag eine, eine für die Nacht — Ich sehe die ersten Keime des verderbenden Prachts, der Verschwendung, die unsre Zeiten verwüsten, wenn Thoren Ansehen und Vorzug

zug darin suchen, viel zu brauchen, und Häuser zu miethen, um ihre Kleiderschränke zu stellen. Doch, wir wollen nichts voraus nehmen. Die ersterbenden Fluren, der sich entlaubende Wald, der anhaltende Regen zeigte bald noch einen andern Mangel. In den wärmern Gegenden wohnte man unter einem Aste, den ein dickbelaubter Baum wohlthätig über das Haupt ausstreckte. Er hielt am Tage die Stralen der Sonne ab, und fieng Abends den Thau auf. Bei dem Wechsel der Witterung in diesem Erdstreife, von dem sich nun die Sonne immer mehr und mehr entfernte, war ein Laubbach eine unzulängliche Zuflucht. Man mußte Wind und Regen, und Frost abhalten, man mußte bauen.

Es war mit der Baukunst, wie mit allen andern Künsten. Wer dem, der am ersten einige Pfähle in die Erde stieß, und sie mit Zweigen verflocht, und da der Wind die Fugen durchstrich, die Zweige mit geweichter Erde umzog, und, wenn er glücklich erfindsam war, Pfähle schief, um dem Wasser einen Abfluß zu verschaffen, darauf befestigte, und Stroh oder Binsen darauf band, wer dem gesagt hätte: das ist der

Anfang einer Kunst, wodurch nach einigen tausend Jahren Vitruve und Palladio unsterblich seyn, wodurch der Stolze seine Größe, und der Verschwender seine Hirnlosigkeit zeigen werden, den hätte er wenigstens für einen Ausschweifenden, und Sinnlosen gehalten. Indessen würde weder das Vatikan, noch das Louvre die Fremden jemals in Erstaunen setzen, wenn dieser erste nicht in seiner ungestalteten Hütte den Grund zur Baukunst geleget hätte.

Eben dieser Klumpen ward nicht errichtet, ohne daß die Natur dem Beobachter einige Kunstgriffe der Hebekunst entdecket hätte. Ich sehe also auch den Lehrmeister der Archimedes und Belidore in dem Erbauer dieser Hütte. —

VI.

Die einfachsten Erfindungen, diejenigen, die gleichsam auf der Oberfläche liegen, und sich selbst anbieten, waren den ersten Menschen am kostbarsten.

Es

Es war ein langer Baum, ein untragbarer Stein, sonst eine schwere Last von der Stelle zu bringen, aufzuheben. Der Mensch fand sehr bald das Unvermögen seiner Hände. War die Last, die er fortzurücken hatte, auf der Erde, so hat der Mechanismus seiner Kräfte ihn zwar natürlich zur Verlängerung der Linie, durch die Anstämmung angeführt: aber, man ist nicht im Stande, eine solche beschwerliche Stellung lange auszuhalten, man ermüdet, bevor die Arbeit merklich von der Stelle geht. Man bilde sich nun den ein, der bei seinem widerspenstigen Klumpen keuchet! er hat ihn mit vieler Mühe ein Stück empor gehoben: soll er nun seine Hände unterlegen, um ihn nicht wieder sinken zu lassen? er wird ihre Zerquetschung fürchten: er wird einen Stein, ein Stück Holz, er wird sonst eine Unterlage unterschieben, um seine Last empor zu halten — Er hat sich nun erholt, er sieht, daß die Bewegung leichter geschehen würde, wenn er seine Last an der emporgehobenen Grundfläche angreift. Aber, er traut der Beharrlichkeit seiner Kräfte nicht: sollten die Hände kraftlos, und von der Schwere überwältiget werden,

ben, so ist er in Gefahr, darum zu kommen. Anstatt seine Finger zu wagen, ergreift er die zunächst liegende Stange, mit welcher er die Bewegung versucht. Eine Menge Vortheile fallen ihm so zu sagen selbst in die Hand, so bald er einmal auf den Einfall gerathen ist.

Je aufgerichteter er bei dem Heben stehen kann, desto gemächlicher ist ihm seine Arbeit. Bewundern wir die weisen Gesetze der Vorsicht, welche die nützlichsten Vortheile so geordnet hat, daß man nicht konnte, nicht bald darauf verfallen! Um nicht gekrümmt zu stehen, um gemächlicher zu arbeiten, entfernet sich der Lastheber immer mehr und mehr von der Last, und wie er sich entfernet, fühlt er seine Kraft vergrössert. Er kennet nun zwar das erste Gesetz des Hebels nicht, aber den Hebel selbst gebrauchet er: und wie es uns ganz natürlich eigen ist, Versuche anzustellen, so wird er bald auf die Unterlage selbst, und durch eine Kette von Erfahrungen auf alle Erleichterungen, die der Hebel verschaft, kommen.

Der Lastträger verfährt täglich nach allen mechanischen Gesetzen des Hebels, oh-

ohne daß er es weis: daß die Kraft nach Maße der Entfernung von dem Aufliegpunkte vergrößert wird.

Der Keil war die erste Entdeckung, auf die man geleitet war: die Art, womit die Bäume umgehoben wurden, war selbst ein Keil. Also war es leicht, denselben allgemeiner zu gebrauchen. Man wollte einen Baum spalten, man bediente sich der Axt, man hieb ein. Die Spaltsamkeit des Holzes zeigte sich bald durch die Fuge: aber diese Fuge verschwand, sobald die Axt herausgezogen ward. Damit sie nun erhalten würde, wird ein Stein, oder das nächste, das erste Stück Holz hineingesteckt. Man darf eben nicht sehr erfindsam seyn, um dieß zu thun. Der wiederholte Streich bringt nun tiefer ein, das Holz reißt weiter: man steckt ein stärker Stück Holz in die Fuge, man befestiget es mit einem Schlage, und sieh, der Schlag selbst spaltet das Holz, weil der Keil tiefer hineinbringt: die Schläge werden nun verdoppelt, und man sieht, wie man durch den bloßen Keil mit leichter Mühe mit der Spaltung der größten Bäume zu Stande kömmt.

Unsre Holzhauer, welche täglich vor unserm Angesichte so verfahren, sind der Beweis, daß es der erste von ihrem Gewerbe eben so gemacht hat: sie haben so wenig als er, über die Mechanik ein Kollegium gehört; sie klieben täglich die größten Bäume, ohne zu wissen: daß die Richtungen des Keils, nach welchen er gegen die beiden Theile des Körpers getrieben wird, mit seinen zwoen Seiten rechte Winkel machen.

Ich zähle unter die ersten Entdeckungen der Hebekunst auch die schiefe Fläche, und seht, wie man darauf verfallen seyn mag! Man hatte eine Last von einer Höhe zu bringen, die Höhe war abschüssig und jäh, der kleinste Anstoß war mächtig genug: so bald sie einmal bewegt war, stürzte sie unaufhaltsam für sich selbst dahin. Aber wenn so etwas auf einem Berge zu thun war, dessen Hang sich sanfter verlor; so empfand man zwar gleichfalls das Bestreben der Schwere, nach dem Thale zu sinken, aber mit einer gemäßigteren Kraft, mit einer Kraft, die durch wiederholte Anstöße gleichsam von Zeit zu Zeit erwecket werden mußte. Diese Beobachtung mußte gar bald genützt werden. Obgleich manche Weltweisen durch die verwickeltsten Schlüsse zu beweisen suchen, daß die Menschen nicht so bald schlüssen; so mag das wahr seyn, wenn sie eine Schlußrede nach ihren Figuren verstanden haben. Ich gestehe ihnen gerne zu, daß Adam keine Schlußrede von drey Gliedern zu machen gewußt: aber thätige Schlüsse, die bin ich so kühn, nicht einmal meinem Hunde absprechen zu lassen.

Ich gebe dem armen Thiere täglich aus meinen Händen seine Nahrung, ich streichle, und liebkose es: es springt mir bei meinem Eintritte in das Haus freudig entgegen, wedelt mit seinem Schweife, beleckt meine Hände, vertheidiget mich mit seinem Geschrey, mit seinem Beissen, wenn man zum Scherze nur nach mir schlägt. Einer meiner Besuche, ein unfreundlicher Mensch, kann die Vertraulichkeit des getreuen Geschöpfes nicht vertragen, er schlägt es. Sobald dieser Mensch in das Haus tritt, empfängt ihn der Hund mit unzustillendem Gebelle, läuft vor ihm, verbirgt sich. Wie Freund Philosoph! weil mein Hund nicht sagt: wer mich nähret,

mich

mich streichelt, mich liebkoset, ist mein Freund: mein Herr thut dieß alles: also ist mein Herr mein Freund — Wer mich schlägt, ist mir Feind; der Fremde schlug mich; also ist der Fremde mein Feind. — Wer mein Freund ist, wird mir nichts zu Leid thun, vor dem darf ich mich also nicht fürchten: vor meinem Herrn also darf ich mich nicht fürchten: meinen Freund bin ich zu lieben verbunden; meinen Herrn also bin ich zu lieben verbunden. — Wer mein Feind ist, der will mir Böses thun, vor dem muß ich mich verbergen: also muß ich mich vor dem Fremden verbergen. — Weil mein Hund kein solcher unerträglicher Schwätzer ist, so hat er nicht das Vermögen zu schlüssen, ungeachtet er nach Lockes Gesetzen in der That liebkoset, entgegenspringt, sich verbirgt? Sage eben sowohl: Peter der Grosse habe bei Pultava nicht geschlossen, weil er seine Handlung nicht in diese Schlußrede eingekleidet: wenn ich meinen Feind in eine Einöde locke, wo seine Soldaten drey Tage Hunger leiden; so werden sie entkräftet; und entkräftete Leute sind gegen

gen meine wohlgenährten Truppen nicht fähig auszuhalten; ich will Karln den XII. dahin locken: also und so weiter: Karl der XII., denke ich, hätte ihm die Schlußrede verziehen, hätte es Peter bei der Rede bewenden lassen —

Die Menschen haben also immer Schlüsse gemacht, auch die, welche Lockes Versuch über den menschlichen Verstand nicht gelesen hatten: und eine geringe Aufmerksamkeit, mußte sie lehren: ein Körper, den sie von einer Höhe abwärts zu bringen haben, ziehe nach einer Jähe so ungestüm fort, daß es nicht in ihrer Macht steht, seine Bewegung aufzuhalten: daß hingegen die Bewegung auf einem sanftern Abhange sich nach ihrer Willkühr beschleunigen, und zurückhalten läßt Und nun war es eben so schwer nicht, den Schluß umzuwenden, und zu sagen: daß eine auf eine gewisse Höhe zu bringende Last leichter nach einer schiefen, als geraden Richtung fortgerücket wird; und ich denke, der menschliche Verstand habe beide Schlüsse zu gleicher Zeit gemacht. Ich gebe gerne zu, daß die guten Leute nicht gewußt haben mögen: daß die Kraft der fallenden

Kör=

Körper mit ihren Massen, und den Quadratwurzeln des durchzulaufenden Raumes in entgegengesetztem Verhältnisse stehen; noch: daß sich die Geschwindigkeit des freyen Falls verhalte, wie die Linie AB zur Länge AC, wenn AB die senkrechte Erhöhung des Körpers, und AC die schiefe Linie, auf welcher sie herabfällt, anzeiget; noch auch: daß die Reibung den Ueberrest der Kraft überwältigt: aber ich sehe, daß unsere Saßzieher, die alle diese Geheimnisse eben so wenig wissen, gleichwohl auf ihren Weinleitern täglich die größten Lasten Weins mit vieler Geschicklichkeit aus den tiefsten Kellern auf und hinablassen.

Wenn einmal so viel gethan ist, so ist es nicht schwer fortzurücken. Die Mechanik, als eine dem menschlichen Geschlechte so nutzbare Kunst, muß sehr bald grosse Wege hinter sich gelegt haben. Die nachfolgenden Erfindungen gründen sich grossen Theil auf ihre Hülfe —

VII.

VII.

Die auf einen gewissen Punkt gebrachte, und allgemeiner gewordene Mechanik wird insbesondere der Zimmerey wohl zu statten gekommen seyn, die in dieser Kindheit der Künste mit der Baukunst eines war: sie wird dadurch Wunderwerke verrichtet haben. Schade, daß diese Zeiten nicht irgend einen Geschichtschreiber gehabt, oder, daß wir wenigstens von einem solchen keine Ueberbleibsel aufzuweisen haben! wir würden darin von manchem Wunderwerke gelesen, und die Zahl der sieben merklich vergrössert haben. Freylich würde es mit diesen Wunderwerken ziemlich ohne Zauberey hergegangen seyn, ungefähr so, wie mit den schwebenden Gärten der Semiramis, mit denen es auf einen grössern Erker hinausllief, der auf einer ungeformten, durchbrochenen Bogenreihe ruhte, und mit grossen Gartengefässen besetzt war. Allein, wir würden, dem Alterthume zur Ehre, es immer gerne für ein Wunder angenommen, und hätten wir von irgend einer grössern Hütte Nachricht, daraus wenigstens ein Belveder gemacht haben.

Man sieht aus den zu uns herübergebrachten ältsten Erzählungen, daß der Reichthum der Menschen in den ersten Jahrhunderten unsrer Zeitrechnung in Heerden von mancherley Vieh bestanden. Die Nordländer hatten sogar für den Reichthum an Ländereyen keine Benennung, als leganda Fäh, liegendes Vieh. Noch in den Zeiten der Patriarchenwanderungen war der gewöhnliche Ausdruck des Reichthums: und er hatte Schaafe und Rinder, und Esel und Knechte, und Mägde, und Eselinnen und Kamele. Damals hatte Aegypten bereits seine festgesetzte Thronfolge. Es war schon üblich, den Fürsten die schönen Weiber anzurühmen, und Brüdern, die schöne Schwestern hatten, Gutes zu thun. Es gehört eine lange Reihe von Jahren dazu, ehe die Sitten bis zu einer solchen Geschmeidigkeit gelangen. Wir können hieraus eine Muthmaffung bis zu einer gewissen Wahrscheinlichkeit erheben: nämlich, daß anfänglich nicht leicht jemand eine unwandelbare Wohnung aufgeschlagen habe, und daß die Gezelte und beweglichen Hütten unter die ersten Erfindungen der Menschen gehören.

Gros=

Grosse Heerden fodern zu ihrem Unterhalte weitläuftige Strecken, die dennoch bald abgeweidet sind, und daher oft verändert werden müssen. Darum war das Leben der alten Araber eine anhaltende Reise, darum ziehen noch heute die mungalischen Tataren beständig hin und wieder. Begegneten sich zwo grosse Haushaltungen, so schlugen sie sich um einen Grasflecken so hartnäckig, wie in neuern Zeiten die Engländer und Franzosen um die Küste von Nordamerika, wo der Stockfisch gefangen wird.

Jabel, oder Jobal, wie ihn der Geschichtschreiber der jüdischen Alterthümer nennet, war der Vater derer, welche in Gezelten wohnen. Bis auf ihn also hatten die Menschen in Höhlen der Erde, oder sonst unter Bäumen gewohnet. Der Sohn Ada lehrte sie eine bequemere Wohnung errichten. Der Namen eines solchen Wohlthäters der Menschen verdiente in den Geschichtbüchern Mosis verewiget zu werden. Die Welt scheint ihm die gesittetere Menschlichkeit, und der Gegner der Gesellschaft seinen Fluch schuldig zu seyn.

Von

Von welcher Art waren die Gezelte Jabels? Ich verstehe hier nicht, von welcher Gestalt? ich verstehe, aus welchem Stoffe? aus gewebtem Zeuge? von Matten? aus Binsen, oder sonst einem Riedgrase geflochten? aus Fellen? oder waren es fahrbare Hütten, dergleichen die alten Deutschen führten, die Tacitus Plaustra nennet, die ersten Urbilder unsrer Wägen, in denen es die Verschwendung so hoch gebracht hat? — Die Vernunft macht nie einen Sprung, sie schreit beständig von dem Einfachen zu dem Zusammgesetzten.

Ich entscheide also ohne Anstand für die Felle, weil sie die einfachste Art sind, und man am ersten darauf verfallen konnte. Der Gebrauch der Felle war bereits bekannt. Jabel wird eines davon, oder mehrere an ihren Enden an Stangen befestiget haben; es war nur eine Art von Dach, das erste Gezelt.

Ich will hier unsern Malern im Vorbeigehen eine kleine Anmerkung mittheilen. Wenn sie eine Geschichte aus jenen ersten Zeiten malen, so dürften sie immer ein wenig die Betrachtung zu Rathe ziehen, daß alle Erfindungen stufenweise fortschreiten,

ten, und daß sie in Gemälden, die eine Handlung der erstern Haushaltungen vorstellen, wider das Custume verstoßen, wenn sie die Hütte Sems zu einem Obersten Gezelte mit einem doppelten Markesen machen, und an den Wänden des Schlafgemachs von Abraham Trümeau befestigen. Das Hausgeräth dieser Leute war etwas von dem Hausgeräthe unsrer Wechsler unterschieden. Ich werde eben so gerne einen Alexander mit einer Scherpe und Federhut, als unsern Uhranherrn Noe auf einer Ottomanne erblicken. Sprache, Sitten, Kleidung, Hausgeräth, alles war schlecht und recht. Die Kunst des Malers besteht nicht in steifem Schnirkelwerke, sondern in der Wahrheit der Zusammensetzung und des Ausdrucks, wodurch die Täuschung, die man so hochschätzet, zuwege gebracht wird.

Kehren wir zu Jabeln wieder. Eben das Fell, welches von oben der Sonne, dem Wetter, dem Regen wehret, wird sie auch von der Seite abhalten, wenn es von dorten vorgespannet wird. Was vorher nur allein Dach war, bekömmt nun Seitenwände, bis eine von allen Seiten eingegeschlossene Hütte hingestellt ist, deren Gemächlichkeit sehr in die Augen fällt, und darum bald Nachahmer findet. War die Gegend abgeweidet, und man sah sich genöthiget, den Platz zu ändern; so bedauerte man itzt nicht mehr eine zu kurze Zeit genützte Mühe, die Erde auszuhöhlen, oder eine Hütte von Zweigen zu flechten, die man zurücklassen muß: man verpflanzt seine wandelbare Wohnung mit geringer Mühe an den Ort, den man gewählet, um daselbst Halt zu machen.

Man wird dabei nicht stille gestanden, man wird versuchet, gekünstelt, so lange gekünstelt haben, bis ein Ungefähr, oder ein glücklicher Umstand neue Vortheile gleichsam in die Hände fallen gemacht hat. Die Häute, aus denen die Gezelte zusammgesetzt waren, haben eine sehr sichtbare Unvollkommenheit, der man ohne Zweifel abzuhelfen gewünschet. Wenn es regnet, so saugen sie, besonders da, wo die Gärberey noch unvollkommen, und die Bereitung des Leders mit dem Thrane nicht bekannt ist, die Feuchtigkeit sehr in sich; und werden sie dann der Sonne ausgesetzet, so schrumpfen sie in Falten auf,

wer=

werden hökericht, unbeugsam, unbrauch=
bar: wie, wenn man etwas fände,
welches den Regen abhielte, ohne davon
durchdrungen zu werden? wahrscheinlicher
Weise wird die Begierde einer so nutzba-
ren Entdeckung die Aufmerksamkeit auf die
Gegenstände verdoppelt haben, welche sie
umgaben, bis es jemanden gelungen, die
gesuchte Eigenschaft an dem biegsamen
Schilfhalme aufzuspüren. Die erste Mat=
te, die an einem Gezelte gesehen worden,
hat wenigstens mehr Aufsehen erwecket,
als die prächtigen Teppiche, welche von
den Brüdern Gobelins nach den Zeich=
nungen Le Bruns verfertiget worden.
In diesen Zeiten hatte das Auge noch keine Bedürfnisse: man erfand nicht, um zu
sehen, man war zufrieden, zu geniessen.

Andere trieben die Gemächlichkeit auf
das höchste, und erdachten eine Art Ge=
zelte, die von einem Orte an den andern
übertragen werden konnten, ohne die Mühe, sie hie abzunehmen, und dort aufzu-
richten. Alles blieb in der nämlichen Stellung, wie es war, und ward an den bestimmten Ort geschaffet. Eine grosse, eine
empfindliche Noth muß diese Anstrengung

der Erfindsamkeit zuwege gebracht haben, welche dazu gehöret, ein wandelndes Haus zu erschaffen. Nichts geringers konnte es seyn, als die Schwachheit einer Kindsmutter, oder einer sonst so nahe verwandten Person, und eine zweyfache Unmöglichkeit; die eine, noch länger an demselben Orte auszuhalten; die andre, die niederliegende Person der beschwerlichen Witterung auf einer Trage auszusetzen. Der erste Gedanken, die Bewegung aller Sterne um ihren Mittelpunkt die Sonne, nach ihren verschiedenen Monaten und Richtungen in ein Verhältniß zu bringen, ihren Lauf durch gegeneinander berechnete Triebwerke einzurichten, und, wenn ich so sagen darf, das Weltsystem im Kleinen nachzuahmen, dieser Gedanken, so kühn er bei dem Verfertiger der schönen Maschine war, welche die Fremden in der kaiserlichen Bibliothek in Bewunderung setzet, machet mich weniger erstaunen, als wenn ich den, der zu erst die fahrbaren Gezelte gemacht, sprechen höre: ich will dieses Gezelt unverändert einige Tagreisen fortrücken, und mein Weib und meine Kinder sollen keiner Abwechslung der Luft ausgesetzet seyn,

seyn! alles soll auf seiner Stelle, alles in der Ordnung bleiben, in der es ist! Er hat es nicht gesprochen: er hat es unternommen, zu Stande gebracht. Bei Fortschaffung eines ungezimmerten Baumes hatte er wahrgenommen, daß die Bewegung eines walzenförmigen Balkens sehr leicht vor sich gehe. Er giebt also einer auf einem tragbaren Boden errichteten Hütte an beiden Enden cylindrische Unterlagen, und zieht, oder stößt sie mit Hülfe seiner Hausgenossen an den Ort, den er zu seinem Aufenthalt ausersehen.

VIII.
Vorbericht.

Es ist nicht so seltsam, daß man Schriftsteller plündert, als daß man, wie ich es mit gegenwärtigem Stücke thue, ihnen etwas unterschiebt. Ich stelle mir das Erstaunen des Mannes ohne Vorurtheil sehr lustig vor. Er erwartet um die gewöhnliche Stunde den Korrekturbogen, man bringt ihn nicht. Wie? sagt er zu seinem Bedienten, habt ihr nicht das Manuskript besorget? — Allerdings — Nun wo bleibt heute die Korrektur? — Ich denke eben darauf — Seht darnach! Der Bediente bringt zur Antwort: es wäre eine jählinge unverschiebliche Arbeit dazwischen gekommen. Es würde dennoch alles bis Morgen richtig bestellet werden. So ward die Abrede mit dem Setzer genommen. Folgenden Tags kömmt abermal kein Bogen, und schon ist es Mittag. Der Bediente muß darnach laufen, und bringt statt der Korrektur — das abgedruckte Blatt. Wie? was? wer hat mir so mitgespielt? Er liest: E *— ist es: denn das ist unser Gespräch Wort für Wort! Ja mein Herr! ich bin es. Ihre Leser, die Stadt erwartet ihr Urtheil, und ich sah Sie zum Schweigen verhärtet. Ich bediente mich dieser List, und schrieb unsre Unterredung nieder, und theile sie hier ohne ihr Wissen mit. Entschuldigen Sie mich! Werden Sie mich entschuldigen? *)

*) Unter manchen weggelassenen Blättern war auch dieses bereits verurtheilt, als ihm folgen-

Gespräch.

E** Auch nicht ein Wort?

Der Mann o. V. Nicht ein Wort! ich habe mehr als eine Ursache dazu.

E. Darf ich eine nur von diesen mehreren wissen?

M. o. V. Darf ich mich entschuldigen—

E. In der That, das dürfen Sie nicht. Unsre Vertraulichkeit berechtiget mich zu die=

gende Betrachtung die Wiederaufnahme verschaffte. Es bleibe ein Denkmal, wie einst unbedeutende Leutchen aus gewissen Gegenden sich mit eben der Verwegenheit zu unsern Lehrern herbeibringen wollten, mit der heute eine ähnliche Gattung sich zu Richtern unseres Fortgangs aufzuwerfen, oder was bei uns von irgend einem Schriftsteller geleistet wird, zu ihrem Unterrichte zurückzuführen, den lächerlichen Anspruch machen. Nur noch vor kurzem las ich in einem Journal, wo man mir endlich die Freundschaft erwies, mich nicht mehr zu loben, da man mich sonst wegen der Schriften, davon ich Verfasser, und auch wegen derer, davon ich nicht Verfasser war, unbarmherzig erhoben hatte; in diesem Journale las ich, daß ich damals zu einiger

Bil=

dieser Ungestüm. So werden Sie es heissen, daß ich in Sie bringe. Aber kurz, alle ihre Leser, die ganze Stadt fragt durch mich: warum dieses Stillschweigen? wäre es, daß Sie sich vor dem Verbesserer fürchteten? Sie? vor ihm?

M. o. V. Freund, ich kenne diese kleine List: Sie wollen mich aufbringen, aber ich bin heute bei guter Laune.

E. Desto übler! der Mann wird triumphiren: er hat scharf gegen Sie losgezogen: wenigstens liest man seine zwo ersten Seiten, und denkt an Sie.

M. o. V. Das mag seyn: aber dann ist die Schuld nicht seine, dann ist sie derer, die mich dabei denken.

E.

Bildung gekommen, weil ich protestantische Bücher zu lesen angefangen. Dieser Ausdruck würde mir faßlich seyn, wenn ich allenfalls ein Theolog wäre: aber Demosthen und Cicero oder Plato, Montesquieu, Sülly und Fortbonais waren von keiner der beiden Konfessionen — Der Verbesserer trat noch zweymal in diesen Blättern auf; aber die Folge trägt nichts mehr zur Absicht bei, in welcher dieses Stück sich hier erhalten hat.

E. Vortrefflich! ihn noch entschuldigen? das ist verdächtig. Ich weis, was ich argwohne.

M. o. V. Was Sie belieben.

E. Diese Gleichgültigkeit ist mir unbegreiflich. Ich weis, daß Sie sichs zur andern Zeit zur Pflicht gemacht, schlechte Schriftsteller einzutreiben. Der Aufseher! — oder halten Sie den Verbesserer, nach seiner Ankündigung zu urtheilen, für besser, als jenen? für etwas mehr als einen sehr mittelmäßigen Kopf, dessen Verdienst ein bischen Grammatik, und einige abgedroschene Sittensprüchelchen sind?

M. o. V. Sie entlocken mir mein Urtheil. Doch was schadet es! unter uns will ich es sagen, aber öffentlich, nimmermehr. Ich stehe sehr an, ob ich den Ankündiger des Verbesserers nicht mit dem Aufseher *) in eine Klasse bringen soll. Das ganze Blättchen ist schwülstig, geschraubt, verwirrt, unverständlich, wenn man

---

*) Eine Wochenschrift, die nach der Ankündigung vor dem ersten Stücke Urlaub nahm. Der Spielkampf, der mit diesem Schrifterlinge in diesen Blättern geführt worden, ist hinweggelassen.

man nicht mehr darauf sieht, was der Verfasser sagen will, als was er wirklich sagt. Ich würde ihm auch längst Recht haben wiederfahren lassen, hätten mich nicht zwo Betrachtungen abgehalten: die eine, daß vielleicht häusliche Umstände dem Manne die Feder in die Hand geben, die zweyte, damit es nicht lasse, als vertrüge ich in meinem Felde keinen Nebenbuhler — vielleicht bloß um einer nachtheiligen Vergleichung zu entgehen. Ich weiß, man giebt meiner Strenge auch diese Auslegung.

E. Rühret Sie die Meinung der Menschen, so mußten Sie nie diesen freymüthigen Ton angenommen haben, der so oft dem Laster und dem Lächerlichen schreckbar geworden. Nun ist es nicht mehr Zeit, umzukehren. Ich will Ihnen frey sagen, was ich von ihren beiden vorgeschützten Ursachen denke. Das Publikum bringt die Umstände des Schriftstellers nicht in die Rechnung; es fodert, was auch immer seinen Beruf veranlasse, es fodert ihn vor den Richterstuhl der Kritik, und urtheilt ihn nach dem Schwunge seines Anbaues ab: Ihnen mit einem Blümchen

chen von Verbesserers Art aufzuwarten. Wenn häusliche Umstände den Kritiker entwaffnen sollten, wehe uns armen Lesern! der Müssiggänger würde künftig nicht mehr betteln, er würde schreiben. Ich für meinen Theil werde einem solchen beständig antworten: es giebt einen Pflug, einen Hammer, eine Schütze, eine Muskete. Ich sage dieß nicht gerade auf den Verbesserer, ich sage es überhaupt auf jeden, der schreibt, um nicht zu arbeiten. Was ihre zwente Ursache belangt, Sie dürfen es nur einmal bekannt werden lassen, daß Sie von dieser Seite nicht in die Fluten des Stips getauchet worden, so wird man alle Pfeile nach dem verwundbaren Fleckchen abdrücken.

M. o. V. Aber Freund! ich kann gleichwohl die ersten Stücke des Blattes abwarten. Aus einer oder ein paar Seiten —

E. Auf diese wenigen Seiten, gerade darauf muß ihm sein Proceß gemacht werden. Was? der Mann, der unter uns ganz unbekannt ist, hat das Herz, gleich auf zwo elenden geschraubten Oktavblättchen zu sagen: daß er die Talente unsrer werdenden Gellerte, Rabener, Klopstocke,

Lessinge poliren werde? Lassen Sie sich von einem Schneider ein Kleid machen, Sie haben denn von ihm Probearbeit gesehen? fern sey es! spricht Freund Verbesserer, der neue Talentenpolirer, dessen die ganze Nation beleidigenden Hochmuth nichts entschuldigen kann, als das demüthige Selbstgefühl, daß die Edelgesteine auf sehr rauhen Scheiben zugeschliffen werden.

M. o. V. In der That kann dem Unbekannten sein gegen uns geäusserter Stolz nicht günstig seyn; und ich würde ihm, wenn ich mit ihm zusammkäme, mit einer holprichten Stelle seines eigenen Vorlaufblättchens zurufen: daß dieses Publikum sich wegen der verächtlichen und kleinen Begriffe, die er sich von ihm zu machen an Tag leget, rächen werde. Nichts kömmt der Vermessenheit dieses Menschen, nichts der Unhöflichkeit bei, mit welcher er einem ganzen Lande in das Gesicht sagt: ein andrer Beweggrund, den mir besonders die hiesigen Gegenden darbieten, treibt mich noch mehr zu diesem Unternehmen. Sollte die Natur an schönen Geistern hier sparsamer, als

an=

anderswo gewesen seyn? ich kann es nicht glauben — Mein Zuruf sey ihre Einladung aus dem Schlafe an das Licht! Das frostige: ich kann es nicht glauben; macht dieses die vorhergehende Grobheit wieder gut?

E. Und Brutus schläft?

M. o. V. Weder immer, noch allenthalben! Das ist der Stolz der meisten verlaufenen ...., von E*** bis auf N***, daß sie uns für Aetzung, Bedeckung und Knaster, umgestalten wollen. So gieng ehmals, als Amerika entdeckt ward, mancher Spanier zu Schiffe, in der Hoffnung, unter den Barbaren ein Fürstenthum zu errichten. Die Hoffnung, ein Reich des Witzes unter den barbarischen Oesterreichern zu gründen, hat unter den Korrektoren und Meistern der freyen Künste in L... bereits eine Theurung gemacht: und die guten Leutchen, wenn sie bei einer Kanne Bier und ihrem Pfeifchen Taback ihre Reichstäge halten, sagen einander getrost, daß sie die Urheber der Verbesserung sind, welche seit einiger Zeit unter uns wahrgenommen wird. Zeigt uns doch, ihr Herren, was wir euch schuldig sind? Wir sind nicht undankbar. Zeigt uns, wen ihr gebildet! — Wir läugnen es nicht, wir sind unsern itzigen, und den künftigen, ohne Zweifel noch grösseren Fortgang den vortrefflichen Schriften der — Doch wer kennet sie nicht, die ewigen Schriften, denen wir ihn schuldig sind: aber, was haben ihre Verfasser mit euch gemein? daß manche darunter eure Landsleute sind! so mag der englische Bootsknecht sich rühmen, daß er uns von dem Calculus differentialis unterrichtet, denn Newton war ein Engländer!

E. Itzt erkenne ich den Mann ohne Vorurtheil. Das ist seine Sprache.

M. o. V. Sie haben mich bei meiner Schwäche gefaßt. Ich schmeichle gewiß unserer Eigenliebe nicht: aber ich kann auch nicht vertragen, daß Leute, die nichts vor uns voraus haben, als daß sie sich verkennen, sich von uns so verächtliche Begriffe machen, und es wagen dürfen, uns in das Gesicht zu sagen: ihr guten Leute, die ihr unter einem groben Himmel gebohren, und von der Natur nur stiefmütterlich mit Geiste begabet worden, wir sind gesendet, die Finsternisse zu zer=

zerstreuen, u. s. w. Wie gesagt: jeder Spanier gab sich für einen Abgesandten des größten Monarchen der Welt aus.

E. Ich gestehe es, es gehört sehr viele Dreistigkeit dazu, etwas solches zu unternehmen, als der Verbesserer thut. Ein Wochenblatt, von der Art, wie er es ankündigte, hat nur drey Gegenstände: Literatur, Moral, und Sitten. Wird er uns in dem ersten etwas bessers sagen, als die Rammler, die Schlegel, die Weisse, die Briese, u. d. n. L.? wir können da selbst lesen, wo er abschreiben wird. Die Moral ist in der That so abgenützt, daß sie eben dadurch ihren Eindruck ganz verloren hat. Es geht uns, wie den unglücklichen Bürgern einer belagerten Stadt: sie sind des Donners schon so gewohnt, daß sie zuletzt bei dem Gebrülle der Stücke schlafen. Die Sitten? da sollte er sich an seinen verunglückten Vorgängern spiegeln. Ein Wochenblatt muß, soll es anders anziehend seyn, sich auf den Ort, für den es geschrieben wird, beziehen: es muß, wenn ich so sagen darf, ein bewegliches Bild der Stadt seyn, welches uns immer einen neuen Auftritt vorstellet. Was kann ein Fremdling von unserm Umgange, von unsern Sitten kennen? was ein Mann, den man in dem Vorzimmer warten, nie in das innere Gemach kommen läßt, wo er die Gesellschaft selbst beobachten könnte. Etweder wird er uns seine Idealvorstellung schildern, vielleicht den Junker mit einer Schmauchpfeife, den Kandidaten zu den Füssen der Superintendentinn, und seine Zeichnung wird unwahr seyn: oder er wird, gleich den Malern der flammändschen Schule, nur Wachstuben und Bierhäuser malen, und sein Bild wird Erbrechen machen.

M. o. V. Wir wollen es erwarten, mein lieber E**, und bis dahin unser Urtheil verschieben.

IX.

Fortsetzung des VII. Stückes.

Die Begriffe wechseln, nach des Dichters Ausspruch:

Wie

Wie in dem Wald, da, wann das Jahr sich neigt,
Der dicht belaubte Baum sich bald entblättert zeigt. *)

Die ältsten fallen am ersten dahin. Das Vermögen, vielen Bedürfnissen Genüge zu thun, heißt bei uns Reichthum: in den vor uns hervorlaufenen Zeiten war es Reichthum, wenige Bedürfnisse zu haben. Daher rühret der Unterscheid unsers Bestrebens. Wir, sinnen unaufhörlich, um zu bedürfen: und jene, dachten stets, wie sie entbehren konnten. Eine Erfindung zu einem doppelten Gebrauche war ihnen daher von unschätzbarem Werthe.

Ich stelle mir vor, daß die Nothwendigkeit, für die wärmeren Tage und Jahreszeit mit einem andern Kleide, und abermal mit einem andern für die stürmische Witterung und die kühlen Nächte versehen zu seyn, den Einfall veranlaßt habe, ein Geweb, von welcher Beschaffenheit es immer gewesen seyn mag, an die

*) Ut sylvæ foliis pronos mutantur in annos
 Prima cadunt - -

die Stelle beider Kleidungen zu setzen, welches durch seine Leichtigkeit in der Hitze nicht so beschwerlich, durch seine Geschmeidigkeit hingegen, auch gegen den Frost beschützend wäre. Es war für die damaligen Zeiten ein grosser Wunsch, Eines zu besitzen, um Zwey zu entübrigen! Minerva, welche von vielen mit Grunde für Noema, Tubalkains Schwester gehalten wird *), war des Altars werth, den ihr die dankbare Menschheit errichtete. Wir sehen, weil wir es nun gewohnt sind, über das Gewebe und dessen Erfindung weg, die, wenn sie uns neu wäre, uns in Erstaunen setzen sollte.

Be=

---

*) Der Geschichtschreiber der ersten Zeiten nennet in dem Geschlechtbuche der ersten Menschen diese Noema insbesondere: und die Schwester Tubalkains war Noema. Gen. 4. K. 22. B. Man hat wenigstens Recht daraus zu urtheilen, daß Noema ein berühmtes Weib derselben Zeiten gewesen. Da in diesem Kapitel nur der Erfinder mit Ruhme gedacht wird, so ist wahrscheinlich, daß Noema unter sie gehöret. Eine alte Ueberlieferung hat übrigens ihr die Erfindung des Gewebes zugeeignet.

Betrachten wir, was dazu gehörte, das erste Gewebe auszusinnen!

Der Faden gehört unter diejenigen Erfindungen, die dem Verstand mehr Ehre machen, als das berühmte Verhältniß, über welches Pythagoras, nach der Erzählung des Apollodorus den Göttern hundert Ochsen geschlachtet hat. Ich gestehe sogar, daß ich nicht einmal eine Muthmassung wagen kann, wie man darauf hätte geleitet werden können.

Wenn wir die Philosophen hören, welche dem Menschen die Ehre erweisen, ihn zum größten Viehe unter allen Thieren zu machen; so haben wir die meisten Dinge den letzten abgelernet. Der Kastor war der Lehrmeister des Vitruvius, der Maulwurf hat Coehorn und Vauban unterrichtet. Wir haben nach der chinesischen Götterlehre die Fortpflanzung des Geschlechtes von einem Vogel, vom Nautilus die Segel, das Ruder, von, was weis ich, welchem Fische, und von der Spinne das Gespinnst gelernet. Nichts ist deutlicher, als dieses: man nennet ja das Fadenziehen, nach dem Namen dieses Thieres Spinnen. — Wenigstens ist es offenbar, daß die Spinne in Deutschland so wohlthätig gewesen. Denn was andre Länder und Sprachen betrifft, da möchte der etymologische Beweis uns ein wenig stecken lassen. Man hat uns nicht dieses einzige Mährchen mit der ernsthaftesten Mine aufdringen wollen.

Ich will zugeben, daß die Beschäfftigung dieses Gewürmes gleichsam das Urbild dazu gegeben; daß Noema, als sie die Spinne ihren Faden ziehen, und dann eine Art von Gewebe verbinden sah, gedacht habe, daß es für uns sehr nützlich seyn würde, wenn man auf ähnliche Weise Fäden untereinander verweben könnte. Aber was nützte dieser Gedanken! Die Materie des Gespinnstes kam aus dem Leibe der Spinne selbst; die ganze Mechanik des Fadenziehens ist so beschaffen, daß es nie jemand beifallen kann, dieselbe nachzuahmen. Wenn man dem bauenden Kastor, den segelnden Nautilus, ihre Kunstwerke ablernte; so geschah es, weil man nicht nur das Werk dieser Thierchen, weil man auch die Art bemerken konnte, womit sie ihr Werk verfertigten. Hier muß der Zufall, den die weise Vorsicht so oft zu

einem

einem Werkzeuge ihrer Güte machet, alles gethan haben.

Die von den Fellen der Schafe abgesönderte, und ohne Nutzen dahingeworfene Wolle kann durch ungefähre Bewegungen sich leicht aneinander gehangen, und einen nur etwas längern, ungestalteten Faden gebildet haben. Die gekräuselten Fäserchen der Wolle sind eine Art von Häckchen, die aneinander festhalten, und bei einer gewaltsamen Verlängerung einen Faden, oder etwas Fadenähnliches ziehen.

Wenn die Wolle vielleicht zu einem andern Gebrauche der Haushaltung diente, so war der Zufall desto näher. Es ist eine Eigenschaft der Wolle, daß sie sich ballet, und in Knäule zusammzieht. Die Haushalterinn darf nun diese Wolle wieder haben absöndern wollen, sie darf den widerspenstigen Knaul mit Gewalt gezogen haben! so erhielt sie eine Art von Stricke, der sich durch längeres Zerren, allmählig in einen Faden verdünnet, und von einer Beobachterinn nicht weggeworfen wird. Ich muthmaße zwar in der That nur: aber endlich, wo es uns an Gewißheit mangelt, da sind

sind wir gezwungen, uns mit Muthmaſ=
ſungen zu ſpeiſen. Man nahm lange mit
den Wirbeln des Kartesius, und wohl
mit Romanen in Sachen von gröſſerer
Wichtigkeit vorlieb, weil man nichts beſ=
ſer wußte. Die Vernunft, wo ſie die
Wahrheit nicht erreichen kann, ergreift
gerne das, was ihr wenigſtens nicht wi=
derſpricht.

Nach der einmal gereizten Aufmerk=
ſamkeit machte Noema in ihrer Entdeckung
eilfertigere Schritte. Der Nutzen des Fa=
dens iſt von groſſer Mannigfältigkeit. So,
wie ſie mehrere zu was immer für einer
Abſicht drehte, erlangte ſie durch die Ue=
bung gröſſere Fertigkeit, entdeckte ſie meh=
rere Kunſtgriffe, mehrere Erleichterung,
machte ſie die Sache bis zu einer gewiſſen
Stuffe vollkommen. Nun werde ich ſie
auf das Kunſtgewebe der Spinne aufmerk=
ſam ſeyn, und derſelben den Gedanken
ſchuldig werden laſſen, einen, ſo ſehr es
thunlich ſeyn wird, feinen Faden zu zie=
hen, und durch vielfältige Verſchlingung
deſſelben, ein Gewebe zuzurichten. Sie
bedarf dazu keines Webeſtuhls, keiner
Schütze: ihre Arbeit durfte kein Beſchau
aus=

aushalten, und der Vollkommenheit der Tücher von Worcester, oder Abbeville den Rang nicht streitig machen. Sie vollendete ihr Werk mit einem spitzen Schifchen, an dessen Ende sie den Faden fest machte, und so den Einschlag durch die wechselnden Fäden des Aufzugs durchführte. Die Beharrlichkeit, die zu einer solchen Arbeit erfodert wird, die Genauheit, und die Nettigkeit ist der natürliche Antheil ihres Geschlechtes.

Es ist leichter vollkommen zu machen, als zu erfinden. Man theilet einander seine Gedanken mit; man versucht, versucht wieder; es mißlingt, und oft führet eben dieses Mißlingen auf neue Wege. Nach und nach gewinnt die Arbeit eine bessere Gestalt. Eine Kotze, denn so ungefähr wird das vollkommenste Stück Arbeit aus Noemens Fabrike beschaffen gewesen seyn, eine Kotze *) war der Anfang der Manufakturen zu Lion.

*) Die Aehnlichkeit, welche die Lexikographen zwischen diesem und dem böhmischen Ko-'žig, Pelz ergriffen, möchte zur Noth auch
auf

Ohne die Menschen noch in grösseren Gesellschaften zu betrachten, haben wir schon Ackersleute, Viehhirten, Leder= zurichter, Schmiede, Zimmerleute, Gezelt= und Zeugmacher. Die Men= schen hätten sich an diesen einfachen Be= schäfftigungen genügen können, wenn sie der Trieb zur Geselligkeit, oder welche Ursache es auch sonst gewesen ist, nicht
in

auf die Ableitung führen, wegen der Aehn= lichkeit zwischen dem Pelze und diesem zot= tigten Wollengewebe. Dann wäre also das Wort aus dem Slavischen herübergenom= men. H. Adelung beschränkt den Gebrauch desselben auf Oberdeutschland. Was hat Nie= derdeutschland für ein anderes? das sagt er nicht. Was für eines hat die sogenannte Hochdeutsche? keines. Aber in der Hand= lung weis jeder Junge die Bedeutung die= ses Worts: und wenn man es schon in Ludovici Kaufmannslexikon nicht findet, das kann es in der Handlungssprache so wenig aus Gang und Giebigkeit setzen, als es den Namen Klingberger Gang und Gie= bigkeit versichern wird, daß Ludovici von diesem Namen eines Partikularhandelsmanns in einem allgemeinen Handlungswörterbuch einen Artikel macht.

in gröſſere Horden, und bald in Städte vereinbaret hätte. Hier fiengen die Bedürfniſſe an, und mit ihnen, das Beſtreben, denſelben Genüge zu leiſten —

* * *

Ich würde folgenden Brief nie eingerücket haben, wenn ich ihn nicht einigen meiner Leſer als einen Beweis vorlegen wollte, daß ich mit dieſer durch einige Blätter fortgeführten Abhandlung nicht jedermann befriedige; und daß die Zwiſchenmaterien für manche derſelben eben ſo nothwendig ſind, als die Ruhebänke auf einem längern Spaziergange —

Mein Herr Schriftſteller!

„Was haben ſie mit ihrem Capataum angefangen, daß er ſo lange nicht zum Vorſcheine kömmt? Ich höre den Jungen gar zu gerne, ob Sie gleich ſeine Einfälle nur ſparſam mit einmengen. Laſſen ſie ihn wieder an das Tagslicht kommen! Ihre itzige Materie mag ganz vortrefflich, und von verbreitetem Nutzen ſeyn! ich weis es zwar ſo eigentlich nicht:

denn so bald ich sehe: Fortsetzung: so dränge ich mich nicht sehr zum Lesen. Inzwischen habe ich mir sagen lassen; Sie wären da recht erbaulich zu lesen; und es hätte sich wenigstens niemand zu beschweren, daß Sie ihn durchziehen. Allein, ich für meinen Theil will mich immer lieber ein wenig getroffen finden; als frostig Zeug lesen, das ehe in eine Geschichte der Weltweisheit tauget, als in eine Wochenschrift.„

„ Nehmen sie guten Rath an, mein Herr! lassen sie ihren Wilden alles das lesen, ohne daß ich es mitlesen muß! und führen Sie ihn — die Zeit muß ihm ohnehin lang werden — wieder in Gesellschaft, in Schauspiele, in Gärten, auf Spatziergänge! das sind seine Plätze, und auch unsre Sachen; da giebt es etwas für die Satire, die bei ihren ersten Menschen in ihrer altmodischen Frömmigkeit, ihren Stachel nirgend eindrücken kann. Diese Erinnerung, oder sollte ich um ihren Stolz nicht zu beleidigen, sagen: diese Bitte ergeht an Sie von einem

ihrer Leser, Namens D==b.
XX.

X.

Wir sind nun in den Städten angelanget, wo man uns mit Ungeduld erwartet! Es sind nur wenige, die an Untersuchungen Antheil nehmen, welche auf sie keine Anwendung haben. Wir werden bei den Gegenständen, die wir vor uns haben, weniger schlüssen als beobachten. Wir stehen vor dem Bilde selbst, und können seine Theile nach Musse untersuchen.

Gehen wir über die erste Gestalt der Städte flüchtig hinweg, um uns unsern Zeiten zu nähren! So bald eine Gesellschaft sich in einen gewissen Raum gleichsam einschloß, weil sie daselbst einen festen Sitz wählte, waren ihre Besitzungen begränzt. Aber die Anzahl der Bewohner nahm durch den Zuwachs der Fremden, durch die Ehen täglich zu. Je grösser die Zahl derjenigen ward, unter die eine gewisse Grösse von Besitzungen zu zertheilen kam, desto kleiner ward der Antheil eines jeden, bis daß einige davon ganz ohne Erbtheil blieben. Ungerechtigkeit und Unterdrückung vergrösserten bald die Zahl der Unbegüterten; und die verschiedenen Untertheilungen des Vermögens, vom Ueberflusse bis zur Armuth, kamen zum Vorscheine.

Die Untertheilung der Stände folgte ihnen auf dem Fusse nach. Es ereigneten sich Uneinigkeiten, so bald die Güter durch die Seltenheit einen grossen Werth erhielten. Es waren Richter nothwendig, die diese Uneinigkeiten beilegten. Um den künftigen Streitigkeiten vorzubeugen, machte man Gesetze, die Besitzungen zu versichern, die Erwerbungen zu ordnen. Die Friedensstifter erwarben sich Ehrfurcht und Ansehen, die durch freywillig beigelegte Merkmale bezeichnet wurden. Sobald die Zeichen eine Art von Vorzug andeuteten, strebte der Ehrgeiz darnach.

Eine grosse Gefahr von aussen öffnete der Herzhaftigkeit das Feld der Ehre. Der Tapfere, der durch seinen Muth, mit Aussetzung seines Lebens gesieget hatte, ward unter Zurufungen und Glückwünschen empfangen, als er wieder kam. Man fieng an, mit Unterscheidung auf diejenigen zu sehen, die sich solcher Zurufungen werth machten.

Die

ohne Vorurtheil.

Die Dankbarkeit bleibt bei den unfruchtbaren Ehrenbezeugungen nicht lange stehen: man begleitet dieselben mit Geschenken, die in Abgaben, in Besoldungen ausarteten. Die, welchen die Geschenke zu Theil wurden, überliessen sich nunmehr, da sie die Sorge der Nahrung nicht mehr zerstreute, den Geschäfften ihrer Mitbürger ganz. Aber von diesem Augenblicke an, ward Nichts arbeiten, für etwas Unterscheidendes angesehen. So wie heute ein unbeschäfftigter Stutzer, in seinem Wagen hinweggeworfen, die Stirne faltet, eine nachdenkende Mine annimmt, und wohl gar mit sich selbst spricht, um für einen Mann von Wichtigkeit und Geschäfften angesehn zu werden; so gieng damals jemand mit gekreuzten, oder auf den Rücken gelegten Händen die Strassen auf und nieder, um für einen Mann gehalten zu werden, den das Nachdenken über das Wohl seiner Mitbürger der Arbeit entledigte. Noch mehr: sobald der Arbeit überhoben seyn, ein Ansehen gab, ward Arbeiten müssen, zur Schande.

Es

Es gab, wie ich angemerkt habe, bei dem täglichen Anwachse der Bürger mittellose Leute, für die keine liegenden Güter übrig waren, die ihre Zuflucht zu ihrer Aemsigkeit nehmen mußten, und froh waren, für den Müßiggänger zu arbeiten, um ihren Unterhalt zu gewinnen. Einige verbingten sich auf längere Zeit: andere wurden für ein gewisses Stück Arbeit gemiethet. Die einen wurden unterhalten, die andern hatten sich über eine gewisse Belohnung verabredet.

Die viele Uebung erwarb den Arbeitenden Fertigkeit: sie sannen auf Verkürzungen, und erleichternde Handgriffe, welches ihnen einen Vorsprung gab, so daß ihre Arbeiten einen Vorzug erhielten, und jederman, der berlei benöthiget war, sich an sie wendete.

Da sie sahen, daß sie nicht in allen Gattungen die Fertigkeit gleich erreichen konnten, daß eine einzige Art von Beschäfftigung hinlänglich war, sie mit Fülle zu nähren, so ließen sie alles andere fahren, um sich auf eines zu verwenden. So theilten die Arbeitenden sich in alle Beschäfftigungen, so entstunden die

man=

mancherley Gewerbe. Aber der Namen Handwerk war noch nicht, alles war damals Kunst.

Der Gegenstand dieser Gewerbe waren die Bedürfnisse, welche ihre bestimmten Gränzen haben. Also waren sie nur einer kleinen Anzahl Menschen Unterhalt zu geben fähig. Sollte eine grössere Anzahl der vermehrten Mittellosen genähret werden; so mußte man bedacht seyn, die Bedürfnisse gleichsam zu erweitern. Zum Glücke hat die menschliche Natur recht sehr die Anlage, dazu die Hände zu bieten. Die Noth machte erfindsam. Man sann hunderterlei Bequemlichkeiten aus, die, so bald sie nur bekannt wurden, die Begierden reizten. Bürger, deren Vermögen nicht überflüssig, nur zureichend war, konnten ihre Augen nicht nach denselben erheben, und dieses machte sie den Vermögendern werther. Der Besitz solcher Bequemlichkeiten ward eine neue Art von Unterscheidung, denn er war ein Zeichen des Reichthums.

Die, welche sich mit Verfertigung der Bequemlichkeitswaaren abgaben, erwarben gar bald ein grosses Vermögen,

und

und setzten sich denen selbst an die Seite, für die sie ehe gearbeitet hatten. Der Hochmuth ward durch diese Gleichheit beleidigt, und sah sich nach neuen Unterscheidungen um. Auf der andern Seite hatten die Beschützer ihrer Bürger und die Magistrate, Abkömmlinge, die nicht gerne unter dem Haufen der gemeinen Bürger unkennbar herumwandeln wollten. Auch diese verlangten nach Dingen, die nicht gemein wären. Die Begierde zu haben, die nach dem Maße zunahm, nach dem Viel haben, ein Vorzug war, verschaffte ihnen bald die Nahrungen ihres Stolzes. Die Handlung holte sie aus fremden Gegenden. Ihren ganzen Werth machte das aus, daß sie fremd waren. Es scheint, daß die Neigung nach fremden Dingen, mit den übrigen menschlichen Neigungen unabsönderlich verflochten ist. Man entdeckt sie bei den ungebildeten Wilden, wie bei den gesitteten Völkern. Als die ersten Europäer nach Amerika kamen, und den Bewohnern dieser Halbkugel von unserm Glaswerke, und andern Flitterzeuge Geschenke machten, sahen sie bald darauf die Wilden damit auf seltsa-
me

me Weise geputzet erscheinen, und sich auf diese neuen Zierrathen sehr viel zu gut thun. So macht es manchmal unter uns ein unpatriotischer Höfling, der die Erzeugnisse seines Vaterlandes verachtet, weil sie Erzeugnisse seines Vaterlandes sind, und sich lächerlich, in fremden Lumpen, ohne Geschmack, brüstet, deren ganzer Vorzug oft darauf ankömmt, daß sie, wie der, der sie trägt, gereiset sind.

Die Handlung brachte von allen Gegenden Kostbarkeiten zusamm, und verkaufte sie um willkührlichen Preis. Nun fieng die Gewohnheit an, in vielen Zimmern zu wohnen, täglich in neuen Kleidern, stets mit vielem Gefolge zu erscheinen, nun ward der Reichthum, an sich, an seinem Gefolge, in seinen Gemächern ausgekramt, nun durfte die Erfindsamkeit auf ihre Talente einen Werth schlagen. Die verschönernden Künste nahmen an dem Ueberflusse Theil. Sie boten die Hand auch den übrigen Erzeugnissen, und machten sie vollkommen. Nun war man nicht mehr zufrieden, seinen Vorzug an sich selbst, und von innen zu zeigen: das Aeussere, schon der Anblick des Hau-

ses

ses sollte die Grösse des Besitzers ankündigen. Die Pracht stieg auf das Höchste. Die Geburt wollte den Reichthum überholen, der Reichthum mit der Geburt in gleichem Schritte gehen. Dieser wechselweise Wetteifer machte eine allgemeine Verwirrung. Da jedermann sich zu unterscheiden suchte, war es niemand.

Mein Freund! es war nicht nothwendig, hier weitläuftiger zu seyn; du hast Augen, das Bild dieser Verwirrung steht vor dir — Nach dieser Untersuchung werde ich deine Frage von dem Gleichgewichte der Belohnungen *) nach Gründen entscheiden können.

Du siehst die Beschäfftigungen der Menschen haben einen zweyfachen Rang: die Natur hat sie nach einem andern, nach einem andern unsre Einbildung geordnet. Nach dem ersten stehen diejenigen, welche unsre wahren Bedürfnisse besorgen, oben an. Der Ackersmann geht dem Ziergärtner, der Zimmermann dem Architekte, der Schmid dem Uhrmacher vor. Die Einbildung hat alles umgewendet, die entbehrlichsten Beschäfftigungen

wer=

*) X. Stück.

werden geschätzt, belohnt, schwimmen im Ueberflusse, indessen daß diejenigen, ohne deren Hülfe das menschliche Geschlecht zu Grunde gehen würde, nur kümmerlich sich erhalten. Die Ursache ist, weil unser Hang, unsre Lüste, unser Stolz die Belohnungen ausmessen.

Wir geben für einen Tragsessel, der uns nur über die Gasse bringt, ohne Bedenken ein Zwanzigerstück hin; aber mit dem, der für das Haus eine Klafter Holz kliebet, und einen halben Tag bei der beschwerlichsten Arbeit hinbringt, mit diesem von seiner Mühe ganz beschweißtem Manne sind wir grausam genug, um einiger Kreuzer willen zu handeln. Was kann deutlicher beweisen, daß wir die Belohnung nie nach der Mühe, sondern nach der Beziehung, die eine Sache unmittelbar auf unsre Person hat, abmessen? Du siehst aller Orten den Koch besser als den Leibarzten, den Haarkrauser besser als den Sekretär, den Vertrauten der Lüste besser als den Hauskaplan, den Forstmeister besser als den Haushofmeister, den Bereuter besser als den, der die Kinder unterrichtet, den Lautenschläger besser als alle übrigen Hausleute besoldet, weil der, seinem Gaumen die Gesundheit, der, einem wohlgekämten Haare seine Geschäffte, der, der Befriedigung seiner Lüste das Gewissen, der, einem jagdrechtem Hirschen seine Wirthschaft, der den Pferden seine Kinder, der endlich, einer rauschenden Symphonie alles in der Welt nachsetzet.

Besonders aber war dem Hochmuthe daran gelegen, die Ordnung der Beschäfftigungen unter und über zu stürzen, und die nothwendigsten, die, worin er allen Menschen gleich gehalten seyn muß, in dem Staube zu drücken, damit sie ihm kein stiller Vorwurf würden. Jener indianische Fürst speiset, und geht nie in Gegenwart eines Menschen zu Stuhl, damit seine Unterthanen aus diesen Nothwendigkeiten nicht etwa schlüssen, er wäre mit ihnen von gleichem Fleische. Die Grossen von Europa thun etwas Aehnliches: sie sind karg gegen die, von welchen sie die Bedürfnisse des Menschen erhalten müssen: sie sind verschwenderisch gegen die, welche ihnen die Bedürfnisse ihrer Größe darreichen; sie wollen nicht Menschen, sie wollen nur Grosse scheinen.

XI.

XI.

Wenn keine Grossen wären, sagte mein Capa=Taum: so gäbe es also keine Künste der Ueppigkeit, und, setzte er hinzu, wenn keine Künste der Ueppigkeit wären, gäbe es dann Grosse?

Es gäbe dann, versetzte ich, nur wahrhaft Grosse. Ihre Zahl würde beträchtlich kleiner, aber dadurch um so verehrungswürdiger seyn. Man geht itzt bloß darum bei ihnen vorüber, weil man nicht gerne vor so manchem Taugenichts stehen bleibt, der sich die Kennzeichen der Grösse widerrechtlich umgeworfen hat.

Diese Rede erregte bei meinem Freunde Verwunderung. Wie, hub er an, ist der Stand der Grossen so unbestimmt? sind ihre Kennzeichen so zweydeutig? unterrichten Sie mich doch: was ist groß?

Frage, antwortete ich ihm, frage den Samojeden, mitten unter den schönen Damen des russischen Hofes um die Schönheit einer Frau: o, ist seine Antwort, unsre Weiber sind doch wohl so schön, als ihr seyd! Diese Schönheit hat eine gelbe Haut, kaum sichtbare Augen, aufge-

dunsene Backen, und eine Brust, trotz dem schönsten Ebenholze — Frage einen Neger: schön, wird er dir sagen, sind, eine sanfte schwarze Haut, tiefliegende Augen, eine aufgestutzte Nase, und Haare, krauser, dann die Wolle: er zeichnet dir in seinen Worten das Bild seiner Geliebten, die in seinen Augen eine vollkommene Schönheit ist. Frage eine unsrer europäischen Schönen, wohin die Ohrgehänge gehören? in die Ohren, ohne Zweifel? Nein, ruft ein Weib aus einem andern Welttheile, sie gehören in die Nase, und man heißt sie nicht Ohrgehänge, man heißt sie Nasengehänge. Rühme dem Weibe eines Cingulesen das wohlgebildete Ohr deiner Geliebten! Pfui, spricht sie, wie klein es ist! es reicht nicht auf ein Viertheil an das meinige — Zu Bali gegen Osten von Großjava heissen die Weiber ihre Männer Böcke, wenn sie bärtig sind: diese beraufen sich daher auch das Kin: aber der Maldiver schilt die Natur grausam, wenn sie ihn nicht über und über mit Haaren begünstiget — Wir lassen unsre Zähne wachsen, und beschneiden unsre Nägel: die Java-
ner

ner laſſen Nägeln und Haaren den natür=
lichen Wachsthum, und befeilen die Zähne.

So wenig als die Menſchen über die
Begriffe des Schönen einig geworden, ſo
wenig ſind ſie es über den Begriff des
Groſſen. Höre den Reichen! die Gröſſe
ſpricht er, beſteht in Schäßen: wer
Schäße hat, hat Rang, hat Titel, hat
Verdienſte. Nein! fällt ihm Adelswerth
ein, ein Stammbaum, von einigen
Klaftern, der macht groß: nur Ahnen
ſind es, die Gröſſe geben — So denken
Sie, unterbricht ihn ein Marius: von
niederer Geburt abſtammen, ſich bis
zum Komandoſtab aufſchwingen, auf
gethürmten Leichen ſeiner Feinde da=
hinfahren, und ihre Schädel unter den
Rädern ſeines Triumphwagens knarren
hören: das iſt Gröſſe! oder war ich et=
wan nicht groß? — Nicht ſo groß als
ich, ſagt der Fakir: ich trage Ketten
an meinen Füſſen, um meine Lenden
Stachel; ich ſpeiſe mein Brod beſudelt
mit Koth: daß heißt groß ſeyn! — Auf
ſeinen Follanten, als auf einem Fußge=
ſtelle, ſitzt der Bücherſchreiber, und ſieht
mit Verachtung auf Geld und Ahnen, und

Schlacht=

Schlachtfeld und Heiligkeit, und dünkt nur sich groß, weil er mehr Bände herausgegeben, als ein Kamel zu tragen im Stande ist. Wer wird unter allen diesen Richter seyn? jeder bestimmt das Wesen der Grösse auf sich.

Betrachte zween Menschen bei ihrem Sterben! der eine geht mit standhafter Gelassenheit nach dem Richtplatze; er öffnet seinen Mund nicht, weder gegen seine Verurtheiler, noch gegen seine Henker: er kniet willig auf das Sterbgerüst hin, faltet seine Hände gegen den Himmel für seine Feinde, legt freudig seinen Hals unter das Beil, und — stirbt. Der andre tritt singend und mit muthwilligem Hüpfen unter dem Haufen seiner Peiniger einher: er schmäht sie unaufhörlich; er fodert ihre Grausamkeit gleichsam auf, ihm alles anzuthun, was sie nur Schreckliches auszudenken weis. Stücke Fleisch werden aus seinem Leibe gerissen, wütende Weiber verschlingen sie in seinem Angesichte. Desto besser! er unterdruckt das Gefühl! beißt seine Zähne, und singt ein Siegeslied auf seine Nation. Nun ist er auf dem Platze, wo er seinen Feinden zum Gastmahle dienen

nen soll; er sieht die Spiesse, sieht das Feuer bereitet; nichts macht ihn zaghaft, er wird nun am Feuer umgewendet, hungrige Kinder fallen über ihn her, und zerfleischen ihn, ehe der Braten gar ist: sein letztes Wort ist ein Schimpfwort auf seine Feinde. Frage den Huronen: wie starb der letzte? als ein Held: mein Tod sey wie der Tod dieses Mannes! antwortet er. Frage einen Europäer, wie war das Ende des ersten? großmüthig! wird er versetzen: das ist der Tod der grossen Geister. Der eine starb als ein Lamm, der andre als ein Löw: aber der Ausspruch verschiedener Völker erweist ihrem Tode gleiche Ehre. So schwankend ist der Begriff des Grossen.

Dieses Weib hat etwas Grosses in ihrem Anblicke! dieser Mann hat etwas Grosses in seinem Betragen. Dieses Gebäu ist etwas Grosses!

Dieses Weib, mit einem stolzen Gange, mit einem dreisten Blicke, mit einem Tone der Zuversicht, mit einer Bildung, die weniger einnehmend, als ehrerbietungerweckend ist, dieses Weib, wenn sie eine Elisabeth, eine Theresia, eine Katharina ist, dann hat sie etwas Grosses. Laßt eben dieses Weib eine gemeine Bürgerinn seyn, und sie wird lächerlich. Eleonora Galigai war eben die, welche die Marschallinn d'Ancre war: aber nur der letztern Anblick war groß.

Dieser Mann biet jederman seinen Schutz an; wer ihm dienet, den belohnet er fürstlich; seinen Kutschen, seine Pferde, sein ganz Gefolg sind mit Geschmack gewählet; er zeigt ein edles Selbstgefühl in seinem Blicke. Wohl! wenn er ein Minister ist, wenn sein Vermögen seinem Aufwande zusaget; so ist er leutselig, großmüthig, prächtig. Wenn aber ein Landjunkerchen mir seinen Schutz anbiet, so werde ich beleidiget; wenn ein Mann von mittelmäßigem Vermögen, wie ein Lichtenstein belohnet, so heiß ich ihn einen Verschwender; wenn ein Zugrundgerichteter seinen Zug, wie ehe fortsetzet, so heiß ich ihn einen Thoren.

Wer wohnet in diesem Pallaste? wessen sind diese prächtigen Gärten? wessen diese kostbaren Bildsäulen? diese corinthischen Gefässe? diese Sammlung von Seltenheiten? des Lukullus, sie sind die Früchte

sei=

seiner Siege. Ich bin zufrieden, und sage: sie zeigen von der Größe ihres Besitzers. Aber man antwortet mir: einem gewissen Popilius, einem Dekurio aus der 5ten Legion: und ich werde lächeln: man setzet hinzu, dem Mörder Cicerons, er hat sie von dem Lohne seines Meuchelmordes angekauft: und ich enthalte mich nicht, Schande Roms! auszurufen.

Umstände, die mit dem Begriffe der Größe sogar zu streiten scheinen, können diesen Widerspruch ablegen. Sieh diesen Elenden, der auf uns zukömmt! Er wird unser Mitleid zu erwecken suchen. Ich habe, sagt er, da er uns nahe ist, ein Weib und drey Kinder zu ernähren; der Winter ist heftig, und kaum, daß ich diese wenigen Lappen umzuwerfen habe, die nur meine Blöße bedecken, nicht wider den Frost schützen. Viele Tage schon habe ich keinen Verdienst, mein Weib liegt darnieder, meine Kinder starren in einer unbewahrten Hütte, und schreyen nach Brod, wovon ich ihnen nicht einen Mundvoll reichen kann — Das Bild seines Elendes ist wahrhaft, ist nach dem Leben gezeichnet. Du fragest: War=

Warum ich dadurch nicht gerührt werde? warum ich ihn mit einigen Kreuzern von mir weise? Weil er ein Müssiggänger ist, der sich aus Faulheit in diese elenden Umstände versetzet hat, der das Geld, welches ihm die Mildthätigkeit gerührter Bürger zuwirft, verschlemmet; der seine Kinder zu ruchlosen Thunichts, gleich sich selbst, erzieht, und wie ein schädliches Insekt, wann er stirbt, eine stärkere, unaustilgbare Brut hinterläßt. Sein Elend erregt Erbarmung; aber die Ursache seines Elendes, bringt wider ihn auf: meine schon ausgestreckte Hand zieht die Betrachtung der bürgerlichen Pflicht zurücke: statt ihm beizuspringen, statt Oel in seine Wunden zu gießen, und ihn mit lindernden Worten zu trösten, sage ich ihm: das Zuchthaus sey deine Herberg!

Aber lese folgende Erzählung von Irinen:

> Bis hin in eine Höhle
> Verfolgete mit Unglück
> Das Schicksal seine Tugend.
> Gepeiniget von Schmerzen
> Des Leibes und der Seele,
>   Rief

ohne Vorurtheil.

Rief er, daß es die Felsen
Der Wüste wiederhallten:
Ihr Götter! o ihr Götter!
Was habet ihr für Quaalen,
Dem Frommen zubereitet!
Und, weinend seinen Jammer
War er schon ein Rebelle
Der Götter in Gedanken.

Als sich ein weiser Dichter,
Ein frommer Freund der Götter,
Für Jupiters Gesandten
Ausgab, und seines Gottes
Entschlüssung offenbarte.

Zevs — sprach der weise Dichter,

„ Hat, Frommer deine Klagen
„ Gehört, und will dich trösten,
„ Und glücklich machen. Irin!
„ Dein Leben voll der Quaalen
„ War eine Lust der Götter,
„ Denn zwölfe waren glücklich
„ Weil du nicht glücklich warest —
„ Nun aber dich zu trösten
„ Soll ihnen keine Sonne,
„ Des Glückes weiter scheinen!
„ In

„ In solchen Jammerhöhlen,
„ Wie deine da, soll jeder,
„ Sein unglückvolles Leben
„ Verseufzen: sieh das wollen
„ Nunmehr die guten Götter:
„ Und unter diesen Zwölfen
„ Ist Pylades der fromme:
„ Dein Freund, und Orondates
„ Der Freund der weisen Dichter!

Schnell betete der Arme:
„ Vergebet o ihr Götter
„ Mir meines Jammers Klage!
„ Vergebt sie mir, und lasset,
„ Mein Unglück, meinen Jammer
„ Noch einst so lange dauren,
„ Als ihr zuerst nur wolltet,
„ Um zwölf der Menschen Willen!

Sieh hier einen Armen — freywillig Armen: aber welche Grösse in dieser Freywilligkeit! Titus, dessen Menschenliebe noch immer ein Zuruf neugewählter Regenten bleibt, weil sie keiner deiner Nachfolger übertroffen, Titus steig herab von deinem Throne! Irin ist würdiger als du, darauf zu sitzen —

XII.

XII.

Man ist nicht mehr über die Zeichen der Größe einstimmig, als über die Größe selbst. In Bantam, erzählen die Reisebeschreiber, rechnet man sichs zur Schande, Schuhe zu tragen; und in Kandi Ceylan ist derjenige der beleidigten Majestät schuldig, der sich in Schuhen blicken läßt: denn die Ehre, Schuhe zu tragen, ist dem König allein vorbehalten. Nur die Edelsten unter den Sueven hatten das Recht, ihre Haare zu winden, und in einen Knotten zu sammeln, wie ihn der verwildete Junge trägt, der auf den unbegränzten Heiden Panoniens hinter einer Heerde Ochsen zieht, und keinen Kamm kennt. Bei den Juden war ein durchbohrtes Ohr das Kennzeichen der ewigen Knechtschaft *), und die Inkase erhuben die verdienten Männer dadurch in den Ritterorden, daß sie denselben das Ohr mit einer güldnen Stifte durchstachen. Der Orden der Kühe bei dem Banian, der Urinorden bei den Hottentoten, sind ein wenig von dem güldnen

Vlies=

---

*) *Exod.* 21. 6.

Vliesse und dem blauen Kordon verschieden. Bei unsern Vorfahren waren lange Haare eine Unterscheidung des Adels, aber bei mehr dann einer ostindischen Nation trägt nur der Sklave dergleichen, der hinter seinem Herrn hergeht, und ihm Betel in einem Beutel nachträgt. Wissen die Menschen jemals unverändert bei einem Gedanken stehen zu bleiben? Nimm hinweg, sagten einsmals die Weiber zu einem Manne, nimm hinweg von uns die Schande der Ehelosigkeit. †) Was damals Schande war, ist heute zu einem vollkommenern Stande, folglich zur Ehre geworden. Jederman rühmet die Reise Trajans, die er zu Fusse durch so viele Provinzen seines Kaiserthums gethan, jederman rühmet sie; aber jederman will Pferde und Kutsche, nicht bloß zur Gemächlichkeit, auch als ein Zeichen der Unterscheidung. Mein Stand fodert unumgänglich eine Equipage, sagt der Rath, und vielleicht schon jemand unter ihm, und seit dem ist Gehen eine Erniedrigung geworden; nur gemeine Leute dürfen es

kön-

*) Isai. 4 1.

können. Bis auf die kleinsten Ehrenbezeugungen erstrecket sich diese Wandelbarkeit. Die Morgenländer werden vor einem Manne, dem sie mit Ehrerbietigkeit begegnen wollen, nie ihr Haupt entblössen, und wir dasselbe vor unsern Obern nie bedecken. Houtmanns Tagebuch der ostindischen Schiffart erwähnet einer seltsamen Art von Ehrenbezeugung, womit ihm die Indianer begegneten: sie nahmen, sagt er, seinen linken Fuß, und fuhren damit an ihrem rechten Beine bis an das Knie hinauf, von hier bis an das Gesicht von unten auf, und endlich bis an den Wirbel des Kopfes. Unsre Art zu grüssen, nämlich mit dem einem Beine hinter sich ausstreichen, ist wenigsten für den Gegrüßten nicht so beschwerlich.

Bei dieser Mannigfältigkeit der Begriffe und Zeichen sind wenigstens alle Völker über einen Punkt vollkommen einig: daß die Grösse auf Verdienst gegründet ist; nur weichen sie voneinander ab in der Bestimmung des Verdienstes selbst.

Die Völker von Europa, welche sich selbst die polizirten nennen, raumen dem

erb=

erblichen Verdienſte, das iſt, der Geburt die erſte Stelle ein.

Ich begreife dein Befremden, ich ſehe deine Fragen voraus. Es ſoll die Reihe kommen, mir ſie vorzutragen. Dieſes Verdienſt, das ein Geſchenk des Glückes iſt, welches allein dem Reichthume nicht feil ſteht, hat Tadler, weil es beneidet wird. Was hat der Enkel mit dem Verdienſte des Anherrn gemein? iſt die allgemeine Frage derer, die eine ſolche Frage ſehr ungeſchickt finden würden, wenn es ihr Anherr geweſen wäre. Ein neuer Schriftſteller hat ſie auf eine ſehr ſinnreiche und gründliche Art beantwortet, dieſe Frage. Er führet den Cyniker Diogenes mit einem gewiſſen Rabutin auf, die ſich in dem Aufenthalte der Abgeſchiedenen unterreden. Diogenes iſt wegen ſeiner Offenherzigkeit, die oft in das Unhöfliche fällt, beſchrieen, Rabutin iſt als der eitelſte Menſch aus ſeinen ſonſt ſchönen Briefen bekannt. Diogenes redet den franzöſiſchen Grafen an:

Glaube mir! ſagt er, laß dieſen leichtſinnigen Reimer, mit dem ich dich ſo oft finde, und unterhalte dich mit mir!

Rabutin.

Du sprichst sehr frey von einem Manne, wie Ovid war, den alle Völker einstimmig für einen der witzigsten Geister des Alterthums ansehen.

Diogenes.

In der That, das war er; aber was ist das auch!

Rabutin.

Was ein Schriftsteller vom ersten Range ist, der die Zierde, das Ergötzen der Gesellschaft ausmacht?

Diogenes.

Ja, wie das Flitterwerk gewisse Kleider putzet. Welches wesentliche Verdienst findest du an dem Verfasser der Verwandlungen und was weis ich, welcher anderen Tändeleyen noch?

Rabutin.

Ich sehe hier einen tiefsinnigen Weltweisen, der sich hinter die Blumen des Scherzes und der Galanterie verbirgt.

Diogenes.

Du mußt in jener Welt selbst sehr galant gewesen seyn, daß du hier noch die so sehr liebest, die es waren.

Rabutin.

Ich war es weniger, als der Römer; aber es sind zwischen uns manche andre Aehnlichkeiten. Er war ein Mann von Wissenschaften; ich machte mein Werk daraus, sie anzubauen. Er lebte unter einem Kaiser, einem Beförderer der Wissenschaften und Künste. Ludwig der 14te, dessen Unterthan ich zu seyn, die Ehre hatte, heißt er nicht Frankreichs August? Ovid verfiel in die Ungnade seines Fürsten; ich war so unglücklich, meinem Könige zu mißfallen. Er wurde in die Insel von Thalassien verwiesen, ich auf meine Güter. . . . .

Diogenes.

Setze noch hinzu, daß er in seinem Elende Verse gemacht, die zu witzig waren, als daß sie rührend seyn konnten; und daß deine Briefe zu geputzt sind, um pathetisch zu seyn.

Rabutin.

An diesem Zuge erkenne ich den Diogenes. Aber ich vergaß in meiner Vergleichung, daß Ovid ein römischer Ritter war, und ich von einem der besten adelichen Häuser abstamme.

Diogenes.

Es sollte mich Wunder genommen haben, wenn du deines Adels nicht erwähnet hättest. Das ist ein Punkt, den du uns nicht erläßt, ohne uns auch deine Dienste herzurechnen.

Rabutin.

In der That waren sie eines bessern Schicksals würdig, und du wirst gestehen, daß ein Mann von meinem Range = =

Diogenes.

Aber nun, was ist er denn dieser Rang, dieser angebliche Adel, wovon du so viel Aufhebens machest? — Ich will es hingehen lassen, wenn man ihn selbst erworben hat: dann ist es ein Eigenthum, eine Erwerbung, dann ist es billig, daß man es genießt. Aber wie kömmt der Sohn dazu? will er adelich seyn, so fange er von Vorne an, er mag sich bestreben es zu werden. Es wäre sonderbar, daß er Verdienste und Unterscheidung foderte, weil sein Vater sie hatte.

Rabutin.

Dieses Geschwätz täuscht durch einen Schein von Philosophie. Sage mir Diogenes, wenn dein Vater durch seine Mühe, und Häuslichkeit grosses Vermögen erworben hätte, und nach seinem Tode machte man es dir streitig, einzig darum, weil du solches nicht selbst erworben hättest, was würdest du dazu sprechen?

Diogenes.

Daß es die höchste Ungerechtigkeit und Thorheit wäre: und daß dieses Vermögen mir sehr rechtmässig angehörte, weil ich der einzige Erbe meines Vaters bin, der es unbestritten besessen.

Rabutin.

Nun denn, warum machst du mir meinen Adel streitig, der von meinen Ahnen auf mich gefallen.

Diogenes.

Der Fall ist sehr verschieden.

Rabutin.

Weniger als du dir einbildest. Dieser Adel macht einen Theil meines Erbtheils aus, wie die Schätze deines Vaters das Deinige.

Diogenes.

Aber wenn du durch deine Thaten ihn erniedrigest—

Rabutin.

Und wenn du das Vermögen versplitterst? —

Diogenes.

Das ist meine Sache, es vernünftig zu verwalten, will ich davon Eigenthümer bleiben.

Rabutin.

Muß ich nicht gleichfalls meine Geburt unterstützen, woferne ich mich nicht entehren will? Aber dann, wann ich edel handle, so setze ich selbst dem ererbten Adel zu, wie du den Reichthum deines Vaters durch kluge Haushaltung vergrössern würdest.

Diogenes.

Die Eitelkeit allein kann diese erfunden haben.

Rabutin.

Eben als sagte ich, der Geiz habe das Gesetz der Erbfolge geschrieben. Sieh, wohin die Hastigkeit verleitet! sie gränzet so nahe an den Irrthum, als die Unbesonnenheit.

Diogenes.

Welche Thorheit, einen Menschen wegen der Verdienste seines Vaters zu ehren! Ich finde nichts so tolles, es sey denn das

Vorurtheil, das wegen eines Spitzbuben eine ganze Verwandtschaft mit Schande belegt, wenn = =

Rabutin.

Neuer Irrthum! was du unvernünftig schiltst, ist eines der besten Grundgesetze der Gesellschaft. Nichts konnte bessers erdacht werden, den Abscheu vor dem Laster, und die Liebe zur Tugend in den Familien fortzupflanzen, als diese Vererbung des Ruhmes, oder Schande.

Diogenes.

Welch eitles Hülfsmittel des Stolzes, der immer sinnet, seine Kleinheit, und Elend zu vermummen! der Weise kennt keinen Adel als die Tugend, keinen Pöbel als in dem Laster.

Rabutin.

Ich fürchte sehr, daß der Unadeliche diesen schönen Spruch nicht aus der Ursache mißbrauche, aus welcher der Arme gegen die Reichen schreyt. Die Tugend ist ohne Zweifel das Kennzeichen des wahren Adels; aber eben darum verdient der Adel Unterscheidung, und Achtung, weil die Tugend seine Quelle ist. Der Adeliche, der seinen Titel würdig führet, ist das bereits, was der gemeine Tugendhafte zu werden suchet. Der Adel der Geburt schließt den Adel der Handlungen nicht aus; er setzt ihn voraus, er fodert ihn. Die niedrige Geburt kann der Tugend keinen Glanz geben, aber sie kann durch sie erlaucht werden — u. s. w.

XIII.

Rabutin brachte den Philosophen zum Stillschweigen, womit dieser ohne Zweifel sehr unzufrieden war: denn ein Philosoph schweigt nicht gerne stille. Aber der Franzose hatte in der That auch eine Sache zu vertheidigen, bei der es nicht schwer ist, Gründe zu finden. Ich weis nicht, warum die Menschen von edelm Geschlechte mehr als die Pferde ausarten sollen. In Arabien hat man sorgfältig die Geschlechtbücher aller berühmten Stüttereyen. Alle Zeiten haben den Werth der Geburt erkennet. Es ist, *) sagt der Dichter, der das Lächerliche der Römer so oft mit satirischem Witze durchgezogen, es ist in dem Pferde das angeerbte Feuer der Väter,

*) *Est in equis Patrum Virtus.*

und furchtsame Tauben erzeugen keine Adler. Homer, und sein Schüler Virgil, der seinen Meister oft übertrifft, nennen ihre Helden so vielmal Söhne der Göttinnen, als der starke Achilles, der fromme Aeneas. Woferne also der Adel der Geburt wirklich ein Vorurtheil wäre; so wäre er wenigstens von denjenigen, welche das Alterthum und eine beständige Ueberlieferung aller Zeiten geheiliget, und ehrwürdig gemacht haben. —.

Capa-kaum erwartete die Zeit, mir Einwürfe zu machen, mit Ungeduld. Wenn, sagte er, ich ihrem Rabutin hätte zu antworten gehabt; so hätte ich ihm eine einzige Frage gemacht. Woferne, hätte ich gesprochen, woferne das Verdienst der Aeltern auf die Kinder, wie das Geld erblich übertragen wird; so sind die Kinder eines Helden alle Helden, die Kinder eines Staatsklugen alle Staatskluge, wie die Kinder des reichen Vaters alle reich sind. Ich weis nicht, was der von seinem Adel so sehr eingenommene Graf geantwortet hätte; aber das Verfängliche der Frage würde er ohne Zweifel eingesehen haben. Ich hätte dann geschlossen,

sen, daß der Sohn Alexanders, dessen kriegerische Thaten so manchen Geschichtschreiber beschäfftiget, wenigstens eben ein so guter Feldherr gewesen seyn müßte, als sein Vater: und, hätte Richelieu einen Sohn gehabt, so müßte dessen Ministerschaft nicht weniger berühmt gewesen seyn, als die seines Vaters. Ich hätte ihn noch weiter verfolget, ich hätte ihn gebeten, mir den Adel der Töchter zu erklären, der nach des Franzosen Ableitung in der That ganz unbegreiflich wird. Denn wie Rabutin auch immer die Sache wenden mag; so kann das Erbrecht des Adels für nichts anders geltend gemacht werden, als für eine Fortsetzung derjenigen Eigenschaften, welche dem Stammvater seine Adelung erworben haben. Wenn wir also ein Fräulein, dessen Urältervater sich durch Tapferkeit verewiget hat, hochgebohrnes Fräulein heissen, so sagen wir in der That, tapferes Fräulein! welches eine Schmeicheley von seltsamer Art ist, und nur in dem Reiche der Amazonen gerne gehöret werden muß.

Es ist noch nicht alles, verfolgte er, da er nun einmal auf den Weg gerathen war,

war, witzig zu thun: der französische Graf soll mir mit seinem Gleichnisse zwischen dem Erbrechte des Vermögens und Verdienstes antworten, warum der Reichthum eines Erblassers unter die mehreren Kinder getheilet, und jeder Erbe nur einen Antheil erhält, der also geringer ist, als das väterliche Vermögen? wie es hingegen komme, daß ein adelicher Erblasser einem jeden seiner Nachkommen sein Erbtheil ganz und ungetheilt, und also mehr hinterläßt, als er selbst besaß? Er würde sehr verlegen seyn, sich herauszuwickeln, wenn ich ihm das Unrecht zeigte, so man dadurch dem wahren Verdienste der Stammväter erweiset, daß der Adel durch die Länge der Zeit erhöhet wird: denn, um wieder Alexandern zum Beispiele zu nehmen, wenn seine Familie nicht untergangen ist, so mag ein Späterenkel in irgend einem Winkel der Welt noch so ein unrühmliches Leben hinbringen, er ist adelicher als sein Urältervater: der die Welt mit seinen Siegen erfüllet hat, und um alles mit einem Worte zu fassen, der Vater des menschlichen Geschlechts, Adam war der elendste, pöbelhaftste von allen seinen Kindern, weil

je=

jeder unter ihnen mehr Ahnen als er zäh=
let —

Mein Freund, war meine Antwort, mit
ein wenig Witz und einer grossen Anlage
von Neid, fällt es nicht schwer, an den
nützbaresten Einrichtungen und Anstalten,
eine lächerliche Seite zu entdecken. Der
Adel ist in der That von dieser Art. Die
Erinnerung der Ahnen, deren Ruhm man
zu unterstützen hat, macht im Gewühle
des Streites unerschrocken, in der Naths=
versammlung scharfsehend, uneigennützig,
getreu. Man fürchtet sich, einen Namen zu
verunehren, wenn man einen Namen hat.
Was wird die Welt von mir sagen?
Diese Erinnerung hat manche edle That ver=
anlasset, von manchem entehrenden Schrit=
te zurückgehalten. Aber bei wem kann sie
wirksam seyn, als bei demjenigen, den
schon seine Geburt gleichsam auf ein Schau=
gerüst ausgesetzet, wo er keine edle Hand=
lung verrichtet, ohne die Zurufungen der
Welt zu erhalten, aber auch keinen Fehl=
tritt thun kann, ohne ihrer beschämenden
Spottreden gewärtig zu seyn.

Weit entfernet also, daß es nützlich
wäre, den erblichen Adel aufzuheben, ich

glau=

glaube vielmehr, daß der Staat nie zu sehr besorgt seyn kann, denselben festzusetzen. In einem Lande, wo die Vaterterlandsliebe unkräftig ist, da soll die Familienliebe ihre Stelle vertreten. Das Gute geschehe, man handle großmüthig, uneigennützig, es geschehe durch was immer für eine Triebfeder! es gereicht darum nicht weniger zum gemeinschaftlichen Besten.

Alle Welt, die Welt der gemeinen Bürger schreyt: wir wollen dem Adel seine Würde nicht streitig machen, aber sein Stolz ist unerträglich. Flösset, rufen sie zu den Hofmeistern, die sich mit Erziehung des Adels beschäfftigen, flösset euren Zöglingen nur nicht dieses Bewußtseyn ihres Vorzugs ein! — Nicht meine Herren! höret die unbedachtsamen Reden dieser Unverständigen, höret sie nicht! Ihr könnt sie vielmehr nicht zu sehr auf die Vorzüge aufmerksam machen, ihr könnet ihren Stolz nicht zu sehr anfachen. Vielmehr von ihrer zartesten Kindheit an, bedienet euch keiner andern Strafrede als: wie niedrig, wie unedel! keines anderen Lobspruchs, keiner andern Ermunterung, als: handeln Sie, ihrer Geburt würdig zu seyn!

Sie

Sie haben einen Namen zu behaupten! Sie beschimpfen ihr Haus!

Glaubet ihr, wenn ihr dem unbedachtsamen Geschreye dieser kein Gehör gegeben, wenn ihr den Grundsatz des Adels zu dem herrschenden Grundsatze eurer Zöglinge, zu ihrer allgegenwärtigen Erinnerung gemacht hättet, sie würden euch in ihren spätern Jahren durch so manche pöbelhafte That verunehren? Glaubet ihr, daß Kront, der in dem Ueberrocke seines Laufers an den Ecken der Strasse gemeinen Dirnen auflauert, und die Sitten seiner Verkleidung so wohl anzunehmen weiß; glaubet ihr, daß er die Würde seiner Geburt, die Ehre seines Hauses vor Augen habe? möchte er doch zu stolz seyn, um so pöbelhaft zu handeln! Glaubet ihr, daß Zestkrat auf den Glanz seines Hauses denket, wenn er seine Güter in Pferden und Kutschen, in kostbarem Hausgeräthe, auf hundert andern Wegen der Verschwendung dahin wirft, und sich das Vermögen raubet, mit einem seiner Ehre und Geburt gemässen Anstande zu leben?

Erinnert sich Dorant seiner Ahnen in dem Augenblicke, da er seine Gunst um

Geld

Geld anbiet, und eine Stelle, die er an den Verdientsten vergeben soll, an den Meistbietenden verkauft? Erinnert sich wohl Cardon seiner Herkunft, wenn er sich zu den Füssen einer Opernbirne, um eine feilstehende Nacht zu erhalten, niederträchtig krümmet? Wenn Cilenor den Staub der Günstlinge lecket, um sich empor zu schwingen, und das Verdienst am Hofe durch unredliche Kunstgriffe zu verdunkeln, oder verdächtig zu machen sucht, vergiebt er nicht blos darum seinen Adel, weil er ihn nicht vor Augen hat? Wenn Speronten Schuldner überlaufen, denen er durch abscheuliche Ränke Geld entlocket hat, wenn er durch seinen Thorsteher sich verläugnen, und sich in Gegenwart seines Dieners einen Betrüger schelten lassen, und, da er hinter dem Schiebgitter diese Beschimpfungen selbst mit anhöret, diese Reden noch dazu in seinem Herzen rechtfertigen muß; wo ist damals das Gefühl seines Adels? Wo war es bei Clelien, als sie ihre Augen auf einen Mimen warf, und sich von ihm muthwilliger behandeln lassen mußte, als die elendste Sklavinn eines Serails? Würde Eronde sich ih=
rer

rer Magd zu liebkosen herablassen, würde sie die Verschwiegenheit dieser Mitbewußten, dieser Vertrauten ihrer Ausschweifungen, ihrer schandbaren Liebe durch Ertragung so vieles Eigensinnes erkaufen müssen, wenn sie, ehe sie den entehrenden Schritt gethan, sich erinnert hätte, du bist die Tochter des = = die Gemahlinn des = = = die Verwandte des = = ? Argisore, hätte diese durch Kinder von zweydeutiger Geburt eine ehrenvolle Reihe der edelsten Sprößlinge unterbrechen, und einen würdigen Gatten durch den Schmerz seines befleckten Ehebettes tödten können, wenn sie in der Stunde des Fehltrittes an die Größe des Hauses gedacht hätte, welches nun durch sie auf ewig geschändet worden? Kurz, weniger verführte Mädchen, weniger geschändete Verwandtschaften, weniger befleckte Ehen, weniger Stürzungen, weniger unwürdige Dienstvergebungen, weniger Bankerute würden die Früchte dieses glücklichen Stolzes seyn, dieses Selbstgefühles der Ehre, das man unbillig mit der Verachtung seines Mitbürgers vermenget.

Ich

Ich sage noch mehr. Dieser Stolz, den man zu tadeln waget, könnte die Quelle der gesellschaftlichen Glückseligkeit seyn; und die behauptete Würde des Adels, den Verlust einigermassen ersetzen, den wir durch die allgemein verkannte Würde der Menschheit erlitten haben.

XIV.

Alles, was gegen den Adel unter so verschiedenen Wendungen geschrieben, gesagt, und wieder gesagt wird, lauft kurz dahinaus, daß die Geburt allein kein Verdienst ist. Es kann niemanden zum eigenthümlichen Vorzuge gereichen, adelich gebohren zu seyn, weil es nicht in seiner Gewalt stund, nicht so gebohren zu werden. Wenn irgend etwas vorzügliches daran ist, so ist es ganz von Seite des Zufalls. Aber der wahrhaft Adeliche machet durch persönliche Verdienste, daß es aufhört Zufall zu seyn; er macht, daß das Ohngefähr nicht geirret hat.

Aber

Aber nichts ist unbilliger, als wenn der angeerbte Adel den erworbenen zu verdunkeln, herabzusetzen suchet. Ich gebe es zu, daß zwischen beiden ein wesentlicher Unterschied ist: aber ich fürchte, bei der Vergleichung wird der Vortheil ganz auf der Seite des letztern seyn. Du rühmest dich deiner Ahnen: seine Ahnen werden sich seiner rühmen. Du bist durch deine Vorältern geadelt: er adelt die Seinigen. Er ist auch ohne sie edel: ob du es seyn würdest, ohne den Zufall deiner Geburt, das weis ich nicht — und ich zweifle.

Nach diesen Betrachtungen können die Vortheile, die der betitelten Herkunft vorzüglich eingeraumet sind, nicht mit gleichgültigem Auge betrachtet werden. Sie sind eine Art von Ungerechtigkeit, die gegen das wahre Verdienst begangen wird, dessen Belohnungen nirgend seyn sollen, wo es selbst nicht ist.

Ich habe vor mir ein Buch offen liegen, welches unter andern Gegenständen auch die Vortheile, die dem Adel der Herkunft beinahe in allen Staaten zugestanden sind, beleuchtet. Da dieses Buch seltner geworden

den *), und wichtige Betrachtungen auf eine sehr muntere Art eingekleidet, enthält; so werde ich das, was zu meiner gegenwärtigen Behandlung gehöret, hieher überschreiben. Zuvor aber muß ich eine merkwürdige Stelle anführen, wodurch der Verfasser für nothwendig erachtet, sich zu erklären, auf wen seine Züge eigentlich gedeutet werden müssen.

„Ich habe — heißt es auf der 38. Seite — das Joch der Vorurtheile, so weit es möglich war, von mir geworfen. Ich ziehe, wen ich immer sehe, seine Kleidung, sein geborgtes Aussenwerk ab: Kutsche, Gefolg, Wappen blenden mich nicht: alles das ist nicht der Mann selbst. Ich sehe, wo andre den Grossen, den Mächtigen, den Reichen sehen, nur den Menschen,

*) Dieses angeführte Buch wird unter die größten Seltenheiten der berühmten Büchersammlung von N... gezählet, und soll dem Vernehmen nach, ausser diesem Exemplar nur noch eines in der Bibliothek des Marcese Verobont vorhanden seyn. Es ist schade, daß das Titelblatt daran fehlet, ob es übrigens bis auf ein paar Blätter wohl behalten, und Rück und Ecken mit gelbem Bleche beschlagen sind.

schen, nur ihn. Hält er denn, auch nackt, wenn ich so sagen darf, meine Prüfung aus, finde ich ihn dann noch von andern Menschen unterschieden; so gebe ich ihm mit Ehrerbietung allen seinen Schmuck wieder, werfe ihm den Mantel der Ehre um, und gehe vor ihm her, und rufe: so ehret man, den der König geehret haben will. Aber, wenn der entblößte Mensch sich durch nichts unterscheidet, wenn er unter den Haufen verstoßen, den Haufen nur vergrössert; so gebe ich ihm seine Ehrenzeichen wieder, und sehe ihn, als einen Waffenpfal*) an, an dem man den Schmuck der Helden aufhängt, ohne daß man aus dem Klotze einen Helden zu machen denket. Ich schätze also den Adel nicht nur, ich verehre ihn, aber dann nur, wenn die Anherren in das Leben zurückgerufen, sich ihres Sohnes rühmen, und sprechen würden: sehet ihn! er giebt uns die Ehre, die wir ihm überliefert, mit Wucher wieder. Es ist für ihn nicht ruhmwürdiger, daß er uns zu Vorältern hat, als es für uns ist, ihn zum Sohne zu haben. Aber wenn sie bei dem

*) Die sogenannten Tropheen.

Anblicke ihres Späterenkels in ihre Gräber wiederflöhen, und ihres Sprößlinges sich schämten, wer kann es fodern, daß ich mehr Achtung für einen solchen zeige, als die eigenen Ahnen thun? Mit einem Worte: ich ehre den, der seine 24 Ahnen verdienet, nicht der sie hat — u. s. w.„

Nach einiger Einleitung aus der Geschichte des Adels fängt der Verfasser auf der 43. Seite an: „Eine lange Ahnenreihe ist mit grossen Vorzügen verknüpft, und aller Orten ist man von dieser Art der Verdienste unstreitig überzeugt. Deine Geburt, sagen die Schmeichler, bestimmte dich zu den wichtigsten Beschäfftigungen des Staates: ob gleich die Geburt an und für sich nur zum Leben bestimmt. Wo diese Meinung die Oberhand gewonnen, da kömmt es bei den wichtigsten Ehrenämtern nicht so sehr auf die Frage an: ist er fähig? als: wie viel hat er Ahnen? Das sonderbarste hiebei ist, daß gewisse Bedienungen angebohren sind, und die Natur sehr oft lächerliche Fehltritte begeht, wenn sie *) . . . . Feldh
sie

─────────
*) Der alles benagende Zahn der Zeit hat seine

.... Blut sehen ....
mit krummen Füssen .... laufen
.... ist also schon glücklich, wenn einmal durch einen Vater der Grund zu diesem Verdienste gelegt worden: nichts kann künftig die Nachkömmlinge desselben mehr berauben. Sie besitzen es sogar in einem höheren Grade: denn, sonderbar! das erbliche Verdienst, das wir Adel nennen, gleichet dem Weine; es veredelt sich von sich selbst, je älter es wird. Es giebt daher dienstfertige Leute, die es ihre eigene Beschäfftigung seyn lassen, Geschlechtsurkunden aufzusuchen, und Stammbäume zu verfertigen. Weil nun jeder, bis an Adam hinan von Vater und Mutter abstammt, so geht ihre Geschicklichkeit so weit, daß sie um ein nicht sehr grosses Stück Geld, in der Entfernung von einigen Jahrhunderten einen gemeinschaftlichen Stamm mit irgend einem mächtigen Hause ausfindig machen, wodurch es geschieht, daß dem

er-

Gewalt auch hier über unser Buch ausgeübet. Es ist zu bedauren: denn, nach dem Zusammenhange zu urtheilen, sollte diese Stelle sehr erbaulich zu lesen seyn.

erlauchten .... eine rechtsbewährte Foderung auf irgend ein Königreich zufällt, die wenigstens den Titel mit einem Herr auf vergrössert. „

Bis an die 49. Seite hält der Schriftsteller eine Untersuchung, ob es den Staaten nützlich gewesen, daß sie den Adel eingeführet. Am Ende der 49. Seite leitet er wieder in sein voriges Geleis ein, und verfolget: „ Der erbliche Adel giebt nicht nur einen ausschliessenden Vorzug zu manchen Bedienungen; er hat auch die Vermuthung für sich, daß ihm Enthaltsamkeit, Mässigung und andre Tugenden von Natur eigen sind, die mit gewissen Ständen unzertrennlich verbunden seyn müssen. Ohne eine solche Vermuthung wäre es ziemlich schwer zu begreifen, warum einträglichere Pfründen und Würden nur solchen vorbehalten sind, welche so und so viel Ahnen, von Seite des Vaters und der Mutter erproben können. Allein ist die Ahnenprobe nur einmal abgeführt, so hat der Hochgebohrne die Vermuthung für sich; und man machet daher keine Schwierigkeit mehr, dergleichen Pfründen an Kinder von sieben und weniger

ger Jahren zu übertragen, bei denen, nach dem gemeinen Laufe der Natur, diese Eigenschaften noch nicht entdecket werden konnten. Aber die persönlichen Eigenschaften sind hier ganz überflüssig; die Pfründe wird nicht an das Kind, sie wird an die Familie vergeben.„

Der Schriftsteller läßt nach einer Stelle der 50. Seite errathen, in welchen Gegenden er gelebet; denn er sagt unter andern: „ manches hochwürdige Kind hat bald in den Jünglingsjahren die Vermuthung von seiner Enthaltsamkeit deutlich widerlegt. Allein ein paar Ausnahmen machen darum die Regel noch nicht wankend. Es kann auch sonst in Abführung der Ahnenprobe ganz leicht etwas versehen, oder, welches noch natürlicher wäre, einer unter 24 Stammmüttern ganz leicht etwas Menschliches wiederfahren seyn, daß also das edle Geblüt durch einen fremden Zufluß verunedelt worden. Wenn dieses ist; so wird dadurch die Vermuthung für eine ungestöhrte Stifftmäßigkeit nur desto stärker.„

Die Rechnung, welche von der 52. Seite bis an die 60. sehr ausführlich gemacht wird,

wird, verdienet, daß ich sie einrücke, aber ich will sie ins Kurze zusammziehen. Der Schriftsteller redet die Wucherer an, und stellet ihnen vor, daß sie ihr Geld nicht besser, noch auf höhere Zinsen anlegen können, als wenn sie sich in den Adelstand erheben lassen. „Ihr selbst, sagt er, nützet euer Vermögen nicht; eure ganze Vorsorge geht für die Nachwelt. Wenn ihr nun tausend Gulden anleget, und alle Zinsen zu dem Stocke schlaget, so wird euer Hauptstamm in 400 Jahren nicht über etlich und zwanzig tausend Gulden steigen. Erwäget hingegen, daß eben diese tausend Gulden zur Veredlung eures Geblüts verwendet, euren Nachkömmlingen so viel Tausend jährliche Einkünfte durch den Besitz einer reichen Pfründe erwerben können.„ Welche Ueberzeugung für Männer, die ihre Gründe zu berechnen pflegen!

Von der ganzen übrigen Abhandlung hat mir nur noch folgende Betrachtung S. 93 werth geschienen, mitgetheilt zu werden. „Es ist merkwürdig, daß der Rang des Adels und seine Vorzüge nicht etwogen, sondern berechnet werden: daß

der

der Sohn beſſer iſt als der Vater, der den Adel erworben hat, weil er um ein Geſchlecht älter iſt, und daß dieſer Stufengang immer von Geſchlecht zu Geſchlecht zunimmt, immer der Sohn den Vater geringſchätzig machet, bis es endlich nach einigen Geſchlechtern ſo weit kömmt, daß der Spätererenkel, wenn der Urältervater durch ein Wunderwerk in die Welt zurückkehrte, mit einem ſo Unadelichen umzugehen, ſich zur Schande rechnen würde; und daß der, der nur das einzige Verdienſt hat, ſein Sohn zu ſeyn, an manchem Orte den Zutritt hat, wo man den Vater ſelbſt mit Verachtung zurückweiſen würde„

Glücklicher Staat, wo die Geburt ihre Rechte behauptet, ohne dem perſönlichen Verdienſte die Seinigen ſtreitig zu machen! Glücklicher Fürſt, wo der Adel auf ſeine Würde eiferſüchtig, ſich von neuen Leuten nicht übertreffen laſſen will, und gemeine Bürger durch ſelbſtbeſeſſene Eigenſchaften die Würde des Adels zu verdunkeln ſuchen! Glückliches Volk, wo nichts edel iſt als die Tugend, nichts Pöbel als das Laſter; wo der Pöbel auch unter einem Dey, der Adel auch im Küttel nicht verkennet wird!

XV.

Die letzteren Blätter haben eine Seite berühret, die in manchem Ohre angenehm ertönet. Ich nehme es aus den Briefen ab, die von allen Orten einlaufen. Danksagungen von beiden Seiten, von dem Adel, und von den Gemeinen. Sie haben, sagen die einen, den Adel in seine Würde eingesetzet — Sie haben, sagen die andern, verdienstlose Adeliche in Staub hingestrecket. Ein Schriftsteller ist glücklich, der beiden Theilen genugthut: aber ein solches Glück wird ihm eben so selten, als einem Richter zu Theil, dem die Verurtheilten immer Ungerechtigkeit Schuld geben. Unter andern Zuschriften sind zwo, die als eine Art von Nachtrag zu meinen vorausgeschickten Betrachtungen angesehen werden können, und von welchen ich urtheile, daß sie den Lesern nicht unangenehm seyn werden, wenn ich sie mittheile.

I. Herr

I. Herr Mann ohne Vorurtheil!

„Nicht der Adel der Geburt allein soll ihre Blicke auf sich ziehen: werfen sie dieselbe auch auf den erkauften! welcher fruchtbare Gegenstand für Sie! Ich bin äusserst begierig, über diesen Punkt ihre Meinung zu vernehmen. Unmöglich können Sie den Mißbrauch billigen, daß man die Niedrigkeit der Geburt mit einigen Hundert Gulden verbessern will. Wie lächerlich es ist, wenn man die Sache eigentlich überdenket. Mein Bedienter Johann z. B. ist der Sohn eines Pfannenflickers: es ist ihm nie eingefallen, sich seiner Geburt zu rühmen. Der Mensch hat eine gute Handschrift, er dienet mir getreu, und mit einem Eifer, der meine Gewogenheit erwirbt: ich bin ihm zu einem Dienste verhülflich, wo er die Liverey ablegt, er wird Kanzelist. Er hat Fähigkeit und Anwendung. Nach einigen Jahren hat er den Schlendrian, wie man ihn nennet, der Kanzleygeschäffte innen, sein Glück machet ihn zu einem Koncipisten. Nun hat er Eintritt in bessere Häuser. Weil er jung, gut gebildet ist, und in meinem Dienste den Umgang der besseren Welt abgesehen; so hat er das Glück einer reichen Wittwe zu gefallen, die den Ekel, den sie noch von dem ausgemergelten Gerippe ihres ersten Mannes empfindet, in den Armen dieses muntern Gatten zu vertreiben hoffet. Sie reichet ihm ihre Hand, und den Schlüssel zu ihrer Geldküste. Aber, mein Kind! sagt sie, ich möchte an deiner Hand nicht gerne herabgesetzt werden: mein seliger Alter war von Stand — Er versteht es: läuft zum Wappenmaler, läßt sich eine silberne Taube, das Zeichen seiner Liebe, in purpurfarbenem Felde und gegenüber in einem weissen, einen Kessel, zum Andenken seiner Abkunft malen; setzt einen Helm mit Elephantenrüsseln darauf, legt alles fein auf Pergament gemalet bei, und wird, in Ansehen der von ihm und seinen Vorfahrern dem Staate geleisteten treugehorsamsten Dienste, Herr von Taubenfeld —

„Ich bin abwesend. Der dankbare Johann, der sein ganzes Glück meiner Empfehlung zueignet, überschreibet mir seine neue Veränderung; und ich bin, dem

Sohne des Pfannenflickers, meinem Johann, bei Strafe zehn Mark löthig Goldes, Wohledelgebohrner, oder nach dem heutigen erhöhten Schilde, Hochedelgebohrner zurückzuschreiben verbunden. Wenn die magische Kraft eines abelnden Talismanns solche Wunderwerke zu verrichten, und aus dem Sohne des Pfannenflickers, der in einer Heuscheune jung geworden, einen Hochedelgebohrnen zu machen fähig ist; so weis ich nicht, warum es nicht eben so wohl angehen würde, eine triefäugigte, gnomenartige, höckerichte Zanferlusch von einem Weibe, in ein wohlgewachsenes Mädchen umzugestalten, und jedermann, bei der schrecklichen Strafe ihres Kusses zu verbinden, dieses Weib, schönes Fräulein zu nennen.

„Legen Sie, mein Herr! ihrem Capa-kaum die Frage vor: ob es wohl möglich wäre, aus ihm, der ein gebohrner Indianer ist, einen gebohrnen Europäer zu machen? und wann er nein! geantwortet; so unterrichten Sie ihn, daß wir das Geheimniß ausfindig gemacht, aus dem Sohne eines Reitknechts, oder einer noch niedrigern Herkunft, einen edelgebohrbohrnen zu machen, und lassen Sie mich seine Antwort darauf wissen! gewiß, wer diese wundervolle Verwandlung ein wenig aufmerksam überdenket, und von ganzem Herzen zu glauben, im Stande ist, dem wird es gar nicht schwer ankommen, an das berühmte Geheimniß des Raymundus Lullius zu glauben.

„Im Vorbeigehen angemerket: wir vernünftigen Europäer haben derlei geheime Taschenstücke mehr, gegen welche die Zauberkünste der pharaonischen Schwarzkünstler nur Possenspiele sind. Wir können z. B. einen unehlich Gebohrnen zu einem eheligen Kinde machen: wir machen durch gewisse Förmlichkeiten einen Schelmen in weniger als drey Minuten vollkommen ehrlich; und in einem gewissen Lande hat man es so weit gebracht, daß man durch einen Ehrenbrief eine Magdalena in der Stadt in eine ehr- und tugendsame Jungfrau verwandelt. O Zoroaster! o Sohn Sabac! o Ovid! wo seyd ihr! —

„Der verkäufliche Adel — um nun auch im Ernste zu sprechen — läßt besonders zwo schädliche Folgen besorgen:
er-

erstens: daß der Adel selbst durch die Menge und Gemeinmachung seine Würde, und der Staat dadurch eines der schönsten Mittel, die Verdienste zu unterscheiden und zu belohnen, verlieret: zweitens: daß niemand nach Verdiensten, jedermann nach Geld laufen wird, sobald das, was nur erworben werden soll, erkauft werden kann.

„ Ich wünsche ihre Meinung in einer Sache, die zu wichtig ist, als daß Sie ihren Schüler darüber unbelehrt lassen sollten, und bin mit wahrer Hochachtung

ihr ergebenster Diener
Freyherr von Selnheim.

Ich habe Freyherrn von Selnheim wenig zu antworten. Seine Satire passet nur auf Leute, die sich einer Herkunft schämen, deren Dunkelheit sie durch keine eigenthümlichen Eigenschaften in Ehre zu verwandeln fähig sind: sie passet auf die epidemische Gnadensucht. Man sey von unedeln Eltern entsprossen, aber man sey dem Staate, dem Regenten, dem Mitbürger nützlich, man habe die Erkenntlichkeit des Vaterlandes verdienet! und man ist edel, ohne drey unbedeutende Buchstaben erkauft zu haben. Ich sage mehr: man ist edler, als wenn uns die Herkunft den Eintritt zu Ehrenstellen geöffnet hat. Wenn zween Wettläufer zugleich eintreffen, so ist die Krone dessen, der vom entferntsten Ziele abgelaufen. Aber soll der Adel feil stehen? Er kann es: denn, wer dem Staate die Last seines Aufwandes tragen hilft, wer durch eine freywillige Entrichtung den Antheil, der sonst auf seine Mitbürger fallen würde, verringert, machet sich um das gemeine Wohl nicht weniger verdient, als der seinen Leib den Gefahren vorwirft, welche auf seine Mitbürger heranstürzen. Die römischen Feldherren erhielten von dem Volke zur Belohnung ihrer Siege das Recht des Triumphes: aber eben dieses Volk bestimmte auch den Matronen von Rom, das Recht des Ehrenwagens, als sie in einer Noth, der Republik ihre güldnen Ohrgehänge angeboten hatten —

II.

II. Mein Herr!

„Ich ärgere mich über den Staat, über die Gesetze, über alle Einrichtungen, über meine Eltern, über die ganze Welt, mich selbst nicht ausgenommen. Mußte ich denn gebohren, und eben von adelichen Eltern gebohren werden? oder, warum mußte ich der Zweyte seyn? wäre ich der Sohn eines gemeinen Bürgers; so hätte ich mit meinem Geschwister auf das Vermögen meiner Eltern ein gleiches Recht. Aber ich bin Graf, und habe das adeliche Vorrecht der Zweytgebohrnen, von meinem ältern Bruder abzuhängen, und, da er in Fülle schwimmen wird, mit einem sparsam ausgemessenen Cadetenantheil vor lieb zu nehmen. Die Majorate, können die durch Billigkeit und Vernunft eingeführt seyn? gleiche Eltern! gleiche Anverwandte! aber weil einer der Erste ist, muß er alles, weil der andre der Zweyte ist, muß er nichts haben. So viel soll ein Zufall auf mein künftiges Glück einfließen! ich bitte Sie, inständig bitte ich Sie, machen Sie diese

Einrichtung recht herunter, um sich zu verbinden

    den Grafen Targin.

Ich werde mich sehr hüten, dieß zu thun. Einrichtungen, die nicht zu ändern sind, wenn auch im Grunde vieles an ihnen auszusetzen wäre, müssen nie geringschäzig gemacht werden. Zu dem hat mein Capa=kaum an diesem Gegenstande keinen Antheil. Dem unzufriedenen Grafen, der wider den Zufall eifert, hätte ich Lust zu sagen: alles sey Zufall; Zufall, daß er der Zweyte, Zufall, daß er ein Graf, Zufall, daß er nicht seines Bruders Bedienter ist. Es ist Beruhigung in dem Gedanken; ich hätte noch tiefer meinen Plaz erhalten können. Wäre dieses nicht, so hätte Targin noch, wenn er der Erstgebohrne wäre, ein Recht sich zu beschweren, warum er nicht ein Fürst, und dann abermal, warum er nicht ein Regent, und noch einmal, warum er nicht der mächtigste Regent der Erde geworden.

---

aushalten, und der Vollkommenheit der Tücher von Worcester, oder Abbeville den Rang nicht streitig machen. Sie vollendete ihr Werk mit einem spitzen Schifchen, an dessen Ende sie den Faden fest machte, und so den Einschlag durch die wechselnden Fäden des Aufzugs durchführte. Die Beharrlichkeit, die zu einer solchen Arbeit erfodert wird, die Genauheit, und die Nettigkeit sind der natürliche Antheil ihres Geschlechtes.

Es ist leichter vollkommen zu machen, als zu erfinden. Man theilet einander seine Gedanken mit; man versucht, versucht wieder; es mißlingt, und oft führet eben dieses Mißlingen auf neue Wege. Nach und nach gewinnt die Arbeit eine bessere Gestalt. Eine Kotze, denn so ungefähr wird das vollkommenste Stück Arbeit aus Noemens Fabrike beschaffen gewesen seyn, eine Kotze *) war der Anfang der Manufakturen zu Lion.

---

*) Die Aehnlichkeit, welche die Lexikographen zwischen diesem und dem böhmischen Kozig, Pelz ergriffen, möchte zur Noth auch
auf

Der Mann

Ohne die Menschen noch in grösseren Gesellschaften zu betrachten, haben wir schon Ackersleute, Viehhirten, Lederzurichter, Schmiede, Zimmerleute, Gezelt und Zeugmacher. Die Menschen hätten sich an diesen einfachen Beschäfftigungen genügen können, wenn sie der Trieb zur Geselligkeit, oder welche Ursache es auch sonst gewesen ist, nicht
in

auf die Ableitung führen, wegen der Aehnlichkeit zwischen dem Pelze und diesem zottigten Wollengewebe. Dann wäre also das Wort aus dem Slavischen herübergenommen. H. Adelung beschränkt den Gebrauch desselben auf Oberdeutschland. Was hat Niederdeutschland für ein anderes? das sagt er nicht. Was für eines hat das sogenannte Hochdeutsche? keines. Aber in der Handlung weis jeder Junge die Bedeutung dieses Worts: und wenn man es schon in Ludovici Kaufmannslexikon nicht findet, das kann es in der Handlungssprache so wenig aus Gang und Giebigkeit setzen, als es den Namen Klingberger Gang und Giebigkeit versichern wird, daß Ludovici von diesem Namen eines Partikularhandelsmanns in einem allgemeinen Handlungswörterbuche einen Artikel macht.

Die Dankbarkeit bleibt bei den unfruchtbaren Ehrenbezeugungen nicht lange stehen: man begleitet dieselben mit Geschenken, die in Abgaben, in Besoldungen ausarteten. Die, welchen die Geschenke zu Theil wurden, überliessen sich nunmehr, da sie die Sorge der Nahrung nicht mehr zerstreute, den Geschäfften ihrer Mitbürger ganz. Aber von diesem Augenblicke an, ward Nichts arbeiten, für etwas Unterscheidendes angesehen. So wie heute ein unbeschäfftigter Stutzer, in seinem Wagen hingeworfen, die Stirne faltet, eine nachdenkende Mine annimmt, und wohl gar mit sich selbst spricht, um für einen Mann von Wichtigkeit und Geschäfften angesehn zu werden; so gieng damals jemand mit gekreuzten, oder auf den Rücken gelegten Händen die Strassen auf und nieder, um für einen Mann gehalten zu werden, den das Nachdenken über das Wohl seiner Mitbürger der Arbeit entledigte. Noch mehr: sobald der Arbeit überhoben seyn, ein Ansehen gab, ward Arbeiten müssen, zur Schande.

Es gab, wie ich angemerkt habe, bei dem täglichen Anwachse der Bürger mittellose Leute, für die keine liegenden Güter übrig waren, die ihre Zuflucht zu ihrer Aemsigkeit nehmen mußten, und froh waren, für den Müssiggänger zu arbeiten, um ihren Unterhalt zu gewinnen. Einige verdingten sich auf längere Zeit: andere wurden für ein gewisses Stück Arbeit gemiethet. Die einen wurden unterhalten, die andern hatten sich über eine gewisse Belohnung verabredet.

Die viele Uebung erwarb den Arbeitenden Fertigkeit: sie sannen auf Verkürzungen, und erleichternde Handgriffe, welches ihnen einen Vorsprung gab, so daß ihre Arbeiten einen Vorzug erhielten, und jederman, der derlei benöthiget war, sich an sie wendete.

Da sie sahen, daß sie nicht in allen Gattungen die Fertigkeit gleich erreichen konnten, daß eine einzige Art von Beschäfftigung hinlänglich war, sie mit Fülle zu nähren, so liessen sie alles andere fahren, um sich auf eines zu verwenden. So theilten die Arbeitenden sich in alle Beschäfftigungen, so entstunden die man=

www.ingramcontent.com/pod-product-compliance
Lightning Source LLC
Chambersburg PA
CBHW030402230426
43664CB00007BB/705